本书系山西省哲学社会科学后期资助课题"英国文化马克思主义语言哲学思想研究"（2018D004）之阶段性成果

文化唯物主义
语言哲学思想研究

马 援◎著

Study on the Language Philosophy of the
Cultural Materialism

经济管理出版社
ECONOMY & MANAGEMENT PUBLISHING HOUSE

图书在版编目（CIP）数据

文化唯物主义语言哲学思想研究/马援著. —北京：经济管理出版社，2019.8
ISBN 978-7-5096-6906-8

Ⅰ.①文… Ⅱ.①马… Ⅲ.①马克思主义哲学—语言哲学—研究 Ⅳ.①H0-05

中国版本图书馆 CIP 数据核字（2019）第 183387 号

组稿编辑：申桂萍
责任编辑：申桂萍　陈前进
责任印制：黄章平
责任校对：陈　颖

出版发行：经济管理出版社
　　　　　（北京市海淀区北蜂窝 8 号中雅大厦 A 座 11 层　100038）
网　　址：www.E-mp.com.cn
电　　话：(010) 51915602
印　　刷：北京晨旭印刷厂
经　　销：新华书店
开　　本：720mm×1000mm/16
印　　张：15
字　　数：252 千字
版　　次：2019 年 8 月第 1 版　2019 年 8 月第 1 次印刷
书　　号：ISBN 978-7-5096-6906-8
定　　价：68.00 元

·版权所有　翻印必究·

凡购本社图书，如有印装错误，由本社读者服务部负责调换。
联系地址：北京阜外月坛北小街 2 号
电话：(010) 68022974　　邮编：100836

序

  语言是表达意义的工具和手段，人类理智在自我发展的过程中，不仅创造了语言、丰富了语言的内涵、发展了使用语言的规则，而且很少怀疑语言运用的合理性和合法性。然而，自从休谟对人类经验和科学知识提出合真理性拷问以来，知识表达的"真""假"问题，犹如魔咒一样，附灵于哲学家的身躯和灵魂。随着科学认识深入到微观和宏观层次，语言表达的意义问题更是成为哲学家的灾难，所谓"测不准"问题、"观众与演员"问题、"摹状词"问题、"证实"与"否止"问题、"域"与"场"的问题，等等，似乎在一夜之间，把哲学家的传统理智打得粉碎，转向"语言"，摆脱魔咒，似乎成为对人类理智光环的终极挑战，于是，有了所谓"语言学转向"，其本质就是要回答一个问题：我们所拥有的语言是否还能够准确表达我们的认识和思想。

  "语言学转向"可谓20世纪以来哲学史上的一场哥白尼式的革命。它不仅引发了人类理智如何从语言自身思考获取认知世界的方式、如何从语言背后的客观规则寻觅人类思维活动的规律等问题，也为人类理智理解人类自身和人类生存的世界，打开了全新的通道，为走入人类思维深层的内部运动，迈出了坚实的一步。毫无疑问，标志语言学转向成就的以逻辑实证主义的主张为基础的语言研究方式，对科学理解人类语言规律和人类思维方式具有革命性的意义。然而，随着研究的深入，逻辑实证主义的主张被来自内外的话语冲击弄得千疮百孔，语言的哲学分析自身也经历一次次嬗变，从语言内部封闭式的研究，转向语言外部衍生性的研究；从格式塔的语言规则，转向围绕社会现实场景的语言用途的研究。人们越看得清楚了，那种脱离经验世界和人类实践的纯粹自我内部公式化的演绎逻辑的语言哲学越陷入一种循环论证的怪圈，乃至话语分析几乎成为"鸡肋"。于是，当人们再次追问语言哲学研究的意义和思考当代语言哲学何去何从时，会发现以理解人类实践和改造世界为思想基础的马克思主义语言哲学，是一副清除语言魔咒的灵药，是一把打开语言意义之锁的钥匙。

马克思主义语言哲学自产生以来，就围绕着人类的解放进程和社会形态优化的宏观视角，探究语言的历史意义和社会价值。作为一把开启语言之锁的钥匙，其关键点不在于获得完满的语言内部规则，而在于通过语言本质及其意义的思考，获得认识世界和理解世界的途径与方法，在于以聚焦人的生存、社会发展和对世界的改造为指向。马克思以物质与意识基本问题的讨论，提出了以物质生产为基础的语言观，奠定了历史唯物主义语言观的基础。由此，马克思通过对"财产""独特性""自有""价值""交换"等概念的语义学追踪，对资产阶级虚假意识形态进行语义分析与批判，形成并发展了语言哲学关照现实世界的维度，从人的现实生活和具体社会历史发展，探究语言的基本理论和核心思想，形成了对语言意义的独特理解和思考。

当代马克思主义语言分析的思想家，以唯物史观的语言哲学思想为基础，结合语言哲学的当代发展，借语言学转向的契机，走出传统，聚焦于语言面向人的社会实践的历史、现实和未来的多维度探究，为语言意义的当代发展注入了新的活力，其标志就是文化唯物主义的语言思想。文化唯物主义发端于20世纪50年代之初，由英国文化学者雷蒙德·威廉斯提出，旨在以文化具有的物质属性作为社会批判的利刃。文化唯物主义思想中蕴含着语言与社会、语言与文化、语言与政治之间多重张力结构的意义表达，形成了丰富的思想。文化唯物主义语言哲学具有明显的现实指向，以对现实历史社会具体问题的思考，建构了引发社会联动效应的语言哲学研究。它在马克思恩格斯历史唯物主义语言哲学和葛兰西文化霸权之维语言观的影响下，将马克思主义进行英国本土化的过程中，形成了关于文化研究为主旋律的语言问题探究。文化唯物主义语言哲学在根基深厚的英国文学传统的底蕴之中，力图变革鸽笼式的语言文化秩序，批判金科玉律的精英主义文化观，将语言置于文化、社会、历史和政治更为广阔的视阈，是对历史唯物主义的当代耕犁。

文化唯物主义的杰出代表是威廉斯、霍加特、汤普森、霍尔和伊格尔顿等人，他们从不同角度论证了语言作为物质性社会实践的内涵。威廉斯的《马克思主义与文学》指明了语言生成的现实物质基础，并提出语言并非形式上、观念上和思想上的主观臆想，而是人类特有的物质性实践活动。霍加特的《识字的用途》以"大众文化"流行的时间节点，对比分析了英国工人阶级语言变体的社会历史成因，论证了社会历史语境对语言生成的重要影响。他的《日常语言与日常生活》，以具体化的语言对工人阶级话语特质大篇幅再现，指明了特定日常生活作为语言文化产生的直接来源；汤普森的《英国工人阶级的形成》从不同侧面展现了阶级话语与社会历史之间的密切关联；霍尔以"移民""种族""多元文化"和"都市叙事"问题，直击语言的社会现实问题，探究语言与社会之间的多重张力结构，洞悉现实语境符号化的过程；伊格尔顿则在对形式主义文学语言的批判性分析中，强调了文学语言的普遍指涉状态。这些全新的思想意识，无疑是正确理解语言意义难能可贵的探索。

就目前整个学界而言，关于文化唯物主义语言哲学研究还没有一部完整的学术著作，还有许多问题有待进一步深度开垦。马援博士以文化唯物主义自身内部发展的逻辑演进为依据，从理论渊源、范式演进、基本范畴、思想内核和价值旨归，系统梳理和深度挖掘文化唯物主义语言哲学的思想体系，不仅对文化唯物主义语言哲学思想的深入理解有着重要意义，而且对回答所谓"休谟问题"，在马克思主义的意识形态和话语体系中祛除语言分析的现代"魔咒"，不失为一种有意义的参考。

是为序。

乔瑞金
2019 年 6 月 18 日于山西大学

目 录

绪论 ··· 1

第一章 文化唯物主义语言哲学的思想渊源、历史根据和范式演进 ············ 10

　第一节　思想源泉：实践唯物主义的马克思主义语言哲学 ············ 10

　第二节　历史根据：与社会历史相伴的 20 世纪语言哲学转向 ······· 25

　第三节　范式演进："文化主义"走向"结构主义—文化
　　　　　主义"的融合 ··· 37

第二章 文化唯物主义语言哲学的基本范畴 ·· 51

　第一节　作为物质性社会实践的语言内涵 ·· 51

　　一、语言是物质过程与实践意识的合体 ·· 52

　　二、对语言物质性异化的批判 ·· 55

　第二节　人类特有存在方式的语言表意行为 ·· 63

　　一、嵌入社会生活方式的语言行为 ·· 63

　　二、寻觅日常生活中工人阶级的语言特质 ·· 66

　第三节　具有构成性建构能力的语言功能 ·· 69

　　一、构建语言体系的连续统 ·· 70

　　二、介入社会现实的语言实体 ·· 73

第三章 文化唯物主义语言哲学的意指形态 ·· 77

　第一节　社会力量交互产生的语言变体 ·· 77

　　一、语言变体对无阶级社会幻象的破解 ·· 77

二、对语言变体社会维度的分析与诠释 …………………… 80
　第二节　存在特殊物质形态过程的语言符号 …………………… 83
　　一、多元叙事中的语言符码 ………………………………… 83
　　二、语言符号系统的现实场域 ……………………………… 88
　第三节　语言与权力张力结构的话语隐喻 ……………………… 111
　　一、"经济基础—上层建筑"陈旧隐喻关系的埋葬 ………… 111
　　二、话语结构的隐喻链条 …………………………………… 113

第四章　文化唯物主义语言哲学理想社会新秩序的建构 …… 125

　第一节　洞见文化社会关系的语言政治研究 …………………… 125
　　一、"语言分析"关涉社会政治结构的研究 ……………… 127
　　二、"语言意义"投射政治批判 …………………………… 130
　　三、"文化—结构"融合走向微观姿态的文化政治研究 …… 132
　第二节　达至文化共同体的话语实践路向 ……………………… 137
　　一、搭建文化共同体的话语实践模式 ……………………… 137
　　二、提升文化共同体的话语实践能力 ……………………… 151
　第三节　建立社会新秩序的话语实践变革力 …………………… 165
　　一、话语实践作为变革社会秩序的积极力量 ……………… 165
　　二、话语实践在社会治理中的作用 ………………………… 174
　　三、话语实践对现代化治理系统机制的优化 ……………… 186

第五章　文化唯物主义语言哲学思想的价值意蕴 …………… 191

　第一节　对语言哲学研究当代嬗变的意义 ……………………… 191
　第二节　对当代马克思主义哲学发展的拓展 …………………… 193
　第三节　研究文化唯物主义语言哲学的中国意义 ……………… 205
　　一、总体上对"文化唯物主义"思想形成的分析 ………… 205
　　二、对文化唯物主义政治诉求的探究 ……………………… 207
　　三、对文化唯物主义思想中文化物质性的阐释 …………… 208
　　四、对文化唯物主义语言哲学视角的挖掘 ………………… 210
　　五、从文艺理论视角对"文化唯物主义"的诠释 ………… 211

六、从现代传媒技术对"文化唯物主义"的诠释 …………… 212
七、"文化唯物主义"对其他学术流派的启发 …………… 212
八、从理论外延式对"文化唯物主义"的分析 …………… 213
九、对"文化唯物主义"现实意义的分析 ………………… 213

结语 …………………………………………………………… 216

参考文献 ……………………………………………………… 218

绪 论

作为迈向现当代哲学重要标志的语言哲学正在不断地进行着嬗变，从对语义、语用、真理、句法逻辑的语言内部分析，逐渐深入到语言与文化、语言与思维、语言与社会生活之间实践学科的转变，这使得语言哲学彰显出作为认识世界、理解世界，甚至是变革世界的重要功能。文化唯物主义思想体系中包孕了当代语言哲学嬗变的重要特征，即语言与文化、语言与思维、语言与社会之间，关于语言非本体论和非认识论的思想。文化唯物主义语言哲学是当代马克思主义语言哲学不可或缺的重要构成。它建立在语言哲学理论与马克思主义哲学互动问题的基础上，体现了语言哲学对马克思主义哲学的当代发展所具有的重要意义和价值。

"语言转向"是20世纪西方思想发展史上的一场哥白尼式革命，也是人类思维方式的一次重大变革。语言哲学对于马克思主义哲学的当代发展同样具有重要的意义和价值。作为20世纪西方马克思主义哲学发展史上具有典型代表性和学术活力的文化唯物主义，其思想包孕了马克思主义哲学与当代语言哲学的互动问题，成为探究当代马克思主义语言哲学思想的重要聚点。本成果就是围绕这一具有当代马克思主义语言哲学重要标识的文化唯物主义语言哲学展开研究的。

文化唯物主义语言哲学是在什么意义上提出的？它与当代语言哲学的重要学术流派有什么本质区别？它与马克思主义语言哲学的内在关联是什么？这些问题是探究文化唯物主义语言哲学预先明确的问题。

第一，文化唯物主义语言哲学不同于逻辑实证主义的语言哲学。文化唯物主义语言哲学的理论前提在于，语言哲学研究不能脱离现实社会。他们批判纯粹逻辑或结构的语言研究，反对将语言抽象化地剥离于现实生活。为此，他们在探讨语言哲学问题时，并非徘徊于内部语义、句法逻辑之类语言本体论的论证，而是将语言置于文化、社会、历史、政治更为广泛的现实场景中，追溯语言生成的复杂历史过程。

第二，文化唯物主义语言哲学呈现出当代语言哲学发展嬗变的重要特征和最新研究取向。当代语言哲学越来越关注语言哲学的现实性和社会功能。文化唯物主义探究了语言与文化、语言与社会和语言与政治之间的语言社会属性，发展了语言哲学的现实指向和现实功能。同时，文化唯物主义走出了"文化主义—结构主义"融合范式的语言哲学研究，突破了结构主义与文化主义二元对立的语言哲学发展模式，代表了当代语言哲学研究最新研究取向。

第三，文化唯物主义语言哲学是对马克思恩格斯实践唯物主义语言哲学的继承和发展。文化唯物主义继承了马克思恩格斯从人的实践活动探究语言与现实社会关系的观点，并形成了关于作为物质性社会实践的语言内涵、人类特有存在方式的语言表意行为、具有构成性建构能力的语言功能的语言哲学基本理论。

因此，文化唯物主义语言哲学凝结着当代语言哲学与当代马克思主义哲学汇聚在一起的新时代理论问题。本成果从整体上分析了文化唯物主义语言哲学思想的价值意蕴，包含对语言哲学研究当代嬗变的意义、对当代马克思主义哲学发展的拓展和研究其语言哲学的中国意义。

在明确这一理论的基本研究前提之后，本成果挖掘文化唯物主义语言哲学思想的独特理论价值，即它不在于形成完满的语言法则，而在于观照现实的人和世界。本书彰显了文化唯物主义语言哲学的本体论、认识论、方法论和价值论的特质，具体如下：

从本体论上看，文化唯物主义语言哲学思想确定语言哲学研究的语言实体，即"形式"与"内容"结合的语言实体。他们将语言置于结构式理解与主体（间）理解之中，把"格式塔"结构主义与"实体论"文化主义进行嫁接，探究具体社会历史之中语言实体的存在与变化。

从认识论上看，文化唯物主义以明确的语言基本理论，即作为物质性社会实践的语言内涵、人类特有存在方式的语言表意行为和具有构成性建构能力的语言功能，审视无阶级社会幻象，批判文化与资本结盟的语言物质性异化，从而构建了社会维度的语言变体分析、存在特殊物质形态过程的语言符码理论和充满多重张力结构的话语隐喻阐释，构成其语言哲学的认识论基础。

从方法论上看，文化唯物主义聚焦"结构主义—文化主义"的融合范式。这一研究范式也代表了当代马克思主义语言哲学研究的最新方法论取向。文化唯物主义认识到，片面强调感觉经验的文化主义语言哲学范式的狭隘，以及过度倾

绪 论

向社会宏大结构的结构主义语言范式的局限,力图突破悬隔科学理性的文化主义与轻视人文历史的结构主义之间的对垒,强调语言哲学研究中结构与文化历史的不可分割性。

从价值论上看,文化唯物主义以达至文化共同体的话语实践模式,寻觅语言本真意义的存在方式,建构了充满合理有序语言新秩序的文化社会。他们认为,语言哲学的价值目标不在于获取完满的语法规则和句法逻辑,而是在于植根具体的历史和深入现实的人的生活。为此,他们试图为解决现代性社会深层矛盾和建构社会新秩序,提供思想理论和实践路径。他们从语言哲学层面洞见文化社会关系,将话语实践作为变革社会秩序的积极动能、作为承担社会治理中的重要环节和作为优化现代化治理机制的关键因素,彰显了语言哲学的理论价值和现实价值。

相比语言内部本体论的研究而言,对语言哲学现实功能的探究更为重要,因为这为解决现实历史困境和建构理想社会提供了一种新的思考方式。文化唯物主义关于语言哲学的研究,就是在针对现实社会发展的历史困境、解释人类生活和社会运行方式的过程中,逐步形成和发展而成的。他们在探讨语言哲学问题时,并非徘徊于内部语义、句法逻辑之类语言本体论的论证,而是将语言置于文化、社会、历史、政治更为广泛的现实场景中,追溯语言生成的复杂历史过程,以语言的实践性替代语言的抽象语法规则,拓宽了语言哲学的研究视域和现实功能。

文化唯物主义语言哲学在立足于马克思主义语言观的基础上,借助社会文化语境分析,结合当代语言哲学的核心问题,通过语言模式提供的契机,反思现代性社会的语言符码生产,揭示被符号化现实对真实语义世界的遮蔽和扭曲,提倡语言实践的话语革新。为此,本书有助于拓宽语言哲学的研究视域,彰显当代马克思主义语言哲学解决现实问题的意义和价值。

文化唯物主义语言哲学追求当代马克思主义语言哲学的新研究模式。当代马克思主义语言哲学呈现三种基本研究模式:结构主义、文化主义、结构主义—文化主义相融合的马克思主义语言哲学。20世纪70年代,当代马克思语言哲学逐渐趋向结构主义—文化主义相融合的发展模式,集中在上述文化唯物主义语言哲学代表人物的著作,以及美国当代马克思主义批判家弗雷德里克·詹姆森的《马克思主义与形式》和《语言的牢笼》、法国左翼学者让·雅克·勒塞赫克勒的《马克思主义语言哲学》中,主张突破结构主义和文化主义的二元对立模式,平

· 3 ·

衡社会结构和文化影响的互动取向。文化唯物主义语言哲学追求当代马克思主义语言哲学发展的新路向，因为，一方面，纯粹结构的语言哲学将人类的语言行为全然禁锢在人为的语言牢笼中，使语言被抽象化地剥离于现实生活；另一方面，浓厚经验色彩的文化主义语言哲学虽打破了先天语言学的神话，但缺乏对语言系统化、体系化的论证，两种研究模式都存在一定的局限性。为此，他们辩证地对待两种模式并将其有效融合，推动语言哲学的科学性与实践性的有机嫁接。

21 世纪以来，国外学者对马克思主义语言哲学越来越重视，出现了勒赛克尔的《马克思主义语言哲学》《语言的力量》（2005）、玛尼·霍尔博罗的《新自由主义与应用语言学》（2012），对当代马克思主义语言哲学发展具有重要推动作用。彼得·艾夫斯的《葛兰西：语言与霸权》（2004）、《葛兰西的语言政治学》（2004）、《葛兰西，语言与翻译》（2010）系统分析了葛兰西语言哲学思想，这是对葛兰西政治哲学、文化批判理论研究之外新视角的挖掘。阿甘本近期的《语言的神圣性》（2008）探究了语言、符号与话语的问题，从存在、实践和伦理的层面综合阐释了语言的本质。这些研究成果都聚合了当代马克思主义语言哲学发展的新研究动向，呈现出了"结构主义"与"文化主义"的融合范式探究语言哲学问题的研究趋势。

国外对文化唯物主义语言哲学的研究呈现三个方面：第一，综合研究。丹尼斯·德沃金的《战后英国的文化唯物主义：历史、新左派和文化研究的起源》、约翰·穆尔豪斯的《文化唯物主义的历史语汇》、迈克尔·肯尼的《第一代文化唯物主义》，是对文化唯物主义的形成与发展的概括性介绍，其语言哲学思想散落出现。第二，人物个案研究。布莱恩·帕尔默的《汤普森的形成：马克思主义、人道主义和历史》、尼克·史蒂文森的《文化、意识形态和社会主义：雷蒙德·威廉斯和 E. P. 汤普森》是对其代表人物历史观、文化观和社会主义思想的研究，其对语言哲学思想谈及的比较少。第三，专题探讨。集中在 1998 年布伦南·伍德在《英国社会学》杂志发表的《斯图亚特·霍尔的文化研究和霸权问题》一文，探究了霍尔的话语理论方法。2001 年贾妮思·佩克在《文化评论》发表的《斯图亚特·霍尔、文化研究以及悬而未决的文化与"非文化"的关系问题》一文中，从文化研究的结构主义转向、结构主义+马克思主义、葛兰西转向：文化研究范式的综合中，探讨了结构主义与符号学对文化研究的影响。从以上分析可以看出，国外关于整个文化唯物主义或其中代表人物的语言哲学思想并没有展开系统论证，只是作为背景或从属知识而提及。

20世纪90年代前后，国内对文化唯物主义的研究已经逐渐展开。乔瑞金教授对文化唯物主义的理论来源、时代背景、研究范式、典型人物进行了系统而具体的论述，为国内研究文化唯物主义奠定了坚实的基础，包括专著《英国的新马克思主义》《马克思思想研究的新话语：技术与文化批判的文化唯物主义》，全面深入地评介了文化唯物主义的重要人物及其学术思想。乔瑞金教授的《英国新左派的社会主义政治至善思想》《文化唯物主义文化批判的致思路径》《我们为什么需要研究英国的新马克思主义?》《论文化唯物主义的思想特征》《文化唯物主义历史学派的政治意识》《文化唯物主义对文化概念的哲学分析》《文化唯物主义对现代性合法性的批判》《马克思主义是社会历史的整体视界——文化唯物主义的"事实"与"理论"之争及启示》等为研究文化唯物主义思想提供了丰富的理论源泉和方法论指导。南京大学张亮教授的《从苏联马克思主义到文化唯物主义——文化唯物主义理论传统的战后形成》《"文化唯物主义"的"文化唯物主义"及当代评价》《文化唯物主义理论传统的兴起》《文化唯物主义的研究模式及方法》为文化唯物主义的研究提供了充足的思想资源。中国人民大学段中桥教授的《转向英美、超越哲学、关注"正统"——推进当前我国国外马克思主义研究的三点意见》《20世纪70年代以来英美的马克思主义研究》《转向政治哲学与坚持辩证法——当代英美马克思主义研究的两个方向》《对安德森"扩大"西方马克思主义的说法的质疑》《科亨的政治哲学转向及其启示》对文化唯物主义进行了深度研究。这些学者从哲学的维度探讨了文化唯物主义的理论体系、批判视角和研究主题，对于深入理解文化唯物主义在20世纪马克思主义体系中的理论地位和思想价值具有重要贡献。

国内对马克思主义语言哲学的研究，集中在尹树广主编的《语言哲学——国外马克思主义、现代西方哲学》一书中，收录了目前国内对马克思主义语言哲学研究的主要学术文章，总体上探究了马克思主义语言哲学的研究状况，包括强乃社的《语言哲学与马克思主义哲学的当代发展》、尹树广的《国外马克思主义语言哲学发展概况》、袁文彬的《马克思语言哲学问题》、蓝江的《语言哲学下的生命政治》。另外，2017年5月召开了"马克思主义哲学意识理论与心灵哲学"学术研讨会，探讨了马克思主义语言哲学的最新发展状况，分析了语言哲学、心灵哲学与马克思主义意识理论的互动问题。这些工作为文化唯物主义语言哲学研究提供了一定的资料和思路,但没有针对这一主题展开具体而深入的研究。

国内对马克思主义语言哲学研究的主要内容有:第一,对话语隐喻作为马克思主义语言哲学重要研究取向的分析。尹树广《国外马克思主义语言哲学发展概况》一文,其中强调了马克思主义语言哲学中修辞学、分析理性和辩证法之间的张力,认为修辞学不仅仅是表达交流的手段,更是探讨本体、符号和潜能的运作机制。袁文彬"马克思主义语言哲学问题"一文,分析了"结构主义"与"文化主义"两种模式的融合,并指出融合这两种模式是马克思主义语言哲学必须解决的问题。李春双《隐喻与换喻问题的哲学意义》一文,认为哲学与文学都根植于语言的修辞性或隐喻性本质之中。第二,对马克思主义语言哲学代表人物话语隐喻思想的阐释。2018年李永虎、王宗军译介了《葛兰西:语言与霸权》,其中,关于"语言与隐喻""语言结构"的部分,对于研究葛兰西的隐喻思想具有重要意义。另外,李永新《具有物质性特点的语言——论雷蒙德·威廉斯的文化唯物主义理论》一文,认为文化唯物主义通过语言的物质性特点,将经济基础与上层建筑两个具有空间隐喻特点的领域有机结合,厘清了文学与社会、权力与日常经验之间的关系。

自20世纪90年代以来,国内逐渐兴起了对西方隐喻研究的介绍和对隐喻研究的热潮,具有代表性的学术成果有耿占春的《隐喻》、束定芳的《隐喻学研究》、胡壮麟的《认知隐喻学》、季广茂的《隐喻视野中的诗性传统》、张沛的《隐喻的生命》等。这些研究成果集中于语言学探究隐喻的问题,对语言认知理论具有一定的贡献。

国内对文化唯物主义语言哲学的研究呈现两个特点:第一,对这一思想著作的译介。张亮编译的《理解斯图亚特·霍尔》,涉及霍尔结构主义和编码—解码的语言哲学思想。伍晓明翻译的伊格尔顿的《二十世纪西方文学理论》,关于结构主义与符号学的思想。这为本课题的研究提供了一定的文献参考。第二,对代表人物语言哲学思想的阐发。段忠桥的《当代英美马克思主义研究译丛》关涉了柯亨语言分析的方法。乔瑞金的《英国的新马克思主义》谈及了柯亨对技术本质的语义分析和科琴对马克思实践哲学的语言分析。2014年曾军在《河南大学学报》发表了《"有意义的文化理论":雷蒙·威廉斯眼中的巴赫金》一文,探究了巴赫金语言思想对威廉斯思想的影响。2012年王斌在《文艺理论与批判》发表了《斯图亚特·霍尔的马克思主义语言哲学及其文化研究》,探讨了霍尔的

绪 论

理论话语问题。这为本书的研究提供了有意义的借鉴。

整体而言，目前学界对文化唯物主义的研究更多集中于文化哲学视角的阐释，对文化唯物主义的语言哲学思想缺乏系统梳理和整体分析。主要表现在：第一，就当代马克思语言哲学研究而言，聚集在早期西方马克思主义、法兰克福学派、结构主义、后结构主义的马克思主义语言哲学分析，文化马克思主义语言哲学专著和论文比较匮乏；第二，就文化唯物主义语言哲学研究而言，围绕在政治、文化、历史主题下，作为从属或背景知识出现，语言哲学层面没有进行系统分析和挖掘。然而，文化唯物主义语言哲学包孕了当代语言哲学嬗变的重要特征和马克思主义哲学当代发展的新趋向。

为此，本书力图探究文化唯物主义所承载语言哲学现实功能的丰富思想，以其自身内部的发展演进为线索，展现其富有特质的马克思主义语言哲学思想。本书力图通过对语言哲学的当代发展进行具体分析，关注其思想与现代语言哲学发展趋势之间的契合度，挖掘文化唯物主义思想中的语言哲学思想特征。这对弥补当代马克思主义语言哲学研究的完整性和进一步窥探当代马克思主义语言哲学的发展趋向具有一定的意义。

此书对文化唯物主义语言哲学思想的理论渊源、范式演进、基本范畴、研究视阈、思想内核和价值旨归进行系统研究，具体而言，探究了文化唯物主义将语言作为物质性社会实践、人类特有存在方式和具有构成性建构能力的基本范畴指向，由此，论述和阐释其语言哲学对现实问题所展开的解释框架，并进一步彰显其语言哲学思想的学术内涵和现实功能。主要研究内容包括以下五章：

第一章，文化唯物主义语言哲学的思想渊源、历史根据和范式演进。本章系统分析文化唯物主义对实践唯物主义马克思主义语言哲学的基本问题的继承和发展，包括对语言本源、语言生产和语言实践问题的关联性研究。研究其思想的历史根据：20世纪语言哲学转向的大背景和重大社会历史事件的产生，促使文化唯物主义将"语言哲学"作为探究现代性社会深层矛盾和寻求解决路径的突破口，并进一步展现其整体思想发展的运行轨迹，包括由代际差异所形成的各具特色的语言哲学思想。分析其思想由"文化主义"的语言哲学范式向"结构—文化"两种语言范式结合的发展过程，指明其语言哲学逐渐从语言"意义"向语言"意指"研究的跨越，并进一步指明这种范式演进对当代语言哲学嬗变的意义和价值。

第二章，文化唯物主义语言哲学的基本范畴。本章整体阐释文化唯物主义语言哲学对"语言"概念的诠释和界定，包括作为物质性社会实践的语言内涵、人类特有生存方式的语言表意行为和具有构成性建构能力的语言功能，阐释其语言哲学研究的核心理论概念。文化唯物主义关注语言的物质属性和社会属性，认为语言是人类特有的物质性社会实践活动，并深刻批判了文化与资本结盟的语言物质性异化生产。他们提出语言表意行为包孕人类特有存在方式的观点，并借助语言表意行为，寻觅日常生活中工人阶级的语言特质，将工人阶级的文化语言记录在文化谱系之列。文化唯物主义探究语言的社会结构功能和建构功能，形成了他们对语言变体、语言符码、语言生成和话语实践作为连续统研究的语言哲学体系，并进一步指明了其语言哲学介入社会现实的语言实体研究的意义和价值。

第三章，文化唯物主义语言哲学的意指形态。文化唯物主义在确立自身语言哲学基本范畴的构成中，不断对语言哲学的现实意指形态进行探究。在他们看来，对语言现实意指形态的追问，是反观社会现实问题的理论和实践的重要向度。他们认为，在现实社会中，语言主要存在着三种意指形态：社会力量交互产生的语言变体、存在特殊物质形态过程的语言符号和语言与权力张力结构的话语隐喻。文化唯物主义者力图追问理论与实践的密切相关性，即探究阶级语言与社会发展的共变关系，解蔽现代性社会"无阶级"的幻象，并力图从社会张力结构的多重维度对语言变体进行探究。文化唯物主义运用多元叙事中的语言符码进入人类栖居的现实世界，涉及民族、大众媒体研究和身份/认同等问题，再现了语言符码运作的现实场域，以各种语言文化符号的意义以及延伸意义，对现实世界认识、理解和诠释。文化唯物主义在面对现代性社会的深刻变化，试图通过语言模式思考深层的社会结构关系。他们认为现代社会结构中，存在着不同层面和不同角度的隐喻关系，需要对社会结构隐喻关系的具体内容、情节和设置进行深入诠释，才能更加明晰社会结构的深层问题。文化唯物主义将结构主义与文化主义相结合，摆脱宏大历史结构的一般叙事方式，借助话语隐喻模式，消解"经济基础—上层建筑"的陈旧隐喻关系，并试图解读现代性社会文化结构的新隐喻链条。

第四章，文化唯物主义语言哲学理想社会新秩序的建构。在研究其语言哲学的基本范畴和语言哲学对现实问题所展开的语言解释框架，即意指形态的分析之后，进一步研究了其语言哲学的价值旨归，在于阐释话语实践在建构社会新秩序的作用和功能。其中包括洞见文化社会关系的语言政治研究、达至文化共同体的话语实践路向和建立社会新秩序的话语实践变革力。文化唯物主义借助语言政治研究,深入现实的社会生活,以"语言分析"关涉社会政治结构的研究、"语言意义"投射政治批判和"文化—结构"融合走向微观姿态的文化政治学,三个方面洞见文化社会的权力关系,发挥语言用途的政治功能,力图实现变革社会的意义和价值。在具体实现社会文化优化的过程中,文化唯物主义借助话语实践,进一步实现对语言文化主体实践方式、思维方式与文化对象所指的优化,实现了文化共同体意义上的提升。文化唯物主义探究话语实践对现代化治理系统的环境机制、认知机制和关系机制的优化,彰显话语的结构性、组织性和实践性对社会治理系统的建构意义。

第五章,文化唯物主义语言哲学思想的价值意蕴。包括对语言哲学研究当代嬗变的意义、对当代马克思主义哲学发展的拓展和研究文化唯物主义语言哲学的中国意义三个部分,进一步阐释和彰显文化唯物主义语言哲学的理论和实践意义。

总之,文化唯物主义语言哲学就是在针对现实社会发展的历史困境、解释人类生活和社会运行方式的过程中,逐步形成和发展而成的。文化唯物主义语言哲学在立足于马克思主义语言观的基础上,借助社会文化语境分析,结合当代语言哲学的核心问题,通过语言模式提供的契机,反思现代性社会的语言符码生产,揭示被符号化现实对真实语义世界的遮蔽和扭曲,提倡语言实践的话语革新。为此,本成果有助于拓宽语言哲学的研究视域,彰显当代马克思主义语言哲学解决现实问题的意义和价值。

第一章 文化唯物主义语言哲学的思想渊源、历史根据和范式演进

文化唯物主义将文化作为他们进行社会变革的重要利剑,作为他们追寻非苏联化马克思主义的新聚焦点,其中一个核心问题就涉及了文化与语言、语言与社会结构关系的问题,从语言本真的生成、阶级语言的语言变体、语言成为被编码的符码等现代社会所形成的特有语言想象,思考语言与思维的关系、语言的社会功能,形成了具有当代马克思主义语言哲学特质的语言哲学思想。被视为20世纪西方哲学史哥白尼式革命的"语言转向",深刻影响了整个西方哲学的发展,同样对英国哲学产生了难以磨灭的影响。那么,究竟是在什么样的历史条件下催生这些文化唯物主义学者纷纷聚焦语言哲学,这就需要回到其思想形成的具体社会历史背景中,去探究这一思想的原初语境,这样才能对这一思想理论进行深度研究。因为,任何思想的产生都源自当下具体的历史现状。

第一节 思想源泉:实践唯物主义的马克思主义语言哲学

文化唯物主义语言哲学是当代马克思主义语言哲学发展的重要组成部分。它继承和发展了马克思恩格斯实践唯物主义的语言观,从人的实践活动探究语言与现实社会生活的关系,力图摆脱抽象的、形而上学的语言哲学分析,发展了语言哲学的现实功能。

马克思恩格斯的语言哲学思想是19世纪开始西方语言哲学研究的一个重要理论路向。马克思恩格斯的语言哲学始终围绕实践唯物主义的理论立场探究语言

的问题。他们与 19 世纪存在的两种语言哲学观：第一，以德国语言学家洪堡、浮士勒和意大利美学批评家克罗齐为代表的浪漫主义、个体主观主义的语言观；第二，以费迪南德·索绪尔为代表的抽象客观主义语言观，无论是语言本真意义的探寻，还是语言价值的追寻，都存在不同的甚至相对立的语言哲学观。马克思恩格斯从"劳动""人的感性活动""实践"探究语言的起源、本质、功能和机制，使得语言理论与语言实践从分离走向统一。浪漫主义或个体主观主义的语言观强调诗性的和唯美的语言，通达语言的艺术是一种美学意义的追求。它往往置身于文本结构或语言内部的理论研究，对语言的现实问题和日常话语语料不屑一顾。另一种抽象客观主义语言观，更是以科学理性的方式对待语言，深度挖掘语言生成的内部结构，试图获得如数学公式一般的语言理论的客观规律。

然而，马克思恩格斯关注实践对于理论的优先性，将理论与实践内在关联在一起。马克思将语言与思维的关系看成"语言是思想的直接现实"①。马克思将人的生命本质规定为"自由自觉的活动"，所谓"自觉的"就是有意识的，语言正是这种自觉有意识活动的外显。因此，语言分析或者语言研究不能脱离现实的人的生活和人的社会，如果硬要脱离，而寻找所谓的理论的话，就成了无源之水、无本之木了。但与此同时，马克思在对理论的规定中，指出自觉的、有意识的活动是在"知类"抽象程度上认识世界的②，就赋予了理论对实践的重要意义。马克思恩格斯对语言哲学研究本质的追问，正如对哲学本质的归结一样，即不只在于"解释世界"，而"问题在于改变世界"。

马克思恩格斯的语言哲学思想渗透在《1844 年经济学哲学手稿》《德意志意识形态》《自然辩证法》《资本论》等文本中。马克思以"劳动"概念分析了语言的本质，以"异化"概念作为理解语言异化现象的逻辑前提，在对思辨哲学和旧唯物主义的批判与扬弃中走向了实践唯物论的语言哲学研究。③ 马克思的唯物主义实践观解开了语言研究之谜，使语言研究的本体论、认识论、方法论和价值论获得了崭新的形态，对语言哲学的发展具有重要意义和价值。

马克思恩格斯的语言观，表现在对政治经济学形而上学的批判上，驳斥了蒲

---

① 马克思恩格斯全集（第 3 卷）[M]．北京：人民出版社，1960：525．
② 马克思恩格斯全集（第 42 卷）[M]．北京：人民出版社，1960：96 - 97．
③ 王雨辰，张星萍．马克思恩格斯的语言哲学思想及其对国外马克思主义的影响［J］．哲学动态，2019（1）：31 - 38．

鲁东《贫困的哲学》借用"冒牌的"黑格尔词句对经济理论次序的分析。这种经济理论次序的分析只是原理、范畴和抽象思想的重新排序。马克思恩格斯指出："既然我们忽略了生产关系（范畴只是它在理论上的表现）的历史发展，既然我们只希望在这些范畴中看到观念、不依赖实际关系而自生的思想，那末，我们就只得到纯理性的运动中去找寻这些思想的来历了。"① 马克思恩格斯批判了这种纯范畴和纯理性的形而上学的政治经济学分析，认为这只是一种缺乏实际历史内容的空洞陈述。

借此，马克思恩格斯以黑格尔的正反合命题对蒲鲁东抽象理性进行了分析，"因为无人身的理性在自身之外既没有可以安置自己的地盘，又没有可与自己对置的客体，也没有自己可与之结合的主体，所以它只得把自己颠来倒去：安置自己，把自己跟自己对置起来，自己跟自己结合——安置、对置、结合"。② 按照蒲鲁东的理性概念，理性要获得其合理性，就需要与客体和主体不断分离，在自身创造的概念逻辑中寻找自洽性。因此，远离现实的抽象是不断剥离与具体事物联系的过程，最后成为数量层面的逻辑范畴。"在抽象的最后阶段，作为实体的将是一些逻辑范畴。"③

"正如我们通过抽象把一切事物变成逻辑范畴一样，我们只要抽去各种各样的运动的一切特征，就可得到抽象形态的运动，纯粹形式上的运动，运动的纯粹逻辑公式。既然我们把逻辑范畴看做一切事物的实体，那末也就不难设想，我们在运动的逻辑公式中已找到了一种绝对方法，它不仅说明每一个事物，而且本身就包含每个事物的运动。"④

这段话是马克思恩格斯对逻辑范畴形成过程的分析，"那末，这种绝对方法到底是什么呢？是运动的抽象。运动的抽象是什么呢？是抽象形态的运动。抽象形态的运动是什么呢？是运动的纯粹逻辑公式或者纯理性的运动。纯理性的运动又是怎么回事呢？就是它安置自己，把自己跟自己对置，自相结合，就是它把自己规定为正题、反题、合题，或者就是它自我肯定、自我否定和否定自我否定"⑤。

"既然把任何一种事物都归结为逻辑范畴，任何一个运动、任何一种生产行

---

①② 马克思恩格斯全集（第4卷）[M]．北京：人民出版社，1960：140.
③④⑤ 马克思恩格斯全集（第4卷）[M]．北京：人民出版社，1960：141.

为都归结为方法,那末,由此自然得出一个结论,产品和生产、对象和运动的任何总和都可以归结为应用的形而上学。黑格尔为宗教、法等做过的事情,蒲鲁东先生也想在政治经济学上如法炮制。"①

马克思恩格斯进一步以这种纯粹逻辑范畴或逻各斯式的认识方式,分析批判了蒲鲁东形而上学的政治经济学,指出:"理性一旦把自己作为正题安置下来,这个正题、这个思想就会自相对置,分为两个互相矛盾的思想,即肯定和否定,'是'和'否'。这两个包含在反题中的对抗因素的斗争,形成辩证运动。'是'转化为'否','否'转化为'是'。'是'同时成为'是'和'否','否'同时成为'否'和'是'。对立面就是通过这种方式互相均衡,互相中和,互相抵消。这两个彼此矛盾的思想的融合,就形成一个新的思想,即它们的合题。这个新的思想又分为两个彼此矛盾的思想,而这两个思想又融合成新的合题。这种增殖过程就构成思想群。同简单的范畴一样,思想群也遵循这个辩证运动,它也有另一个与自己矛盾的群为自己的反题。从这两个思想群中产生出新的思想群,即它们的合题。"② 蒲鲁东这种看似具有思辨性的政治经济学,实际上是借用黑格尔式的三段论以及晦涩难懂的语言,把人们引入了抽象语言范畴的怪圈之中,由此形而上学的政治经济学形成。马克思指出,"会把人所共知的经济范畴翻译成人们不大知道的语言,这种语言使人觉得这些范畴似乎是刚从充满纯粹理性的头脑中产生的,好像这些范畴单凭辩证运动才互相产生、互相联系、互相交织。请读者不要害怕这个形而上学以及它那一大堆范畴、群、系列和体系"③。

马克思恩格斯对蒲鲁东形而上学政治经济学批判,正传达了他们对语言哲学基本立场的表述。"形而上学者认为进行抽象就是进行分析,越远离物体就是日益接近物体和深入事物。这些形而上学者说,我们世界上的事物只不过是逻辑范畴这种底布上的花彩。"④ 马克思恩格斯语言哲学的语言观,决定了他们对语言哲学基本立场、性质的确定,以及对探究问题方向的把握。

在《德意志意识形态》中,包含着许多深刻的思想,这些思想对许多社会科学说来都有重大的意义。例如,在这里表述了马克思主义语言学的基本原理。马克思和恩格斯在《德意志意识形态》中,揭示了语言的产生和发展同社会物

---

① ② ③ 马克思恩格斯全集(第4卷)[M].北京:人民出版社,1960:142.
④ 马克思恩格斯全集(第4卷)[M].北京:人民出版社,1960:141.

质生活、同人们的劳动过程的不可分割的联系。马克思和恩格斯在强调语言和人的思维的不可分割的统一时,提出了"语言是思想的直接现实"①,"语言是一种实践的……现实的意识"② 这一非常重要的原理。

马克思和恩格斯说明了人的思维、精神要求、兴趣、爱好和情绪的实质和作用,指出了它们的变化和发展的决定性原因在于社会的物质生活,从而奠定了马克思主义的辩证唯物主义心理学的基础(同样是辩证唯物主义语言哲学的基础)(社会结构、政治结构与日常生活之间的关系)。由此可见,事情是这样的:以一定的方式进行生产活动的一定的个人,发生一定的社会关系和政治关系。经验的观察在任何情况下都应当根据经验来揭示社会结构和政治结构同生产的联系,而不应当带有任何神秘和思辨的色彩。社会结构和国家经常是从一定个人的生活过程中产生的。但这里所说的个人不是他们自己或别人想象中的那种个人,而是现实中的个人,也就是说,这些个人是从事活动的,进行物质生产的,因而是在一定的物质的、不受他们任意支配的界限、前提和条件下能动地表现自己的。③

思想、观念、意识的生产最初是直接与人们的物质活动,与人们的物质交往,与现实生活的语言交织在一起的(马克思恩格斯在分析思想意识最初产生的形态中,指明了它们与物质活动、物质交往和现实生活语言相互交织的存在形态。在这里可以看出,马克思恩格斯对待语言范畴的一种逻辑关系,首先语言不同于思想、观念和意识,人脑对物质世界反映一种纯粹精神活动或者精神产生;其次语言也不同于物质活动或物质交往,绝对物质生产层面的活动。语言既包含了物质活动的物质性,也包含了精神活动的思维过程,是人类特有的物质性实践活动)。观念、思维、人们的精神交往在这里还是人们物质关系的直接产物。表现在某一民族的政治、法律、道德、宗教、形而上学等语言中的精神生产也是这样(即便是语言的高级形式或者规范性语言,如政治、法律、道德、宗教、形而上学的语言同样不能脱离人们的物质关系之外)。人们是自己的观念、思想等的生产者,但这里所说的人们是现实的,从事活动的人们,他们受着自己的生产力的一定发展以及与这种发展相适应的交往(直到它的最遥远的形式)的制约。意识在任何时候都只能是被意识到了的存在,而人们的存在就是他们的实际生活

---

① 马克思恩格斯全集(第3卷)[M]. 北京:人民出版社,1960:525.
② 马克思恩格斯全集(第3卷)[M]. 北京:人民出版社,1960:34.
③ 马克思恩格斯全集(第3卷)[M]. 北京:人民出版社,1960:29.

第一章　文化唯物主义语言哲学的思想渊源、历史根据和范式演进

过程。马克思恩格斯指明意识是一种被感知的意识，而这个种被感知的过程就源于人的实际生活。如果在全部意识形态中人们和他们的关系就像在照相机中一样是倒现着的，那么这种现象也是从人们生活的历史过程中产生的，正如物象在眼网膜上的倒影是直接从人们生活的物理过程中产生的一样。① 马克思把物质与意识比喻成物象与视网膜倒影之间的关系，就是在说明，意识是人们对物质世界的反映。人类通过自身特有的感觉器官，对物质世界不断感受、组合和形成理解，产生思想、观念和意识。

语言与思想、观念和意识总会缠绕在一起，同时，语言又与物质活动和物质交往交织在一起。语言生产是物质活动与精神活动的合集。既然语言具有物质属性和精神属性，那么在对待语言的问题时，既要认识到社会历史运动对语言产生的作用，同时，也要认识到语言生产相对的抽象性和特殊性。

"但是人并非一开始就具有'纯粹的'意识。'精神'从一开始就很倒霉，法定要受物质的'纠缠'，物质在这里表现为震动着的空气层、声音，简言之，即语言。语言和意识具有同样长久的历史；语言是一种实践的、既为别人存在并仅仅因此也为我自己存在的、现实的意识。语言也和意识一样，只是由于需要，由于和他人交往的迫切需要才产生的。"② 这里包含着两层意思：一是语言是一种物质实践活动；二是语言是一种意识活动，指明了语言与意识、语言与物质之间的关系。这段话包孕语言活动的三重属性：实践性、历史性和交往性。这一段承载了马克思恩格斯论语言问题的核心思想，确立了实践唯物主义语言哲学总体性原则。这为马克思主义语言哲学思想的发展奠定了基础。

马克思指出："断言我'从无中'把我自己例如作为'说话者'创造出来，这是绝对不正确的。这里作为基础的无其实是多种多样的某物，即现实的个人、他的语言器官、生理发育的一定阶段、现存的语言和它的方言、能听的耳朵以及从中可以听到些什么的人周围的环境，等等。"③ 马克思指明了语言产出不是黑格尔"逻辑学"，从无通过无到无的过程。说话者说出话语产生语言，看似是一个瞬间从无到有的语言产生过程。实际上，这一过程包含着语言产生的生物基础、环境基础和具体语境基础，充满了复杂先决条件合成的必备因素。语言不是

---

① 马克思恩格斯全集（第3卷）[M]．北京：人民出版社，1960：29-30．
② 马克思恩格斯全集（第3卷）[M]．北京：人民出版社，1960：34．
③ 马克思恩格斯全集（第3卷）[M]．北京：人民出版社，1960：157-158．

形式或者结构化空洞外壳的存在，而是现实的和具体的存在。因此，在探究语言哲学问题时，就不能仅从符号化或逻辑形式层面作为衡量语言哲学科学化的唯一尺度。而应从人的现实生活和具体社会历史发展中，探究语言哲学的基本理论和核心思想。

在马克思看来，语言对现实的呈现并非一对一的关系，而会受到意识形态的影响，语言通常会被主流意识形态所裹挟。"如果把上引词句从政治幻想的语言译成容易理解的人的语言，那就是说：对于资产者来说，他们占绝对统治，或他们的政治权力和经济权力为其他阶级所限制，都'没有区别'。"① 因此，语言带有一定的阶级属性。资产阶级的主导意识或者资产阶级的意识形态，必然会产生具有资产阶级特性的语言，这种语言有着强有力的剥削性。它有力地显现资产阶级在经济、政治、社会中的霸权地位。资产阶级也借用这种强势语言系统操纵和控制工人阶级或者底层人民的思想意识。

"资产者可以毫不费力地根据自己的语言证明重商主义的和个人的或者甚至全人类的关系是等同的，因为这种语言是资产阶级的产物，因此像在现实中一样，在语言中买卖关系也成了所有其他关系的基础。"② 正如马克思所述，资产阶级的语言就隐含着其他一切关系，如生产关系、经济关系等，以资产阶级语言架构的各种人类社会关系。"因此像在现实中一样，在语言中买卖关系也成了所有其他关系的基础。"③ 语汇的排列组合及用法意味着社会关系的结构和意义。马克思分析了由"财产"（Eigentum）的词缀"Eigen-"派生出"独特性"（Eigentümlichkeit）一词，说明重商主义意义的财产（Eigentum）和个人意义上的独特性，都含有"自有"（Eigen）的意义，还包括一系列的派生词：valeur，value，wert（价值）；commerce，Verkehr（商业，交往）；échange，ex-change，Austausch（交换）；等等。马克思分析了这些代表商业关系的词汇与表示个人特性的词汇的相关性。马克思恩格斯深刻地分析了语言变体与社会生产关系之间的张力结构，语言的结构和变化预示着社会关系的结构和变化。社会某一时段所崇尚的某种思想或主义，必然会引发一场语言风暴。这种集中蕴含这一思想或主义的语词或语言表达方式，会引起其他领域语词或语言表达方式的变化，甚至会使

---

① 马克思恩格斯全集（第3卷）[M]．北京：人民出版社，1960：218．
②③ 马克思恩格斯全集（第3卷）[M]．北京：人民出版社，1960：255．

代表整个社会关系或社会结构的核心语词产生变化。马克思恩格斯指明，现代语言中的双关语、同义语都是某种社会关系的呈现。这也是现代语言哲学所探究的一个关键问题，也就是语言变体的问题。

马克思恩格斯揭示了资产阶级语言诡辩的陷阱。"我们的好心而轻信的雅各学资产者玩弄 Eigentum（财产）和 Eigenschaft（特性）这两个字眼，竟如此认真、如此庄严肃穆，以至于他力求作为一个私有者来对待他自己的特性……"①马克思恩格斯批判了圣麦克斯这个对政治经济学一窍不通，却玩弄同义语的做法。从不成譬喻的譬喻、滥用连接词、拙劣的断言、不知所云的语言，马克思讥讽圣麦克斯中的旧约经济学理论。马克思认为，圣麦克斯即施蒂纳试图玩弄同源的同义词语，将 Gesellschaft（社会）＝Grafschatf（伯爵领地），以词头和词尾的一致性，以及词根意义的相似性，曲解共产主义者的神圣社会就是神圣的伯爵领地。其目的在于："一方面是要把经验的关系变成思辨的关系，例如他把一个在实际生活中和哲学思辨中所使用的词按照它的思辨的意义来运用，关于这种思辨的意义说一些话，……另一方面，这位隐蔽的小资产者玩弄同义语来把资产阶级的关系（请看前面在'共产主义'一节中关于语言同资产阶级关系的联系说了些什么）变成个人的关系，因此，如果不在个性、'独自性'和'唯一性'上触动个人，就不能触动这种关系。"② 这些资产阶级语言圈套就是将这些同义语、同位语结合在一起，以偷换概念的方式，让人们迷失于这些含糊不清的语词中，陷入语言堆积而成的陷阱中。

马克思用语言逻辑范式，推断了圣麦克斯对"概念"的使用。马克思用"我"和人民的关系说明了圣麦克斯概念的荒谬。具体引用马克思对这种同一、对立使用方式的推演过程：

我——不是人民

人民＝非我

我＝非人民

于是，我是人民的否定，人民在我之中消失了。

第二个等式也可以用下面这个副式来表示：

---

① 马克思恩格斯全集（第 3 卷）[M]．北京：人民出版社，1960：256.
② 马克思恩格斯全集（第 3 卷）[M]．北京：人民出版社，1960：311.

人民的我是不存在的

或者：

人民的我就是我的我之否定。

马克思认为：这一套手法就是：①他把最初属于系词的否定，先改属于主语然后又改属宾语；②他把否定、"非"，按各种需要随便理解为区别、差别、对立和直接消失的表现。在这个例子中，否定就被理解为绝对的消失，完全的否定；我们还可以看到：按照圣麦克斯随时的需要，"非"也可以当作别的意义来使用。这样一来，我不是人民这个同语反复的判断就变成了我是人民的消失这个伟大的新发现了。① 按照这种语言逻辑，就会推断出如下结果：

基本等式：人民 = 非我

等式1：人民的自由 = 非我的自由

人民的自由 = 我的非自由

人民的自由 = 我的不自由

（这个等式也可以倒转过来，于是就得出一条伟大的原理：我的不自由 = 奴役就是人民的自由）

等式2：人民的幸福 = 非我的幸福

人民的幸福 = 我的非幸福

人民的幸福 = 我的不幸福

（倒转过来说：我的不幸福、我的痛苦就是人民的幸福）

等式3：人民的富裕 = 非我的富裕

人民的富裕 = 我的非富裕

人民的富裕 = 我的贫穷

（倒转过来说：我的贫穷就是人民的富裕。）这也可以 adlibitum（随心所欲地）继续推下去，也可以扩充来说明其他的特征。②

如果按照上面的语言公式推理下去，人民就成了"我""自由""幸福""富裕"的对立面了，堂而皇之的结论就是：人民非自由、非幸福、非富裕就是"我"的自由、幸福和富裕。这种语言力量就形成一种社会等级关系。

---

① 马克思恩格斯全集（第3卷）[M]．北京：人民出版社，1960：313．

② 马克思恩格斯全集（第3卷）[M]．北京：人民出版社，1960：314．

第一章 文化唯物主义语言哲学的思想渊源、历史根据和范式演进

在全球化时代话语霸权和政治身份符号越来越成为社会重大现实问题的背景下，20 世纪马克思主义语言哲学体现了一定的时代性和历史性，语言哲学问题进入了现实问题和现实语境的分析和研究中，是对马克思恩格斯语言哲学进入现当代的具体呈现。20 世纪二三十年代，"本雅明、沃洛希诺夫、巴赫金的重要语言哲学著述问世以后，马克思主义在语言哲学、语用学、修辞学、符号学、神话学、文化批判，话语实践理论等领域都有了很大的发展，在内容上触及了一系列理论问题：语言、思维与事物之间的关系（语言唯物主义），语言与本体论，修辞与哲学（文学与哲学），语言与神学，话语意识形态与科学、话语与伦理（交往、平等、正义），语言演变史，话语与民主政治实践（立法和权利），符号、话语与意义主体的构造，男权主义语言批判，语言哲学方法论，等等"①。可见，20 世纪的马克思主义语言哲学所涉及的内容更加丰富和具有现实性。

20 世纪 20 年代末期巴赫金和沃洛希诺夫的《生活话语与艺术话语》和《马克思主义与语言哲学》，开创了马克思主义的话语理论研究。20 世纪 20 至 30 年代，本雅明的《论语言本身和人的语言》《语言与逻辑》《未来哲学纲要》《论暴力》《翻译者的任务》等成为马克思主义语言哲学的重要文献。20 世纪 70 年代安东尼奥·葛兰西在《能有多少种形式的语法》一文，对自发语法与规范语法辩证关系的分析中，反对结构主义的"语言本质说"，重视文化对语言的影响，形成了实践唯物主义语言观。20 世纪 70 年代，弗雷德里克·詹姆逊的《语言的牢笼》批判了索绪尔对共时和历时的对立，以意识形态为框架在思辨层次上对结构主义理论进行了辩证法的融合。20 世纪 80 年代，沃诺希诺夫的《马克思主义与语言哲学》对索绪尔的语言/言语二分理论提出了挑战，批判了"个人主义的主观主义"和"抽象的客观主义"的虚假对立，挖掘人类社会中符号运作及其支配符号系统的规则。20 世纪 90 年代，哈贝马斯的《历史和比喻，隐喻的兴衰》中，反对先验论和同一化隐喻对历史解释的控制，从亚里士多德的感觉经验概念中发展出新的历史经验解释。这些代表人物及其著作呈现了马克思主义语言哲学 20 世纪的发展图景。

其中，文化唯物主义语言哲学研究就产生于 20 世纪五六十年代，理查德·霍加特、雷蒙德·威廉斯、E. P. 汤普森第一代文化唯物主义学者，在其《识字

---

① 尹树广. 语言哲学——国外马克思主义、现代西方哲学［M］. 北京：人民出版社，2016：3.

的用途》《日常语言与日常生活》《文化与社会》《关键词》《英国工人阶级的形成》等著作中,从不同侧面、不同角度对语言哲学进行阐释和理解。第二代文化唯物主义的斯图亚特·霍尔、特里·伊格尔顿、托尼·本尼特,在第一代学者的引领下,进一步结合当下的政治生活,产生出代表作《解码/编码》《马克思主义与文学批判》《文学理论引论》《批评的功能》《形式主义和马克思主义》《文学之外》《当代文化和日常生活》等,涉猎了语言与文化、语言与文学、语言与身份政治、语言与女性主义、语言与亚文化问题、语言与新殖民主义、语言与文化霸权等多视角的语言问题,开拓了语言哲学的新研究视阈,成为了当代马克思主义语言哲学的重要组成部分。

文化唯物主义是对马克思恩格斯语言哲学的继承和发展。主要表现在以下几个方面:

第一,摆脱语言游戏的狂欢,回归人的生活世界中语言的本真状态,揭开了语言哲学的神秘面纱。马克思恩格斯在《德意志意识形态》中,指出:"青年黑格尔派的意识形态学家们尽管满口讲的都是所谓'震撼世界的'词句,却是最大的保守派。如果说,他们之中最年轻的人宣称只为反对'词句'而斗争,那就确切地表达了他们的活动。不过他们忘记了:他们只是用词句来反对这些词句;既然他们仅仅反对这个世界的词句,那么他们就绝对不是反对现实的现存世界。"① 这表明了马克思恩格斯语言哲学研究的唯物主义立场,即语言研究不是以一种语言派生或者对抗一种语言,这只是归为形式的和表面的语言游戏,语言只有在劳动、生产、交往和实践的过程中,才能生成意义和价值。在马克思恩格斯对语言哲学的研究中,我们可以说,马克思恩格斯没有一部专门对语言问题研究的专著。但是,我们不难发现在他们的著作中,大量地存在对语言问题思考,而这些思考存在于"语言"与"劳动""人的活动""社会生产""物质"和"意识"之间相互缠绕的关系中,因为语言不能脱离具体的现实语境和场景。更为重要的是,马克思恩格斯在谈语言哲学的问题时,不是把语言作为某一原命题或单一命题做解答,不是为了获取像索绪尔的某一语法规则,而是为了借助语言的社会性、实践性和交互性,探究人的世界和人的生活。可以说,索绪尔的语言学理论在于消解现实世界,寻求完满的理性法则,而马克思主义语言哲学在于回

---

① 马克思恩格斯文集(第1卷)[M].北京:人民出版社,2009:516.

第一章 文化唯物主义语言哲学的思想渊源、历史根据和范式演进

到人的世界，恢复语言存在的本真状态，即现实的人的生活之中。

文化唯物主义语言哲学继承了马克思语言哲学的唯物主义立场，在具体的社会历史和社会语境中思考语言问题。文化唯物主义语言哲学的研究就是这样一块揭开语言哲学的神秘面纱，走向人日常生活世界的语言哲学之路。在这条研究之路上，他们更多将"语言"与"文化""语言"与"物质生产""语言"与"社会"联系在了一起，以"语言"的研究指向现实的社会，为突破现实社会的深层矛盾、解读人类社会的危机和寻求理想社会的建构，提供理论和实践的密钥。因此，文化唯物主义语言哲学不是在于求得完满的语言法则和规律，而是在于借助"语言"分析更加清晰明了的当代社会图景。

第二，在语言生成过程中的探究，关注语言与物质生产和物质生活的密切关联，形成唯物主义语言哲学思想。恩格斯在《劳动在从猿到人转变过程中的作用》一文中写道："首先是劳动，然后是语言和劳动一起，成了两个最重要的推动力。"① 这表明语言的生成源于人的物质生产活动。在物质生产的过程中，人与人必然要通过交往才能确保物质劳动生产的顺利进行。尤其在人类物质生产的初期，人类的物质生产和精神生产结为一体，没有明确的分化。即便随着社会分工出现了：物质劳动与精神生产的分离，但语言的生产与传播也是以物质生产为基础的。正如马克思和恩格斯所指出的一样："思想、观念、意识的生产最初是直接与人们的物质活动，与人们的物质交往，与现实生活的语言交织在一起的。人们的想象、思维、精神交往在这里还是人们物质行动的直接产物。表现在某一民族的政治、法律、道德、宗教、形而上学等的语言中的精神生产也是这样。"② 这就是说，语言发展到一定阶段成为独立的生产部门或专业学科，并随之形成各类的精神生产，出现专门从事脑力劳动的人。然而，这种精神生产是在物质生产发展到一定阶段后从物质生产实践中分化出来的。精神生产标志着生产实践的发展和社会的进步。

文化唯物主义语言哲学关注语言的物质性，审视现代性社会中，语言与资本结盟的非物质劳动生产，对资本主义全球化的语言霸权进行了深刻批判和反思。它们批判了精英主义文化的语言排他主义和现代性社会语言均质化的相对主义，

---

① 马克思恩格斯文集（第1卷）[M]. 北京：人民出版社，2009：554.
② 马克思恩格斯选集（第1卷）[M]. 北京：人民出版社，1995：72.

从现实的物质生活生产出发,探究语言生产的物质基础。他们有关语言哲学的分析,都基于现实社会人类物质生活的大前提,以现实物质生活发展的基础,探究语言的产生、传播、转换和效能。在马克思主义哲学中关于社会生产的主要形态:物质生产、精神生产和人自身生产中,强调物质生产是人类社会生产体系中最基础的生产,它决定着精神生产的性质和内容,制约着人自身生产的形式、结构和发展状况。看似抽象的、相对独立的语言,其形成和发展最终根源于现实的生产。文化唯物主义不仅把语言生产归为精神生产,而且强调语言的物质属性,分析语言以物质形态出现的当代社会新生产方式。语言不仅是人类进行社会交往的工具,在现代性社会中,语言作为声音符号、文字符号、媒介符号并行存在。语言作为一种有形的物质产品,而成为人类社会生活的必需品或消费品。文化唯物主义坚持了马克思恩格斯唯物主义语言观,并在此基础上,强调了语言的物质属性,形成了具有鲜明特色的文化唯物主义理论。

第三,语言哲学研究的本质旨归不在于获得完满的语言规律,而是在于挖掘语言的社会批判功能和建构理想社会的实践功能。马克思针对现代性危机所持的基本立场是:"要对现存的一切进行无情的批判",并在"批判旧世界中发现新世界"①。马克思恩格斯对"语言"和"意识""精神活动"的分析,其基本宗旨在于对现代性危机进行深入的批判和反思。马克思的批判思想贯穿了其全部理论和学说之中,对20世纪人类文化精神和批判意识产生了重要的影响。这种批判意识,同样影响了文化唯物主义学者对语言哲学的研究。

文化唯物主义语言哲学就是基于对精英主义的批判和对相对主义的批判的两条线索展开的。并由此决定了文化唯物主义语言哲学的研究立场。对精英主义文化的批判,表明他们在语言哲学的研究中,对原始语料选择和分析不再是占主流话语权的语料,不再是被精英主义者筛选的语言形态。他们立足日常生活的语言和人民大众的语言,如"日常习语""谚语""俚语",把那些具有民族风情和生活情趣的语言作为对象,直观人民生活的本真样态。他们批判精英主义者高高在上的语言优先性,以发自人民的声音与之分庭抗礼。同时,他们深刻地察觉到相对主义文化的危害性,它直接同质化和均质化了普通人民原生态的语言风格,使得人民群众的语言失去了历史感、民族感和地域感,被哗众取宠、平淡无奇的商

---

① 马克思恩格斯全集(第1卷)[M].北京:人民出版社,1960:416.

业化语言所占领。为此,他们强调微观文化实践者的话语实践能力,为提升普通人民的语言辨别、运用和创作能力提供方法和途径。

第四,从普通人民的利益出发,以提升广大人民群众的文化实践能力为宗旨,构建人民大众的语言实践的理论和方法。马克思在关于异化劳动的理论中,提到"这种手段性的活动能够通过创造日益增长的物质财富,并且通过利用自然力征服自然力的方式来为最终克服自然必然性准备条件。劳动异化发展到一定阶段必然转变为这种异化的自我扬弃。到那时,财富的极大丰富使劳动不再是出于自然对人的肉体生存的必然性强制,而是出于人自由发展自己生命本质的需要,人与人之间为争夺生存必需品的斗争将不再必要,一些人强制另一些人充当手段的问题也就解决了"①。这就是说,尽管马克思承认物质生产领域"始终是一个必然王国",但同时他认为"在这个必然王国的彼岸,作为目的本身的人类能力的发展,真正的自由王国,就开始了"②。马克思在关注物质生产的基础上,认为通达人类真正的自由王国,获得人全面自由的解放,在于人类自身能力的发展。人类自身能力的发展和提升是人类在全部实践中获得彻底解放的关键因素。

文化唯物主义秉承马克思主义的人民群众观,批判了文化精英主义的文化排他性,为工人阶级争取文化权力,并提出了具体提升广大人民群众语言实践的具体路径。在20世纪之后,随着物质生产生活的提升,英国社会弥散着"无阶级"社会的思想意识,这使得工人阶级觉得他们不再是"低等秩序"中的一员,工人阶级丧失了阶级意识和革命意识。文化唯物主义敏锐地洞察到了这一社会新变化。在他们看来,当前社会的主要矛盾不再是物质生产生活的矛盾,而逐渐转变成精神生产的矛盾和冲突。工人阶级的文化生活不是在改善和提升,而是在日益消退。为此,他们力图借助"文化研究",探究工人阶级文化语言变迁史,追溯工人阶级特有的文化语言形态,恢复工人阶级的语言实践能力。在此基础上,文化唯物主义提出了"文本阅读""大众媒体解读""搭建话语实践模型"和"建构社会主义新主体"③的系列语言文化实践方式。

第五,语言哲学研究的理论价值,在于对社会运行方式"善"的求索。如

---

① 马克思恩格斯选集(第3卷)[M]. 北京:人民出版社,1995:303.
② 马克思恩格斯全集(第25卷)[M]. 北京:人民出版社,1960:926-927.
③ 马援. 语言哲学的现实功能——以英国新左派语言哲学四重奏特质为例[J]. 当代国外马克思主义评论,2017(15):408.

何把人类社会建构成一个公平有序合理的社会，这是马克思恩格斯进行哲学思考的关键动因。马克思在对人类社会的社会形态进行分析的过程中，指出随着资本主义经济形态的解体，"人类社会的史前时期就以这种社会形态而告终"①。马克思深刻地剖析了资本主义社会普遍的物化现象和物化意识。在资本主义商品拜物教的关系中，人与劳动产品的关系、人与人的之间关系发生了极度异化。在未来社会中，"社会化的人，联合起来的生产者，将合理地调节他们和自然之间的物质交往，把它置于他们的共同控制之下，而不让它作为盲目的力量来统治自己"，最终达至"作为目的本身的人类能力的发挥，真正的自由王国，就开始了"②。

英国文化马克思学者以寻求社会良性发展为己任，力图回到马克思所主张的科学社会主义，克服现代性社会人的各种异化，寻求对社会的"善"的治理。在文化唯物主义对语言哲学的探究中，试图回答如何维护和保障人的生存的各种权利，消除社会分配的不平等，创造普通人民共同参与的新文化环境，建构更加符合人类生存的新社会秩序。文化唯物主义以善为思想的实质及其特征主要体现为：第一，现代化社会主义的内在特质是一种能够很好地治理社会的社会制度，其优越性和活力在于社会主义共同体文化的建设，意味着人与人之间财富的平等和行为的互惠。第二，作为互惠性文化，社会主义的核心价值观就是共享思想，强调在实践中实现非市场原则的整个社会拥有共同福利，人本着对自己同胞负责任的精神进行生产和服务，通过建设经济、政治和文化实践的统一体，把现存的社会秩序转变为一个人们期望的、民众的未来，在人的真正自由而全面的发展中，体现人民的意志。第三，必须在社会主义实践中，在自由的、参与的和共同对意义和价值体系不断丰富的过程中，在一个开放的、动态的、所有成员在集体性的持续创造的活动中，不断丰富和完善。第四，社会主义的善治是一项伟大的人类工程，它与一种科学的社会主义规划密不可分，以一种共同的责任伦理和人们在社会生活的所有层面充分的民主参与为基础的实践，以文化启蒙和教育扩展为手段，实现社会政治、经济和文化生活的转型。第五，现代化的社会主义善治社会要在实践中实现宜居的文明社会、生态的文明社会、和谐共存的城市文明社

---

① 马克思恩格斯选集（第 2 卷）[M]．北京：人民出版社，1995：33.
② 马克思恩格斯全集（第 46 卷）[M]．北京：人民出版社，1960：929.

会，使人们过一种美与善相统一的有秩序的社会生活。

文化唯物主义语言哲学从理论立场、思想方法上传承和发展了马克思恩格斯的语言哲学思想，并结合当代社会发展的具体语境，做出了具有自身理论特色的理论思想，为当代马克思主义语言哲学的发展起到了一定的推动作用。尤其在思考语言哲学的现实功能问题时，文化唯物主义的诸多思想都给予我们有意义的启示。更为关键的是，这为进一步明晰语言哲学研究的本质旨归问题提供思考力，即马克思主义哲学思想的核心，为实现人类社会的美好生活而努力。

第二节 历史根据：与社会历史相伴的 20 世纪语言哲学转向

欲要对文化唯物主义语言哲学思想的理论演进做一个系统的梳理，应当首先明晰文化唯物主义思想的整体发展状况，以此，挖掘其中语言哲学思想的形成及发展过程。

文化唯物主义是 20 世纪西方马克思主义的重要学术思潮和流派，并成为与德国、法国马克思主义齐头并进的当代马克思主义发展的重要理论分支。文化唯物主义在寻求马克思主义哲学基本原理和基本方法的指引下，结合英国本土自身发展的特征，开辟了具有自身理论特质并具有世界影响力的学术思想和著作，成为当代国外马克思主义理论图谱的重要构成。

文化唯物主义是英国新马克思主义学者对当代马克思主义文化哲学研究思想的凝结。这一思想聚集了对文化内涵的思索、文化介入当代社会文化生活的分析、文化与社会权力关系的审视以及文化作为物质实践方式的探究，以文化思维方式的变革引发对整体社会秩序的变革。文化唯物主义是当代马克思主义思想发展中的重要构成，它引发了国内外学者对文化研究新格局的探究，改变了文化受限于文学理论的单一学科研究，发展成为文化与物质生产、文化与政治哲学、文化与语言哲学和文化与社会学多元融合的新图景。文化唯物主义改变了文化研究的边界，成为探究现代性社会的关键通道。由文化唯物主义引发的思想理论是具有拓扑性的，不仅是点状的线性效应，而是不同层面的联动发展，对当代马克思主义思想的发展具有重要的理论意义和学术价值。

如果为马克思主义的产生和发展画一幅时间图谱的话，我们就会看到，在19世纪的马克思主义毫无疑问是以马克思和恩格斯思想为基本内涵，而20世纪马克思主义出现了多样化的格局，包括第二国际的马克思主义、正统的马克思主义、西方马克思主义和东欧的马克思主义。其中，西方马克思主义学派可以进一步划分为：早期西方马克思主义，包括卢卡奇等、法兰克福学派霍克海默、阿多诺、马尔库塞、弗洛姆、哈贝马斯、存在主义马克思主义萨特、结构主义的马克思主义阿尔多塞和文化唯物主义。20世纪的马克思主义为了与原有的马克思主义相区别，可称为"新马克思主义"。就时间序列来看，文化唯物主义处在20世纪马克思主义发展的中间位置。

文化唯物主义学术成果的分布主要表现在：历史、文化、生态、政治、社会等领域，并形成了：①历史主义的马克思主义，包括罗德里·希尔顿、克里斯托弗·希尔、爱德华·汤普森、埃里克·霍布斯鲍姆；②文化唯物主义，包括理查德·霍加特、雷蒙德·威廉斯、斯图亚特·霍尔、特里·伊格尔顿、托尼·本尼特等；③结构主义的马克思主义，包括佩里·安德森、汤姆·奈恩；④生态学的马克思主义，包括戴维·佩泊；⑤地理历史的马克思主义，包括大卫·哈维；⑥政治社会的马克思主义，包括吉登斯。其中，关于文化问题是文化唯物主义主要思考的核心问题，聚焦了大量的文化唯物主义的主要学者。另外，学界也常常把汤普森归类为文化唯物主义的典型代表，而且文化唯物主义的众多学者也绕不开文化问题，例如结构主义的安德森对语言、文化的一些研究，以及奈恩对民族语言问题的研究。语言文化是文化唯物主义绕不过去的话题。因而，当谈论文化唯物主义必然会涉及语言文化问题。

同时，在文化唯物主义的理论谱系中，文化唯物主义是继法兰克福学派之后，又一种具有典型性和独特性的理论分支。它发端于20世纪五六十年代，旨在以文化批判作为指向现代性社会深层矛盾的利剑，并通过溯源文化的内涵、挖掘文化生成动力和提升微观文化者的实践能力，从而变革精英主义的文化旧秩序和文化与资本结盟的商业文化，以期达至建构他们理想的社会主义形态。

文化唯物主义产生的时代背景：大英帝国的衰退。20世纪四五十年代的英国已不再是昔日的日不落帝国和拥有老牌帝国霸主的地位，而是进入了经济、政治、文化的全线衰落期。20世纪50年代整个英国社会包括经济、政治、文化进入了全线衰退期。尽管"二战"结束之后,英国进入相对稳定的发展期,但毫无疑问,英国此时再也无力继续保持战后世界帝国地位。苏伊士运河战争不但导致艾登政府的垮台,也标志着大英帝国霸权的崩溃,可谓是英国社会发展的重大转折点,英国此时再也无力与其他工业大国相抗衡,尤其是占领世界话语权中心位置的美国。

此外,一系列重大历史事件的出现。其一,28年的血迹斑斑的"柏林墙","冷战"结束后,德国统一社会党第二次代表大会对德国进行强制性法令,东德人民强烈不满现有的社会体制,纷纷逃亡西德,造成了这样一个血迹斑斑的逃亡史。这样使得以苏联为首的社会主义阵营变得毫无光彩。其二,1956年第20届苏联共产党代表大会,赫鲁晓夫做出反对斯大林的"秘密报告",由此引发了社会主义阵营、国际共产主义的一片哗然,随后引起了一连串的政治事件。其三,1956年10月匈牙利事件爆发,与苏共二十大秘密报告有着无可置疑的关系,布达佩斯的学生要求苏联撤军和多党选举,导致苏共对匈牙利人民的暴力镇压,事件造成一万余人员伤亡。其四,1956年几乎与匈牙利事件同时发生的苏伊士运河战争爆发,英法联军入侵苏伊士运河,由于受到美苏两国的介入和国际社会强大的压力,英法两国被迫接受停火协议。苏伊士运河事件不但对埃及造成巨大伤害,同时对英国也具有重大打击,标志着大英帝国时代的终结,英国正式从头号资本主义国家、世界强国的席位中退出。

加之,左派内部的变化。英国传统左派还留恋于昔日英国的大国地位,甚至,他们不愿相信战后资本主义社会阶级、社会结构的新变化。匈牙利事件和苏伊士运河事件之后,文化唯物主义浮出水面。一方面,匈牙利事件使他们清楚地认识到了苏联斯大林化的集权和非人道的统治,对英国共产党教条照搬照抄苏联理论的行为彻底感到失望,并试图寻找非苏联化的马克思主义。另一方面,苏伊士运河事件使他们对帝国主义的侵略行径深恶痛绝。他们试图通过和平运动的方式,开辟不同于苏联马克思主义、英国传统左派的道路,寄希望于"第三种政治空间"多元化的社会运动。

"二战"结束之后,英国虽然从原先老牌帝国的席位中退了出来,但却进入了一个相对稳定的发展期,福利制国家的出现、医疗卫生的改善,特别是消费方式的改变,即消费文化的出现,文化与资本结盟之后,文化以商品的方式出现在市场上,这样一个大众文化的世界正在向人们打开一个别无二致的"无阶级社会"。

文化唯物主义学者的许多作品都涉及了这一现象，1957年霍加特的《识字的用途》、1958年威廉斯的《文化与社会》、同年霍尔在《大学与左派评论》中发表的《无阶级感》，1963年汤普森的《英国工人阶级的形成》这些作品写作初衷都在对"无阶级社会"形成之后，对这一现代性生产方式所造成"无阶级"社会、工人阶级意识衰退的社会现象，预先警觉而成的。他们认为资本主义在现代社会中，出现了新的剥削方式，仅从政治、经济上对资本主义社会斗争和反抗显然聚焦不够，文化成为现代性社会存在的新关注点，成为资本主义社会发展的核心。

另一个关键因素就是"奖学金男孩"的出现。"二战"之后，福利制国家的形成，同时带来了教育资源的丰富化。这些文化唯物主义学家，如霍加特、威廉斯、霍尔，他们是奖学金男孩的受益者，他们出身贫寒，是工人阶级家庭的孩子，但是他们成绩优异，以奖学金的方式进入到了大学。他们在这里接受到的是英国传统的文化教育，直接而言就是精英主义的教育模式，它们的教学内容选自精英化的作品，对工人阶级文化嗤之以鼻。然而，这些出身贫寒的工人阶级男孩，他们生活在两种社会、两个不同阶级的交叉点上，伤痕累累，一方面，他们感到了自己阶级的卑微，永远成为不了他们（我们和他们在霍加特的作品中经常使用，这也是他用民族志写作的一种人称书写方式，霍加特这些学者正是他们这种工人阶级的生长环境，才造就了他们要为工人阶级争取利益，为工人阶级书写文化，有时候人们觉得霍加特的作品有一种"怀乡病"，因为他对工人阶级生活的感悟都来自于他的童年生活状况，迫使他总是回忆他那一段让他不能忘怀的生活）。另一方面，他们觉得并非像文化精英主义者所描述的工人阶级生活状况，也对牛津、剑桥那种华而不实、纨绔子弟看不上眼，他们要为工人阶级辩护，恢复工人阶级原有的生活状态。所以，他们采用民族志的写作手法，让读者真实地感受到工人阶级的社会生活，以一种移情的方式，调动其他阶级对工人阶级的情感，产生情感共鸣，接受工人阶级的文化与生活。

文化唯物主义的形成与传统英国文学的深厚底蕴密切相关。传统英国文学底蕴深厚，本土化马克思主义形成的历史土壤。英国文学源远流长，经历了长期、复杂的发展演变过程。在这个过程中，文学本体以外的各种现实的、历史的、政治的、文化的力量对文学发生着影响，文学内部遵循自身规律，历经盎格鲁－萨克逊、文艺复兴、新古典主义、浪漫主义、现实主义、现代主义等不同历史阶段。战后英国文学大致呈现从写实到实验和多元的走势。这种深厚的英国文学传统不断滋养着英国文学现当代的发展,同时也深刻影响着文化唯物主义向文化研究的迈进。

文化唯物主义是文化唯物主义与文化唯物主义两个集合的部分合集。就文化唯物主义的整体发展而言,文化唯物主义处于这一时间历史坐标系的中间位置,在受到早期西方马克思主义卢卡奇、葛兰西、弗洛姆和赖希等关于文化批判思想的影响下,英国一批具有很高文学造诣的青年学者投身于文化研究,力图摆脱英国传统文学的发展轨迹,试图开创自下而上的文化格局,为普通人民争取文化频谱的一席之地。文化唯物主义学者拒斥老左派保守地对国有化的坚守,进行了新左派运动,力图从文化上批判资本主义社会,通过文化对资本主义社会实行改造。

文化唯物主义主要包括了第一代文化唯物主义代表人物:文化研究的开创者理查德·霍加特、文化唯物主义的提出者雷蒙德·威廉斯、历史主义的 E. P. 汤普森,以及第二代文化唯物主义代表人物:文化研究掌舵人斯图亚特·霍尔、文化意识形态批判的特里·伊格尔顿、文化治理研究的托尼·本尼特。其著作涉及了文化研究的三部奠基之作:《识字的用途》《文化与社会》和《英国工人阶级的形成》,还有《漫长的革命》《关键词:文化与社会的词汇》《马克思主义与文学》《形式主义和马克思主义》《文学之外》《文化、治理与社会》等系列关于文化唯物主义的著作。文化唯物主义研究范围涵盖了文学、社会学、历史学、政治学和文化研究,冲破了精英主义文化概念的囚笼,深刻揭示和批判了资本主义社会文化商业化所造成的无阶级社会的幻象,通过探寻文化的本真内涵,唤醒受到商业文化蚕食的工人阶级文化,使工人阶级认识到自我文化的价值,并借助文化实践的力量寻求自身救赎。

那么,是在什么样的情景之下会让这些学者将研究视阈聚焦语言与文化?是什么样的原因促使英国的年轻学者纷纷聚焦语言哲学,将语言文化作为他们变革社会的突破口,作为他们所谓"第三条道路"或"第三个政治空间"的关键?他们与其他的西方马克思主义,乃至整个 20 世纪马克思主义有什么共同的联系与区别,他们的独特之处主要表现在什么地方,学术影响力有多大,目前的研究如何。

回答这些问题需要回到当时的时代语境之下。20 世纪一系列重大历史事件的出现。1956年赫鲁晓夫在苏联共产党代表大会的"秘密报告",对当时社会主义和国际共产主义引发动荡,并随后引起了一连串的政治事件。同年,匈牙利事件和苏伊士事件的爆发,导致大量流血事件的产生,可以说这些都是"秘密报告"的后遗症。人们开始对社会主义社会产生质疑,苏联化的集权和非人道的统治不是他们设想的社会主义。为此,文化唯物主义重新思考社会主义的前景,批判对苏联社会主义理论的照搬照抄,试图利用和平运动的方式和寄希望于多元化的社会运动。另外,现代性社会存在方式的改变。现代性社会的存在方式是文化的存在方式。随着福利国家的出现、医疗卫生的改善和人民消费方式的改变,现代性社会的主要矛盾不再是经济矛盾,物质生活水平的强劲发展,使普通人民尤其是工人阶级不再觉得自己是社会阶级秩序当中的低等序列。工人阶级被掉入了"大众"这一看似温和可亲的圈套当中,他们迷失在资本主义社会利用这一模糊概念混淆视听的错觉里,为此,他们丢掉了阶级感、自我意识和实践能力。文化唯物主义清楚地看到现代资本主义所做的调整,并认为现代社会的危机是文化危机。他们批判"经济基础—上层建筑"这一单一线性关系,把握现代性社会的关键词"文化",力图从文化与资本结盟的非物质劳动、生产流水线的商业文化和相对主义文化暴政的现代性社会的深层问题中解救现代性社会。

文化唯物主义正处在马克思主义理论从政治经济学批判向文化批判直至语言学转向的过渡期。他们充满激情而富有创造力地将语言文化作为社会实践和政治活动的中心议题。"文化意味着社会政治斗争的中心过程和领域。"① 在这些英国新马克思主义者眼中,语言文化被构想成一种实现社会主义的有效途径,"在涉及政治问题时,文化比政治权力更为有效;政治身份取决于文化参与"②。他们关注普通人民的实践活动对社会发展的意义,主张社会主义的政治活动与普通人民的直接经验或生活化的文化相结合。他们认为,社会主义革命不单单是一种政治革命,而且,政治问题也绝非传统政治概念之下,仅仅对政党、政治制度、周期性政治选举诸如此类的关注。

文化唯物主义学者立足具体的政治和社会语境,以文化批判为切入点,展示现代性社会的运行"轨迹",揭示社会内部与社会间的一般性断裂,以及现代社

---

① Raymond Williams. Problems in Materialism and Culture: Selected Essays [M]. London: Verso, 1980: 255.

② Lin Chun. The British New Left [M]. Edinburgh: Edinburgh University Press, 1993: 26.

第一章　文化唯物主义语言哲学的思想渊源、历史根据和范式演进

会与生俱来的矛盾。在文化唯物主义看来，现代性的成就是巨大的，但是现代性现实的状况却不能令人满意。他们认为，现代性社会的运行"轨迹"表现为两个方面，即理性的绝对追求与商业化驱使的同质化的并存，这就意味着现代性社会自产生以来，始终无法逾越现代性与生俱来的矛盾和内在悖论。他们提出要想达到并解决这样一个问题，其关键已经不再是经济问题，而是文化问题，强调文化的社会和政治功能，对社会体制改革不是单向度的理解，而是基于普通人民文化生活的多向度的思考。

文化唯物主义的形成与刊物之间的关系。《理性者》和《大学与左派评论》是第一代新左派两个最主要左派团体创办的学术刊物。创办于1956年《理性者》学术团体的成员，主要是英国20世纪三四十年代的马克思主义历史学家。他们参加过反法西斯运动，其政治思想是在人民阵线的氛围中发展起来的，对共产主义有着难以割舍的情结。其中代表人物主要是汤普森和萨维勒。随后他们对这一期刊进行了改革，取名为《新理性者》(New Reasoner)。《大学与左派评论》(the Universities and Left Review, ULR) 学术团体的成员多是50年代牛津大学的年轻知识分子，他们反对英国工党的保守主义，有自己的社会主义认识和目标。《大学与左派评论》主要编辑是斯图亚特·霍尔，并成立了"大学与左派俱乐部"(ULR Club)，随后这一俱乐部改名为新左派俱乐部。

《理性者》对《大学与左派评论》的"文化主义"以及对艺术和时尚的热爱不屑一顾，《大学与左派评论》认为《理性者》存在政治上的狭隘性和思想上的落后性，但二者之间的冲突最明显地体现在对马克思主义的态度上。《理性者》批判斯大林主义，而《大学与左派评论》更多受到马克思异化思想的影响，注重马克思青年时期的人道主义思想。《大学与左派评论》具有折中主义风格，偏向开放的讨论和思考。《新理性者》比较严肃，关注从伦理和政治角度对官僚社会主义进行批判。

需要指出的是，尽管二者之间存在分歧和矛盾，但并未影响他们之间的开放性对话，而且他们分享了马克思主义的人道主义理论基础，这也成了二者今后合作的理论基础。1959年《新左派评论》(the New Left Review) 创立，它是《理性者》与《大学与左派评论》的合并。霍尔担任编辑，随后由22岁的安德森接任。它致力于探讨文化理论和当代的英国社会和政治问题，反思马克思主义理论和实践，试图在新的历史条件下复兴社会主义。《新左派评论》是文化唯物主义

的重要阵地，在文化唯物主义的发展过程中具有独特的地位和重要作用。

文化唯物主义以文化意义的探源，展示现代性社会的"轨迹"，揭示社会内部与社会间的一般性断裂。他们对现代性的思考，源于对"文化转向"或称为"文化中心"关键期的分析，处在传统文化秩序的断裂和大众文化兴起的转折期。

文化唯物主义对文化的关注绝非偶然，它的形成和发展有着一定的社会历史因素。首先，战后资本主义进入了相对稳定的繁荣期，促使阶级结构、生活水平、生活方式发生着巨大改变。加之，迅速发展的大众媒体时代的来临，使得生活质量与工人阶级态度转变成为此时的焦点问题。社会学家越来越清醒地意识到，政治问题不再是与资本主义文化危机风马牛不相及的事情，文化再也无法远离经济产业链条的笼罩和经济一体化的宿命。其次，教育、传媒的发展深刻地影响着人们的社会生活。对社会问题的思考、对资本主义的批判不能仅限于传统意义的经济或政治层面，而应面向文化和意识形态更为广阔的范围。文化唯物主义者敏锐地洞察到大众传媒业的巨大力量。再次，新文化样式开创了政治抗议的新形式，例如，民谣、爵士、通俗歌曲等，构成了新马克思主义者运动关注的重要维度。同时，这一维度反映出"愤怒一代的年轻人"的文化倾向。最后，面对教条化马克思主义的局限和经济还原论的束缚，文化唯物主义者开始从文化的角度关注道德、阶级、异化等问题，而这些问题往往是被传统马克思主义所忽视的。

多数文化唯物主义者具有成人教育者的身份，往往在工人教育协会（Working Educational Association，WEA）、劳动学院（Labor Colleges）从教。他们关注底层人民的日常生活文化和共同凝结的道德情感，反对精英化的文化，对现有不平等的教育模式提出挑战，努力创造更加民主的社会氛围和工人阶级共同参与的文化结构，始终坚信社会主义改革只有通过长期不懈"自下而上"的斗争才能获得胜利，而非简单地依附于某一精英政党的权力操纵。像霍加特一样的文化唯物主义者，激励普通人民以他们自己的方式理解文化和社会，并投入到真实的文化实践活动之中。他们认为，工人阶级只有走出统治阶级的文化强权，寻找文化实践的有效途径，才能实现工人阶级自我解放之路。

在此背景之下，霍加特作为第一代文化唯物主义的开拓者，对"二战"之后英国工人阶级的阶级意识淡漠痛心疾首，以"振聋发聩的声音"唤醒工人阶级的阶级意识，以社会变迁、现实趋向为依托，结合工人阶级的现实生活和生活

第一章　文化唯物主义语言哲学的思想渊源、历史根据和范式演进

方式的转变，从事文化研究，对现代性社会进行深入剖析。霍加特的思想极大地激发了英国新马克思主义者审视文化特有的政治维度和政治内涵。他试图从文化的角度思考阶级问题，一方面，文化商业化、同质化的发展对工人阶级生活造成了巨大的影响，营造了文化无阶级的状态；另一方面，尽管战后引起一系列社会剧变，但是阶级态度、阶级情感并没有全然消失，仍然保持着一定的生命力。

在现代传播推动文化信息快速流通的背景下，人们越发觉得阶级界限变得越来越模糊。文化唯物主义认为，文化商业化所生产的文化产品是造成无阶级社会幻象的推动器。为此，他们聚焦文化的社会意义，推行文化的民主性。其一，与威廉斯所倡导的"文化是普通人的"①观点不谋而合。其二，转向以阶级、社区为基础的文化生活，关注具有明显阶级边界的文化政治。他们清醒地意识到精英主义者将工人阶级文化圈定在大众文化范围之内的危害性，以及商业文化引发阶级意识衰退的严重性。文化唯物主义者对阶级问题的思考与传统马克思主义对工人阶级的设想有所不同，对阶级问题完全依赖政治和经济范畴的思考产生怀疑。他重新思考社会主义发展的动力机制，将社会主义的运行方式与普通人民的生活经验和文化实践紧密联系在一起，把文化实践作为理解和变革社会的利器。

文化唯物主义的众多学者开展了与文化问题相关联的社会变革。虽然，威廉斯采用了与霍加特民族不同的研究方式，通过对利维斯、艾略特等英国保守主义批判家的批判，来探究文化的观念和意义，但是，他们对文化内涵的意义与价值的诉求具有一致性。威廉斯提出，文化观念需要"我们不断被迫去扩展它，直到它几乎成为与我们的整体共同生活同一的东西"②。同时代的汤普森，关注社会变更中工人阶级阶级意识的形成，强调经验对阶级意识形成的重要性。他指出："阶级意识是把阶级经历用文化的方式加以处理，它体现在传统习惯、价值体系、思想观念和组织形式中。"③ 霍尔提出"历史事件不是按照某一内在逻辑或普遍法则毫无裂痕地发展着"④，尽显了文化实践与意识形态之间的相互作用。

由此可以看出，无论是霍加特带有自传体式的文化探源，还是威廉斯在批判

---

① Raymond Williams. Culture is Ordinary [J]. Review Guardian, 1989, 2 (3): 21.
② 雷蒙德·威廉斯. 文化与社会 [M]. 高晓玲译. 长春: 吉林出版集团有限责任公司, 2011: 256.
③ E. P. 汤普森. 英国工人阶级的形成 [M]. 钱乘旦译. 南京: 译林出版社, 2001: 2.
④ 哈贝马斯. 文化现代性精粹读本 [M]. 周宪译. 北京: 中国人民大学出版社, 2006: 48.

文化精英主义基础上定义文化概念，无论是汤普森将阶级与阶级意识的不可分割性融入文化因素，还是霍尔探究文化、意识、政治之间的相互作用，以及包括伊格尔顿针对后现代"文化主义"的批判探讨文化的观念，总体上，文化唯物主义从文化维度对现代性社会的运行"轨迹"，以及战后社会内部与社会间一般性断裂问题的思考，强调文化主体的阶级意识，探究现代性社会主流意识形态与工人阶级意识之间的对立与冲突。因此，"把现代主义作为一种意识形态来看待是文化唯物主义的共同特点"①。

文化唯物主义之所以称为"新"马克思主义，并不只是因为它处于社会历史发展的新时期，更重要的是它与传统马克思主义相区别，包括与英国传统左派、托洛茨基主义、工会激进主义者、费边主义截然不同。他们不再止于党派问题的改革，或关注于日渐无力的工党运动。他们力图探寻对资本主义现代性社会提出新抵抗形式的途径和方法，拒绝"斯大林主义的共产主义"和"社会民主"的正统说法，独具慧眼地关注于"文化"问题和当前社会的新变化。文化唯物主义试图摆脱现存政治框架的束缚，以人道主义的马克思主义、平民化的政治立场植根于英国本土的激进革命。在这样一个激进的年代里，文化唯物主义者霍加特、汤普森、威廉斯都曾经是左派读书俱乐部（Left Book Club）的热忱读者。就文化唯物主义的形成而言，并没有固定和依托的组织，更是"一种学术倾向或研究思潮"②，以左派读书俱乐部的兴起而发展，以及相关出版物、期刊、俱乐部、大学研究所等形式所开展，例如英国新马克思主义的发展就与两份政治期刊——《新理性者》和《大学与左派评论》有着密切的关联。

不可争辩的是，文化唯物主义"新"身份的最大隐患在于"总是周期性处在与传统工党藕断丝连、进退两难的困境中"③。然而，他们却一如既往地对传统文化观念、盎格鲁-撒克逊式的文化优越性发起挑战。对此问题最先发轫的当数 1957 年霍加特《识字的用途》的出版，引发文化唯物主义对工人阶级文化受到大众文化蚕食，以及"文化上的无阶级感"进行广泛讨论。随后，1958 年威廉斯《文化与社会》和霍尔在《大学与左派评论》中发表《无阶级感》，以及 1963 年汤普森《英国工人阶级的形成》，集中体现出文化唯物主义转向对文化与

---

① 乔瑞金. 英国的新马克思主义 [M]. 北京：人民出版社，2013：18.
② 乔瑞金. 英国的新马克思主义 [M]. 北京：人民出版社，2013：1.
③ Lin Chun. The British New Left [M]. Edinburgh：Edinburgh University Press，1993.

阶级问题的独特关注。他们以文学批判和文化批判为基础，运用马克思主义理论，细致入微地考察和审视英国的现实状况，对马克思主义思想进行非还原论的文化维度的阐释，对马克思主义思想的发展做出了英国本土化的贡献。

在霍尔《理查德·霍加特、识字的用途、文化转向》一文中写道："《识字的用途》……对后来所谓的'文化转向'起到建构作用。"并对"文化转向"做出进一步解释："文化转向简单地记录了这样一个不能避而不谈的事实，也就是我在别处提到的日益发展的'文化中心'——令人惊讶的全球性扩张和文化工业的日趋成熟；文化在社会、经济生活方方面面的重要性越来越突出；它的重新排序对不同批判的、理性的话语和学科产生影响；它作为一种主要的、基本的分析范畴而出现，以文化蔓延到当代社会生活的每个角落的方式，创造次等环境增殖，并介入一切事物之中。"① 由此看出，文化唯物主义所称的"文化转向"处于文化发展的新时期，即文化毫无争议地成为当代社会发展的重要话题，他们以文化的视角发起对社会合理性和合法性的思考。他们改变了文化作为经济、政治的次生物和派生物的境况，以文化介入的方式思考现实社会和现实的人的生活，将微观形态、多样化的文化实践作为变革社会的有效途径。这种"文化转向"的时刻彻底改变了传统"自上而下"的思维方式，并非以政治革命、特定社会结构、国家机器获得政治统治为目的，而是深入到充满温情而灵动的现实生活。英国新马克思主义所追求的更像是恩格斯设想的工人阶级理想的运动形式，"它推动并赋予更广泛的同情与兄弟般的信任感以生命力，提升了智力，提升了道德品质，为那些尊重自己、热爱同伴……在劳动反对资本的斗争中付出许多的人的生活带来了光明"②。文化唯物主义的思维范式以一种人性化的、直观化、源于生活的方式将原先形而上的文化、经济、政治带到了现实生活的此岸世界，为我们打通了一条通往"真正人民的世界"③ 之路。

而在"文化转向"的关键时刻和通往"真正人民的世界"的道路上，文化唯物主义预先警觉战后文化的新变化，关注文化充满内在张力结构的转变，探究

---

① Stuart Hall. Richard Hoggart, The Uses of Literacy and The Cultural Turn. Richard Hoggart and Cultural Studies [M]. Sue Owen (ed.). Sheffield: Palgrave Macmillan, 2008: 20.
② 马克思恩格斯选集（第3卷）[M]. 北京: 人民出版社, 1995: 435.
③ Richard Hoggart. The Uses of Literacy: Aspects of Working - class Life [M]. London: Chatto & Windus, 1967: 72.

新与旧、精英与大众、有机与商业化、健康与不健康之间的文化转变。从某种意义上讲，英国新马克思主义文化转向首先体现在霍加特对文化转变这一维度的深度思考。正如霍尔对霍加特贡献的评价，"《识字的用途》的确是文化转向关键时刻的早期实例，并对这一时刻的产生起到了至关重要的作用"①。"文化转向"不仅代表文化唯物主义者转向对文化层面的深入思考，而且还代表了文化内部自身的深度转变，这种文化转变正如霍加特的《识字的用途》——"一个断裂的文本"② 一样，或威廉斯《漫长的革命》亦是如此③，代表着与占主导话语地位文化的断裂过程，迎来了文化的大转折时代。正如霍尔认为："《识字的用途》和威廉斯在《漫长的革命》中的第三个定义——作为'生活方式'的文化——一样界定了一种断裂，而且，尽管有着重大的差异，但它还是界定了一种沿着平行方向迈进的断裂。对文化研究来说，这是一个形成时刻。"④ 同时，在这种断裂的过程中，英国新马克思主义者看到了文化的新希望——那些被精英文化所遮挡的工人阶级文化，在耀眼夺目的精英文化退却之后，通过他们对文化的反思，使得工人阶级文化显现出如星星之火般的微光。但是与此同时，另一种力量，来自商业化驱动的文化力量正悄无声息地威胁着工人阶级的文化，使普通人民再次落入新一轮统治阶级所设下的商业文化的陷阱之中，而且这一次更加来势凶猛。霍加特对文化商业化的转变深恶痛绝，借助文化研究或称为"文化转向"探讨文化本真的内涵和价值，并揭示出文化研究或文化转向的实质在于将人的现实生活作为参照物，以改变现有社会发展状况为目标，思考社会现实和未来发展的问题，并激发英国新马克思主义者寻找文化真正意义上的春天。

文化唯物主义语言哲学的代表人物及其思想，包括理查德·霍加特、雷蒙德·威廉斯、E.P. 汤普森、斯图亚特·霍尔、特里·伊格尔顿、G.A. 柯亨、加文·科琴和托尼·本尼特等。霍加特的《识字的用途》《相对主义的暴政》，采用民族志研究，将语言哲学单一结构化倾向推向具有社会属性的理论研究。威廉

---

① Stuart Hall. Richard Hoggart, The Uses of Literacy and The Cultural Turn. Richard Hoggart and Cultural Studies [M]. Sue Owen (ed.). Sheffield: Palgrave Macmillan, 2008: 20.
② Stuart Hall. Richard Hoggart, The Uses of Literacy and The Cultural Turn. Richard Hoggart and Cultural Studies [M]. Sue Owen (ed.). Sheffield: Palgrave Macmillan, 2008: 23.
③ cf. F. Mulhern, Culture/Metaculture, The New Critical Idiom [M]. London: Routledge, 2000.
④ Stuart Hall. Richard Hoggart, The Uses of Literacy and The Cultural Turn. Richard Hoggart and Cultural Studies [M]. Sue Owen (ed.). Sheffield: Palgrave Macmillan, 2008: 25.

斯的《关键词》《马克思主义与文学》，建构了马克思主义语言哲学概念，反对反人本主义的结构主义语言哲学。霍尔的《解码/编码》《文化、媒体和语言》，实现了"文化主义范式"与"结构主义范式"两种范式的嫁接。柯亨的《卡尔·马克思的历史理论：一个辩护》，运用语境分析法，对实践唯物主义的基本概念进行了澄清。科琴的《卡尔·马克思和实践哲学》《马克思和维特根斯坦》，对马克思实践哲学进行了语义分析。托尼·本尼特的《形式主义与马克思主义》《文学之外》，建构了语言实践、科学与文化生产之间的语言哲学思想。他们各具特色的思想成为文化唯物主义语言哲学的重要组成部分。文化唯物主义学者在文化研究的基础上，在对语言意义与意指之间的分析中，将文化作为语言意义冲突和斗争的领域场。

文化唯物主义语言哲学思想的独特理论价值，即其思想不是在于形成完满的语言法则，而是在于观照现实的人和世界。他们力图把握语言的生成活动，探究语言生成的规律，由此挖掘语言的社会功能和批判功能，并达至建构理想社会的政治愿景。为此本书从其思想的出发点、理论线索、视角、路径、内核和旨归，对文化唯物主义以社会总体发展为指向的语言哲学进行整体性研究，深入语言哲学的具体内容，包括语言连续统范式、语言变体、语义学、语言符码、语言生成理论、话语实践，进一步揭示语言哲学的现实功能。

第三节　范式演进："文化主义"走向"结构主义—文化主义"的融合

文化唯物主义是文化唯物主义文化理论传承与创新发展起来的重要标志。文化唯物主义创立之初在受到占主导地位英国文化主义的学术语境，以及英国文化主义本身所面临困境的影响下，将研究重点从文学聚焦于文化，批判英国文化主义的精英文化观，强调关注普通人民的文化观。文化唯物主义与"当代文化研究中心"的创立有着密切的联系。它大致经历了三个发展时期：霍加特时代（1964—1968）、霍尔时代（1969—1979）、后霍尔时代（1979—2017）。第一代可以称为文化唯物主义的婴幼儿时代，从旧的文学——文化传统向工人阶级文化的迈进，对文化意义和内涵的理解有关键性的突破。霍尔时代是文化唯物主义的青年时代或黄金阶段，实现了文化理论与实践的飞跃。后霍尔时代是文化唯物主义朝向更加文化多元化发展的新时期。第一代文化唯物主义语言哲学主要是一种"经验主义"或"文化主义"的研究范式，关注语言的日常生活性，展现文化的人类生存意义。第一代学者语言哲学的研究，主要在于摆脱"经济基础—上层建筑"单一线性关系：把语言文化束缚在经济框架中。他们反对经济决定论，强调语言文化的能动性。第二代学者在受到阿尔多塞结构主义的影响之下，将第一代"文化主义"语言哲学的研究范式与"结构主义"研究范式相结合。他们更加强调了文化研究中的语言哲学问题，可以说，语言哲学更加成为第二代文化唯物主义学者研究的核心问题。

（一）传统语言哲学范式向文化主义语言哲学范式的转向

文化主义（Culturalism）这一术语是英国伯明翰大学当代文化研究中心理查德·约翰逊提出的，用来指称雷蒙德·威廉斯、理查德·霍加特和 E.P. 汤普森所开展的工作。他认为，霍加特、威廉斯与利维斯分道扬镳，汤普森也摆脱了马克思主义经济决定论的束缚，三人都强调各种文化形式、经验、能动性和文化意义的生产。

文化主义标志着第一代文化唯物主义艰辛的开创之路。1964 年，伯明翰文化研究中心成立之初并没有受到学界的认可，反而一度遭受主流学科排挤和压制。来自伟大传统的英国文学以及有着强烈经验主义倾向的英国社会，都不包容伯明翰当代文化研究中心的存在。但是，在第一代学者的艰辛努力之下，形成了独具特色"文化主义"的语言哲学研究范式。

第一代对语言哲学的研究基于深厚的文化研究基础。第一代人对文化的研究基本上开始于文学研究著作。但是，他们突破了传统文学的研究视域，从社会和历史的角度对文学文本进行分析。英国文学传统特别是阿诺德、利维斯所代表的精英主义传统，他们认为文化是"绝对的""超验的""少数人的"，把文化限定在精英主义范围内，对工人阶级的文化、普通人民的文化嗤之以鼻。而第一代伯明翰学者试图改变现有的文化谱系学状况，把工人阶级的文化列入其中。第一代人学术思想的巨大贡献就表现在，把文化从形而上的概念转变成与日常生活密切关联的文化意义。为此，伯明翰学派产生了一大批对文化概念的重新诠释：霍加特的"文化实践思想"、威廉斯的"整体的生活方式"的文化、E.P. 汤普森的"整体斗争方式"的文化。其思想冲破了传统文化的旧观念,试图探寻文化的本真意义。

霍加特认为,文化的内涵在于敏锐而真诚地探索、重建社会的本质和生活于其中人类的经验。威廉斯在《漫长的革命》中,对文化进行了三种分类,"理想的""文献的""社会的",而"社会的"文化意义就是对一种特殊生活方式的描述。E. P. 汤普森更是强调了斗争方式的文化意义。在这些文化唯物主义对文化概念的溯源中,并入了对"经济基础—上层建筑"单一线性关系反映论的批判,拒绝将文化视为经济政治的派生物。第一代文化唯物主义霍加特、威廉斯和E. P. 汤普森开创了文化研究的新纪元,形成了文化主义的思想理论。文化主义主要探讨了阶级文化、文化与民主和社会主义的问题。它主张文化应当在日常生活生产的物质条件下所表现和实践的意义。无论是汤普森对工人阶级历史经验认识上的探究、霍加特对20世纪20至30年代工人阶级文化生活的追忆,还是威廉斯对作为生活经验文化的书写,都显现出第一代学者强调具体经验层面的文化意义。

第一代文化唯物主义赋予文化展现人类生存意义的功能。文化唯物主义可以分为以威廉斯、霍加特、汤普森等为代表的文化唯物主义和以哈里斯为代表的人类学的文化唯物主义,虽然他们都从事着"文化唯物主义"的研究,但是两者之间却有着一定的差异,哈里斯所指的"文化唯物主义"更加强调文化与个体之间的关系,而文化唯物主义着眼于文化与社会、文化与人们整体生活方式之间的关联。威廉斯的"文化即生活"、霍加特的"文化实践"、汤普森的"文化是一种斗争方式",从不同侧面证实了文化的物质性、社会性和实践性的特征,奠定了文化唯物主义思想的基石。

"文化唯物主义"思想的产生源于20世纪50年代英国的现实社会,由英国新马克思主义学者雷蒙德·威廉斯提出,旨在以文化具有的物质性作为社会批判的研究范式。20世纪中叶,关于文化唯物主义的研究已然成为英国新马克思主义学界关注的焦点,并产生了一系列卓有成效的理论成果。文化唯物主义凝聚了英国新马克思主义对现实历史社会的具体思考,体现了他们对现代性社会的批判以及对理想社会形态建构的追求。文化唯物主义批判经济基础—上层建筑之间的线性关系,强调文化的物质属性,由此冲破了文化作为纯粹精神领域而固守于精英主义集团囚笼的现状,突出了文化生产在当代社会生活中的作用,为普通人民的文化争得了一席之地。这一理论不但推动了历史唯物主义的当代发展,而且它作为一种文化研究的理论范式,对文化研究也产生了深远影响。

文化唯物主义所面向的文化分析,既包括了一般形式的文学文本分析,又包含了对现实社会生活文本的追问。在不断变化的现代性社会中,文化唯物主义学者根据自身所处的历史时代,进行了介入当代社会文化生活的具体分析,并深入展开对现代性社会文化全景式的探究。在文化唯物主义的发展进程中,体现出不同学者对各个时间节点的社会文化生活分析的不同聚焦。

第一代文化唯物主义学者以"整体生活方式"的文化内涵变革文化的旧秩序。威廉斯和霍加特在对利维斯等精英主义文化观反思性批判中,保留了文学研究的基本方法,如文本细读法,但是与之完全不同的是,彻底变革了文化的立场和观点。他们对文化进行了重新定位和划界。正如威廉斯对文化唯物主义的陈述中写道:"这是一个可以简单描述为文化唯物主义的立场:历史唯物主义中物质文化和文学生产的特殊性理论……在我看来,它是马克思主义理论,实际上……我的一部分至少看作是马克思主义的中心思想。"① 对于文化唯物主义而言,威廉斯是第一个从英国文学研究对利维斯人文主义发起挑战的批评家。威廉斯对文化的概念和意义考究,体现在他的《文化与社会》《关键词》《马克思主义与文学》和《文化唯物主义与文化》诸多作品中。尽管威廉斯探究了作为知识和艺术一般意义的文化概念,但是他更加强调文化的实践意义,即具有人类学意义的整体生活方式。霍加特、E. P. 汤普森对此问题同样关注,他们对文化研究和历史学研究产生了重大影响。可以说,威廉斯和霍加特主要从文化维度为工人阶级争取文化权力。而汤普森《英国工人阶级的形成》为历史研究开创出唯物主义的阶级认同概念。在第一代文化唯物主义学者的努力下,文化的概念发生了实质性变革,它涉及群体实践、信仰、社会习俗、政治主张和表达形式。

第二代文化唯物主义者试图借助自身对文化的阐释方式,借以表达他们对某一社会现实的看法,并提出自身的政治立场或学术观点。伊格尔顿在《文化的观念》一书中,追溯各种意义的文化概念。但对他而言,似乎目前并没一个更恰当和更合理的文化概念,人类学意义的文化过于繁琐和冗长,用他的话说就是非常"兴味索然",而美学意义的文化,例如,他把利维斯和阿诺德的文化归为美学

---

① Raymond Williams. Marxism and Literature [M]. Oxford: Oxford University Press, 1977: 5-6.

第一章 文化唯物主义语言哲学的思想渊源、历史根据和范式演进

意义,这种概念又显得过于尽善尽美,却与实际情况的文化不相匹配。因此,在伊格尔顿看来,文化概念"被困在无效而宽泛与难堪而严格"[①] 之间。

第二代文化唯物主义者进一步分析了文化研究的现实场域,进入了更加微观化和具体化的研究。他们辩证地审视文化与现代媒体结合的新文化形式,一方面认识到了现代技术对文化发展的促进作用,同时也看到了现代媒体对文化传播方式的冲击,对现实生活文化的影响。霍尔首先肯定了电视对于了解"世界"和他人"生活真实"生活的意义,成为理解"整体世界"的重要途径。巴克同样认识到网络空间的积极性,认为网络不同于一般形式的大众媒体,如电视之类的单向交流系统,它能够形成双向互动的沟通形式,可以作为扩大民主的有效手段。第二代学者用文化唯物主义的方法探究文化如何以在技术、实践和意识形态上进行生产。

当代学者多里莫尔和艾伦·辛菲尔德沿用了文化唯物主义的观点,并由此定义了英国文化研究的新批判实践。文化唯物主义思想对 20 世纪 80 年代中期关于文艺复兴的研究产生了一定的影响,为文学研究带来了后结构主义的诸多思想。他们主张人类行为、实践和知识的建构性而非先天和本能的思想,强调文本阅读作为建构人类信仰和意识形态的实践活动。由于文本被理解为参与意识形态和文化生产的重要过程,文化唯物主义坚持认为文本与语境、文学与政治之间的无歧义性。

20 世纪中叶,关于文化唯物主义的研究已然成为文化唯物主义学界关注的焦点,也是其理论成果的集中表现。文化唯物主义是指在反对正统马克思主义经济决定论的基础上,将文化主义与唯物主义进行有效嫁接,使得文化从作为抽象分析范畴的文化指向与"物质"并列起来作为社会生活范畴的文化,从而进一步研究文化问题和社会问题。在文化唯物主义的奠基者威廉斯看来,文化唯物主义是"一种研究文化的(社会和物质)生产过程的理论,一种研究作为社会物质生产手段的特定实践和艺术的理论"。文化唯物主义坚持马克思实践唯物主义理论,强调文化活动是物质生产形式的思想,由此强化物质活动与意识之间不可分割的关系。文化唯物主义对实践唯物主义、马克思主义哲学的发展具有一定的推动作用。

[①] 特瑞·伊格尔顿. 文化的观念 [M]. 方杰译. 南京:南京大学出版社,2006:27.

文化唯物主义形成了自身独具特质学术思想和研究范式，具体表现为以下几个方面：

第一，文化本真意义的求索。文化唯物主义者在对精英主义超验文化定义的审视和对相对主义文化价值无涉的批判过程中，探究了文化内涵的本真意义。霍加特认为，文化的内涵在于敏锐而真诚地探索、重建社会的本质和生活于其中人类的经验。威廉斯在《漫长的革命》中，对文化进行了三种分类，"理想的""文献的""社会的"，而"社会的"文化意义就是对一种特殊生活方式的描述。E. P. 汤普森更是强调了斗争方式的文化意义。在这些文化唯物主义对文化概念的溯源中，并入了对"经济基础—上层建筑"单一线性关系反映论的批判，拒绝将文化视为经济政治的派生物。

第二，经验主义认识原则的意义。第一代文化唯物主义霍加特、威廉斯和E. P. 汤普森开创了文化研究的新纪元，形成了文化主义的思想理论。文化主义主要探讨了阶级文化、文化与民主和社会主义的问题。它主张文化应当为日常生活生产的物质条件下所表现和实践的意义。无论是汤普森对工人阶级历史经验认识上的探究、霍加特对20世纪20至30年代工人阶级文化生活的追忆，还是威廉斯对作为生活经验文化的书写，都显现出第一代学者强调具体经验层面的文化意义。他们都以对英国翔实的历史和自身经历为依托，把经验主义的认识原则作为他们关注社会问题的基本原则和方法。

但是，以霍尔为代表的第二代文化唯物主义者，他们认为仅从经验中探究文化是远远不够的，没有一定高度的理论原则。为此，他们借鉴了结构主义的理论，将经验视为某种结构效果。霍尔接受了列维－斯特劳斯的思想，区别了文化与非文化之间的距离，从文化探究人类活动的意义，指向文化作为语言运作的意指。可以说，第一代学者更加关注文化的历时维度和具体的文化事件，而第二代学者转向关注文化的共时维度、文化的结构和形式。

第三，文化唯物主义思想的重要价值。文化唯物主义形成了特色鲜明的文化唯物主义思想。"文化唯物主义"产生于20世纪中叶，由威廉斯提出，旨在以文化具有的物质性作为社会批判的研究范式。文化唯物主义批判经济基础—上层建筑之间的线性关系，强调文化的物质属性，由此冲破了文化作为纯粹精神领域而固守于精英主义集团囚笼的现状，突出文化生产在当代社会生活中的作用，为普通人民的文化争得了一席之地。这一理论不但推动了实践唯物主义的当代发展，

第一章　文化唯物主义语言哲学的思想渊源、历史根据和范式演进

而且它作为一种文化研究的理论范式，对文化研究也产生了深远影响。威廉斯认为，文化应当通过日常生活生产的物质条件下进行阐释和实践，应当关注文化生产的物质手段和文化形式之间的相互关系。这一理论成为文化唯物主义具有代表性的核心思想，并深刻影响着文化研究学术体系的发展轨迹。

自文化唯物主义形成后，彻底改变了传统理解文化的思考方式，从精英式的文化、经济决定论意义的文化转向了人民大众的文化、实践意义的文化。现实生活也越来越清晰地证明，文化成为与政治、经济不可分割的存在。文化唯物主义作为一种重要的理论和方法，最早运用于文化理论研究，它进一步完善和丰富了马克思主义的文化理论。但文化唯物主义思想的意义不仅于此，更重要的是它开创了关于人类社会思维方式的新模式，解除了经济决定论的捆绑，把文化从作为经济的附属物转向强调文化的社会功能。

（二）结构主义与文化主义两种范式的接合

当代马克思主义语言哲学主要呈现出三种基本研究模式：结构主义的马克思主义语言哲学、文化主义的马克思主义语言哲学、介于结构主义—文化主义之间的马克思主义语言哲学。在这三种研究模式中，以往更多的研究主要以欧陆理性主义传统，像以俄国形式主义和法国结构主义为代表的语言哲学研究，趋同从索绪尔语言学一脉传承而直接发展起来的结构主义的马克思主义语言哲学开展研究。例如，深受结构主义阿尔都塞影响的米歇尔·佩舍《语言、符号和意识形态》、罗莎林德·科沃德和约翰·埃利斯的《语言与唯物主义》突出了话语在社会关系、结构和再生产的作用，强调社会的静止结构，主张语言哲学封闭性和稳定性的内在规则。他们把主体归为社会意义通过想象的同一性构成，即意识形态可以把语言和话语主体固定在一定的位置中。文化主义的马克思主义语言哲学主要集中在对早期西方马克思主义代表人物葛兰西语言观的研究，代表作有《葛兰西，语言与霸权》《葛兰西的语言政治学》《葛兰西：语言与翻译》。他们将语言视为文化研究的中心问题，强调语言在社会政治经济中的作用。

随着当代马克思语言哲学的进一步发展，其逐渐趋向结构主义—文化主义马克思主义语言哲学的研究，这是因为：一方面，纯粹结构的语言哲学研究使人类的语言行为全然禁锢在人为的语言牢笼中，语言被抽象化地剥离于现实生活；另一方面，带有浓厚经验色彩的文化主义语言哲学打破了先天语言学的神话，但缺乏对语言系统化、体系化的论证，两种研究模式都存在一定的局限性。当代马克

思主义语言哲学正是辩证地对待两种模式并将其有效融合，使得语言哲学的发展呈现了新的图景。这主要集中在沃尔希洛夫的《马克思主义和语言哲学》、勒塞赫克勒的《马克思主义语言哲学》、詹姆森的《马克思主义与形式》和《语言的牢笼》的著作及思想中，突破了结构主义和文化主义二元对立的语言思维模式，形成两者之间的辩证统一关系。

文化唯物主义的语言哲学经历了由文化主义的马克思主义哲学向结构主义—文化主义的马克思主义语言哲学的发展，实现了两种模式的接合和融合，推动语言哲学的科学性与实践性的有机嫁接。所谓文化唯物主义即指 20 世纪五六十年代在理查德·霍加特、雷蒙德·威廉斯、E.P. 汤普森思想的激发下，对马克思主义进行本土化的改造，使马克思主义超越传统界限，并迅速成为发展社会科学和人文科学的研究中心，形成了独具特色的马克思主义研究理论。关于文化唯物主义语言哲学的论著主要集中在霍加特的《识字的用途》《两个世界之间：政治、反政治和非政治》《相对主义的暴政》、威廉斯的《关键词》《文化与社会》《马克思主义与文学》、E.P. 汤普森的《英国工人阶级的形成》、霍尔的《解码/编码》《文化、媒体和语言》、伊格尔顿的《批评与意识形态：马克思主义文学理论研究》《马克思主义与文学批评》、托尼·本尼特的《形式主义与马克思主义》《文学之外》。文化唯物主义借助社会文化语境分析，通过语言模式提供的契机，展开他们对现实社会批判和理想社会建构的政治诉求。

文化唯物主义对语言哲学的研究交织在文化、语言和意识形态这些相互关联的关系中。语言不是孤立的系统，而是文化之语言。语言在社会文化中才有意义。文化唯物主义在受到阿尔都塞结构主义的影响，关注到了文化的结构性，即非经济关系之下去阐释文化，而是将文化作为一种语言分析，分析其内部和结构，从而进一步分析社会形态。第一代文化唯物主义在突破原有"经济基础—上层建筑"之间简单决定论的基础上。文化唯物主义认为文化是意义冲突和斗争的领域；意识形态是生活经验的，是霸权与反霸权斗争集团的黏合剂；常识是意识形态冲突的一个重要场所。在这里，清晰地显示出了语言、文化、霸权和意识形态之间的关系问题。他们认为，流行文化中涌现大量的"常识"，而常识则是组织群体生活和经验的凝结。常识里就有语言意义与意指之间的聚散离合。因此，在文化唯物主义看来，在对语言意义与意指之间的分析时，要结合具体的文化常识，文化是语言意义冲突和斗争的领域场。

第一章　文化唯物主义语言哲学的思想渊源、历史根据和范式演进

文化唯物主义语言哲学的研究暗含着一条发展脉络。第一代文化唯物主义语言哲学是一种"文化主义"范式的语言哲学，赋予文化展现人类生存意义的价值。起初，他们对语言哲学意义的研究在于探究文化内涵与日常经验生活的关联。他们以工人阶级语言的表达方式来显现工人阶级文化的"常识"，所谓的常识就是组织工人阶级生活和经验被内化的存在。他们探究文化的日常生活性，以历史文化语义学分析工人阶级的言说方式，就是要将内在于工人阶级生活的常识，作为反抗资产阶级意识形态和资产阶级文化霸权的斗争场域。第一代文化唯物主义者探讨工人阶级文化、精英文化和流行文化，就是要将文化作为意义冲突和斗争的领域。文化成为他们冲破资产阶级意识形态和文化霸权斗争的突破口，让存在于日常生活世界的实践意识，也就是普通人民的文化"常识"，作为反霸权斗争的利器。因此，第一代对语言哲学的思考更多地指向语言的意义，主要从经验层面探讨阶级文化、文化与民主和社会主义的问题。它主张文化应当在日常生活生产的物质条件下所表现和实践的意义。无论是汤普森对工人阶级历史经验认识上的探究、霍加特对20世纪20至30年代工人阶级文化生活的追忆，还是威廉斯对作为生活经验文化的书写，都显现出第一代学者强调具体经验层面的文化意义。这就是为什么第一代学者往往被称为"文化主义"的原因。这也意味着，第一代文化唯物主义语言哲学更是一种"文化主义"范式的语言哲学。

第二代文化唯物主义学者在继承第一代学者"文化主义"语言哲学观的同时，看到了"语言"意义的复杂性和多层次性，单纯经验主义语言意义的回归缺乏理论依据。为此，他们借助"结构主义"的研究范式思考文化。第二代文化唯物主义者，尤其是霍尔，受到了结构主义者阿尔都塞的影响，反对黑格尔的单一决定论，认识到了结构的因果性和复杂性，形成了多元决定论。但是，第二代文化唯物主义学者批判地看到了结构主义的弊端。因为结构主义过多将语言从社会文化历史中抽离出来，然后对语言进行音位、音素、词素等语言内部的科学分析，最后将获得的语言规则投射于社会实践的总体上。这样导致了文化意义的缺失。所以，第二代学者反对结构主义认为的历史性是一种没有意义重复的思想，拒斥意义全部源于共时性的片面理论。霍尔就认为："许多事件的意义只能在电视话语的视听形式当中得以呈现。当某一历史事件在话语符号之下传递之时，这就受限于那些使语言可以表意的所有复杂且正式的'规则'。"

第二代文化唯物主义语言哲学在关涉语言意义的同时，也关注语言的意指。

文化唯物主义语言哲学思想研究

霍尔对文化的研究既包含了文化探究人类活动的意义，也指向了文化作为语言运作的意指。霍尔在文化主义范式下对语言进行研究的过程中，探究了语言文化的相对自主性，强调语言不同层次和实践的特殊性。他认为，语言文化具有复杂和不均衡发展特性，主要表现在：不协调话语因素的临时结合、不同因素在一定条件下形成的统一连接方式和语言的表达与象征。他认为，社会作为统一的认识，被认为是一种社会形态不同层次的关系和意义独特、历史具体的、暂时的稳定系统。

霍尔对语言哲学的研究，摆脱了逻辑实证主义语言形式和规则的研究，关注于文化层面的语言哲学分析，是一种文化介入其中的言语事实研究。在文化唯物主义语言哲学的研究视阈中，语言、文化、意识形态和霸权是相互缠绕在一起的概念。文化唯物主义强调取自于普通生活经验文化的意义。因为此类的文化包孕日常生活和经验凝结而成的"常识"。而常识则是指导普通人民日常世界活动的实践意识的基础。其中，更为关键的是，不同"常识"结成不同类别的"文化"系统，并形成了不同的意识流。不同文化之间的分离和碰撞导致不同意识流之间的反叛和对抗。文化潜在某一系列"常识"的认知结构中，成为其他群体可对抗把持主流意识形态的强势群体的突破口。文化成为意识形态斗争的重要场所。为此，文化唯物主义以文化批判作为对资本主义意识形态批判的核心。他们通过对工人阶级关键词的辨析，例如：民主、阶级、工业，从而对英国社会变迁进行诠释，对发生决定性变化各个时期内的观念和价值语义学的考究。文化的结构性因素在威廉斯看来，包括生产组织、家庭结构、表现了或支配着社会关系的各种制度结构，在一整套约定俗成由不同常识积累形成的不同文化系统中，以及社会成员赖以相互沟通的各种特有的形式。第二代文化唯物主义把结构主义融入文化研究中，视文化为语言。他们没有将文化归于经济中去分析，而是对文化内部或结构的分析，并进一步分析社会形态。

结构主义者索绪尔、列维－斯特劳斯、巴特和阿尔都塞同样将文化视为意义，但这里指的是意指，源自一种先于并决定个体经验的客观符号系统。在索绪尔对语言结构的认识中，认为语言是一个封闭的符号分类系统，能指与所指二元关系不变代码的结合。他将每一个不同的能指分配给每一个独特的所指。这种代码需要各种元素之间的差异和重组，依据构造的严格规则，这种构造原则的公式组成语言的"结构"。他更关注结构概念、语言的非写实模式和符号的任意性学说。第二代文化唯物主义在受到结构主义的影响,融入了结构主义的语言哲学范式。霍尔认为第一代文化唯物主义者寻求文化和社会总体性的辩证关系,显得过于天真而贫乏。霍尔看到了两者之间的张力,将两者进行"结合",被称为"两种范式的结合"。

在霍尔看来,文化已经存在于那些我们曾经认为最不可能的地方,已经成为各种政治实践和政治争论的焦点问题。被称为"文化转向"的观点在霍尔看来虽然不是一种恰当的表达,但也实际地记录了文化中心化这样一个不可避免的事实。"文化转向"不仅代表了文化唯物主义者转向对文化的深层思考,也代表了文化内部自身的深度转变,这种文化转变标志着与占主导话语地位的文化观的断裂过程,迎来了文化的大转折时代。对文化研究来说,这是一个形成的时刻。① 文化维度之所以成为霍尔社会建构理论的重要内容和主要的理论着眼点,究其原因与其对文化概念的理解直接相关。

在文化是解释世界和改造世界的本质维度的宏观理解之上,霍尔提出了自己对文化本质的一些细致解读。霍尔认为,文化是"人文和社会科学中最困难的概念之一"②,在实际的文化分析与批判过程中人们很难严格区分所使用文化概念的意义和指涉。不同的学科领域或不同的定义方法都会导致对文化不同的注解。以传统的精英与大众二元分立的理解来看,文化最初是指那些"被思考和谈论过的最好的东西"。在霍尔看来这是一个涵盖了所有的优质文化的具有总体性质的概念,但随着现代工业社会文化形式的不断扩张,文化有了与先前的理解相比较更具周延性的解读,即包含了更为大众更为通俗甚至被认为是低俗的内容,这种具有明确的价值评判的解读开启了精英文化与大众文化长时间分立和对峙的局面。霍尔拒绝精英文化与大众文化的严格二分,他的早期著作《大众艺术》的写作初衷就是为了反对利维斯主义对高雅文化和大众文化的高低之分,认为绝大多数高雅文化是优质的,而某些大众文化也是优质的,问题的关键是大众主体对不同质量文化的分辨力。霍尔指出,只有通过培养公众对大众文化的分辨力的方式才能消除早期利维斯理论家对大众文化的攻击与诋毁所造成的消极影响。与

---

① Stuart Hall. Richard Hoggart, the Uses of Literacy and The Cultural Turn. Richard Hoggart and Cultural Studies [M]. Sue Owen (ed.). Sheffield: Palgrave Macmillan, 2008: 25.
② 斯图亚特·霍尔. 表征:文化表象与意指实践 [M]. 徐亮,陆兴华译. 北京:商务印书馆, 2013: 2.

其抵制大众文化的影响力，不如"去培养更具鉴赏品味的受众"① 来得更为有效。尽管这一时期霍尔对文化的分析还有利维斯主义的痕迹，但其出发点却正是为了批判这一理论在新的历史时期的局限性。

文化主义强调文化的普通性、日常性，以及人类构建共享共同意义实践的主动性和创造性能力，也强调主体经验，并在日常生活和更为广泛的文化人类学意义上将其拓展为日常的生活过程，而不再有高低优劣之分。基于威廉斯关于文化是"整体的生活方式"的经典定义，这个含义模糊的定义不仅"包含了人们的态度、价值观、生活方式、各种关系的形式"②，霍尔从人类学意义上将文化解读为某一民族、社区、国家或社会集团的'生活方式'的特殊性，是社会、群体或阶级可以获得的对自身存在条件的意识形态体验和阐释。霍尔倾向于把这一理解做社会学意义上的解释，即文化是"一个集团或是社会的共享价值"③，是一个群体理解世界和解释世界的大致共通的方式，这种观点更关注研究历史和历史背景中主体创造的意义。人们用以描述理解现实生活的各种意义结构已然改变，战前的文化传统已经被战后的民主秩序所替代，英国的世界中心地位已失去，美式的大众文化兴起和传媒革命来临。在这里，文化的阶级性也相应地被挖掘和检验。正如霍加特在《识字的用途》中所指出的 20 世纪 30 年代的工人阶级文化是由人民群众所创造的丰富和充实的生活，他不断地强调工人阶级在创造文化中的巨大能力，突出了这种共享文化的历史性和阶级性因素。

霍尔对文化的差异和多元的强调源于对后马克思主义和后结构主义的接受和援引，文化因此关涉更多复杂的主题和问题，文化的意义在不同的角度得到延展。"接合"是霍尔文化理论中的一个重要概念，甚至有着方法论的含义，可以用这个概念更为准确地表达霍尔对文化含义的理解。霍尔用"接合"来扩展文化的意义，指出文本或文化实践不具有天然的意义，意义产生于实践的接合，"意义是一种社会产物，是一种实践；世界之所以有意义，完全是人的实践的结果"④ 强调文本和文化实践的意义多元性。换言之，同样的文本或文化实践可以

---

① Stuart Hall, Paddy Whannel. The Popular Arts [M]. London: Beacon Press, 1964: 35.
② Stuart Hall, Martin Jacque. Cultural Revolutions [J]. New Statement, 1997, 126 (4363): 24.
③ 斯图亚特·霍尔. 表征: 文化表象与意指实践 [M]. 徐亮, 陆兴华译. 北京: 商务印书馆, 2013: 3.
④ 斯图亚特·霍尔. 意识形态再发现——在媒介研究中受抑制后的重返 [J]. 杨蔚译. 媒介批评, 2005 (1): 121.

在不同的社会情境、不同的主体、处于不同的政治目的、在不同的话语体系中生产不同的意义,体现的不仅是语言学意义的争夺,而是政治与权力相交织的社会现象。"在任何文化中,关于任一话题都存在着巨大的意义上的多样性,存在着解释或表征它的不只一种的方式。"① 其中,文化如何解释事物的意义?霍尔认为是表征将文化与意义相联系,表征通过语言完成对意义的生产,这一过程所依赖的文化是作为共享的意义结构而存在。如何理解和处理各种文化间的关系?以年龄、性别、阶级、身份等条件为依据而相区别的各种形式的文化是否有优劣之分?这里的文化不再是稳定的、连续的生活方式,此时作为共享的意义的文化就显得"太整一,太认知化",而成为与权力相交织的概念,那么文化与权力的关系如何,作为政治权力的文化是怎样实现其霸权统治,大众文化又是如何完成霸权抵抗的,这样的问题都使得文化的含义在不同的意义框架中跳跃。

霍尔特别强调文化共享意义中的多样性以及多样性中所体现的差异与对抗的因素,文化进而被看做意义被创造和体验的场域,意义建构的过程也被看做文化生产的核心。文化作为共享的社会意义,这种意义表现出物质性特征,它们可以以不同的形式出现,声音、书籍、电视节目、影像等作为载体,换言之,文化不是先验的,而是根植于人的社会实践并在这一过程中得以展开和构建,它们在特定的社会环境中生成、使用和理解。在霍尔看来,文化意义可以"组织和规范社会实践,影响我们的行为,从而产生真实的实际的后果"②。文化意义不是简单存在于头脑之中,而是存在于真实的社会实践中,是"有生命的实践活动"。这一观点认为文化意义是在不断的建构中存在,是各种不同的社会关系形成了我们赋予事物意义的方式,所以霍尔反对文化相对主义的观点。正像文化本身意义的多元性一样,在霍尔的作品中关于文化的理解没有固定的意义,往往是根据不同的语境和论述对象做更为专门化的使用。

总体而言,文化唯物主义语言哲学发展具有一定的内在逻辑。它从文化主义向结构—文化主义语言哲学转向,彰显马克思主义与语言哲学之间的有机关联,

---

① 斯图亚特·霍尔. 表征:文化表象与意指实践 [M]. 徐亮,陆兴华译. 北京:商务印书馆,2013:3.

② 斯图亚特·霍尔. 表征:文化表象与意指实践 [M]. 徐亮,陆兴华译. 北京:商务印书馆,2013:2.

体现了当代马克思主义语言哲学的最新走向。第一代文化唯物主义基于文化主义的语言哲学思想，关注语言哲学的社会属性和实践属性，将马克思主义的语言实践观纳入其中，使抽象化的语言学加入了与社会历史事实相关照的语言学研究，体现了语言学向语用学和历史文化语义学的转变，实现了语言学的语境化过程。第二代文化唯物主义转向了介于结构主义—文化主义之间的马克思主义语言哲学研究，在文化主义语言哲学的研究基础上，注重语言学形式结构的理性思维与马克思主义对现实社会问题追问之间的联系，建构了理性与感性、逻辑推演与社会现实之间科学化的有机结合。文化唯物主义语言哲学转向正体现了当代马克思主义语言哲学的最新走向。

第二章　文化唯物主义语言哲学的基本范畴

在20世纪语言哲学转向的背景下，文化唯物主义语言哲学进一步继承和发展了马克思恩格斯语言哲学研究的基本立场和观点。他们结合现实社会发展的具体历史语境，运用语言哲学的方法，深刻洞察和分析现代性社会的基本矛盾，并为解决这些问题提供了一种思想源泉和实践途径。文化唯物主义语言哲学拒斥形而上学脱离现实的语言游戏说，摆脱形式主义语言哲学的发展，对欧洲大陆洪堡特与索绪尔两大语言哲学研究路向，以及俄国形式主义语言哲学进行了反思与批判。他们反对纯语言学和语言理论的研究，批判将语言与社会历史相切割的分析。文化唯物主义在马克思恩格斯语言哲学研究的基础上，重新思考了语言哲学研究的基本范畴，形成了关于作为物质性社会实践的语言内涵、人类特有存在方式的语言表意行为、具有构成性建构能力的语言功能的基本理论。

第一节　作为物质性社会实践的语言内涵

文化唯物主义语言哲学坚持马克思关于语言理论思想发展的基本内涵，"其一，它强调语言是活动；其二它强调语言有历史"[1]。在此基础上，关注语言的物质性，提出了作为物质性社会实践的语言内涵。

---

[1] 雷蒙德·威廉斯. 马克思主义与文学[M]. 王尔勃, 周莉译. 郑州：河南大学出版社，2008：19.

一、语言是物质过程与实践意识的合体

文化唯物主义提出作为物质性社会实践的语言内涵,是在对文化概念新定义的基础上发展形成的。威廉斯在《马克思主义与文学》中,分析了语言与现实分离的状态,分析了前苏格拉底学派、柏拉图的语言观,直至形成语言研究三大分支的形成——逻辑、语法和修辞,基本产生了语言与现实根本区分的分离状态。

威廉斯对目前语言哲学中,所形成语言与现实分离的四种状态进行了分析,并由此归纳了这些状态中语言基本内涵的界定。其一,语言语料的分析。旧语言研究主要围绕死亡古典语言语料的分析,而较新的语言研究也大多集中围绕在各国现代语言差异打转。这种对语言语料的分析,基本上是对语言知识的分析和归类,而忽视了人类语言经验的意义和价值。其二,语言生物学一般演进意义的研究。这种研究如同探究生物进化论一般,探究语言变化或进化的规律,并由此形成了言语生理学的学科。这样造成的结果,将语言作为一般科学知识进行研究,试图获得自然科学一般的规律,往往造成对语言社会意义和历史意义的研究。其三,比较语言学研究。这种研究基于多种语言的语言记录的分析比较,然而这种比较的前提却对语言语料的言说对象不加分析,只能获得主流人群的言语行为。这必然简约化语言的能动性和建构性作用。其四,以索绪尔为代表的语言学研究。这一研究对20世纪语言哲学的发展具有巨大影响。这一研究强调语言作为一种独立和稳定系统的意义,挖掘这一系统内部的规律和潜在规则。这种语言研究推动了结构主义语言哲学的发展,获得语言自闭系统的法则,并作为长期以来人们研究语言哲学的常识性或习惯性的研究出发点。

在以上威廉斯对语言内涵的分析中,可以看出这些研究都回避了语言的社会属性,认为语言脱离现实的分析,从而获得其抽象法则,这就是语言哲学研究的意义。这些研究宗旨在于获得完满语言研究的理性目标。威廉斯强调语言作为一种核心社会活动的内涵。他对语言剔除社会层面的分析持批评态度。

在此,他引用了马克思恩格斯《德意志意识形态》关于唯物主义历史概念的文字:"只有现在,在我们已经考察了原初的历史的关系的四个因素、四个方面之后,我们才发现:人还具有'意识'。但是这种意识并非一开始就是'纯粹的'意识。'精神'从一开始就很倒霉,受到物质的'纠缠',物质在这里表现

为振动着的空气层、声音,简言之,即语言。语言和意识具有同样长久的历史;语言是一种实践的、既为别人存在因而也为我自己而存在的、现实的意识。语言也和意识一样,只是由于需要,由于和他人交往的迫切需要才产生的。"① 语言的产生首先必须具有其物质存在的前提基础,并只有在实践的基础上,才能获得语言的意义,在交往的过程中,才能进一步获得语言的发展。这是唯物主义语言哲学形成作为物质性社会实践语言内涵的前提基础。

威廉斯对语言符号的研究,基于语言的社会实践意义,在物质生产活动过程中语言文化符号形成。他指出,"符号表意行为这种通过运用形式符号进行的、有意义的社会创造,便是一种实践性的物质活动。的确,毫不夸张地说,它是一种生产方式。它是实践意识的一种特殊形式,而这种实践意识又同所有的社会物质活动密不可分"②。在这里清楚地表明了语言符号作为特殊的实践意识,具有物质实践性。威廉斯认为,"符号表意行为既不像形式主义所认为的那样,也不像唯心主义表现论从一开始就假定的那样,是一种由'意识'或在'意识'中进行的行为,进而成为一种脱离于或先在于社会物质活动的情状或过程。恰恰相反,它既是一种与众不同的物质过程,即符号制作,又在其特有的核心性质上是一种实践意识,因而从一开始它就牵涉进人类所有其他的社会活动和物质活动之中"③。威廉斯明确了语言生成的现实物质基础,并提出语言并非形式上、观念上和思想上的主观臆想,而是人类特有的物质性实践活动。这种人类特有的物质性实践活动,既体现了人类思维活动的本质来源,即现实的实践活动,又呈现了语言存在的物质性特征,即语言生产所形成的各类文化产品。因此,对语言符号的研究,不能去消解语言存在的物质基础,也不能去漠视语言符号的使用者或者语言文化符号的主体。这样一来,就会使语言失去物质形态和实践形态,而成为语音或语言结构的空洞外壳。

文化唯物主义对语言物质性社会实践内涵的分析,围绕在他们对文化概念的重新界定和探究之中。对于文化唯物主义而言,对"文化"概念的分析非常重要,因为"在置于历史发展的广阔语境中加以考察,人们会看到,'文化'这一

---

① 雷蒙德·威廉斯. 马克思主义与文学 [M]. 王尔勃,周莉译. 郑州:河南大学出版社,2008:27.
②③ 雷蒙德·威廉斯. 马克思主义与文学 [M]. 王尔勃,周莉译. 郑州:河南大学出版社,2008:40.

概念对于所有其他概念的那些有限度的术语都有着重大影响"①。文化唯物主义认为，对文化概念的解读同样影响着对语言哲学的研究。他们拓展了"文化"一词的延伸意义，不仅包括文化作为艺术或某种意义价值体系来理解，更为重要的是文化代表了"整体的生活方式"，文化与经济、政治视为具有同等重要地位的因素，置于社会结构的思考之中。威廉斯对"文化"与"文明"做出区别的过程中，分析了文化具有的两重意义。其一，就是文化对于文明而言，文化具有不同于人类文明外在追求的内在精神发展；其二，文化意义的扩展，又包含了"文化成了一种包括艺术、宗教以及关于意义和价值的种种习俗机构，种种实践的一般类别"②。在这里，威廉斯所强调的是文化的内生性，文化不同于文明意义上的，由一般物质生活层面的提升或科学技术对人类社会物质财富的推动，而产生的一种物质层面的显现；同时，文化所结成的社会组织形态，也不同于文明意义上的，一般的社会组织和形式机构，而是具有内在生成性的结构。文化是由内在精神世界与外在物质社会共同生发的人类生活的具体再现，是存在于人类日常生活的潜移默化的生存样态。

　　语言是物质过程与实践意识的集合体。威廉斯指出，"符号表意行为这种通过运用形式符号进行的、有意义的社会创造，便是一种实践性的物质活动"③。语言作为实践性的物质活动，在现代性社会表现得更为淋漓尽致。它以某种物质形态或者虚拟物的呈现方式影响着现代社会人的存在方式和生活方式。形式主义片面强调语言的形式和结构，或者唯心主义语言哲学强调语言仅作为"意识"行为，都是对语言本真意义的曲解。文化唯物主义对语言内涵的定义，打破语言被圈定于语形学、语体学或内部语义逻辑的研究之中，而具体探究了语言存在的物质基础，进一步分析了语言存在社会历史语境。

　　文化唯物主义以作为物质性社会实践的语言内涵，阐释了社会历史发展当中作为社会聚焦点的关键问题，对这些问题的形成变化和历史语义进行了剖析，目的在于揭示现代性社会的深层矛盾。

---

①　雷蒙德·威廉斯．马克思主义与文学［M］．王尔勃，周莉译．郑州：河南大学出版社，2008：10．

②　雷蒙德·威廉斯．马克思主义与文学［M］．王尔勃，周莉译．郑州：河南大学出版社，2008：12．

③　雷蒙德·威廉斯．马克思主义与文学［M］．王尔勃，周莉译．郑州：河南大学出版社，2008：40．

二、对语言物质性异化的批判

文化唯物主义分析了语言物质性异化的特征,对文化与资本结盟之后的新生产方式进行了审视。在他们看来,这种以新生产方式所结成的语言文化商品是无意义、无根状态的语言符码的堆积,需要通过真正探源语言的历史文化语义学,寻觅语言的真正源泉。在他们看来,语言的源泉就来自于现实生活的文化,来自于历史文化所结成的语言意义。脱离现实生活的语言,是虚假的语言,是有着资本主义意识形态的语言。

文化与资本结盟之后产生了现代资本新的衍生形态,这引起了整个社会生产方式和生活方式的变化。这种新生产方式仍然可以运用马克思恩格斯《资本论》的研究起点、商品二重的思想和资本隐射的社会关系,审视语言被包装成商品的特征,剖析语言成为商品的价值,以及分析这种新生产方式弥散的新犬儒主义人格的形成,从而揭示在现代性资本运作的逻辑下,资本这只"看不见的手"做出了新的调整,产生了具有隐蔽性剥削关系的生产,这种新的生产方式加剧和深化了资本主义的剥削形式,进一步掠夺了原本可以安放人类心灵的文化生活领域。

文化唯物主义者认为,现代资本生产产生出新的衍生形态,表现为文化与资本结盟的新生产方式。这种生产方式带来了整个社会深层次的变化,引发一系列相关问题的出现,如资本逻辑下的语言生产与一般意义的物质劳动生产有着怎样的不同,又表现出了哪些新特征;新自由主义推动的语言生产的价值规律是什么;文化与资本结盟的新生产方式隐射怎样的社会关系。这些问题引发了文化唯物主义者对文化与资本结盟语境下所形成新生产方式进行解读。

我们可以看到,在对《资本论》进行整体阅读后,就会发现马克思并没有选择"货币""市场""世界贸易"等关键词作为探究资本主义生产方式的研究起点,而是将其落脚于"商品"的概念。《资本论》的书写逻辑是从"商品"概念的提出开始,随后才层层深入去剖析这个概念形成的具体用途。遵照以上的思考方式,展开文化与资本结盟之下新生产方式的分析,从而探寻这种语言物质性异化的特征,进一步揭示和批判资本主义的新生产方式。

在科技的迅猛推动下,现代性社会进入到了丹尼尔·贝尔所称的人类社会文明的"第三次浪潮",出现了文化与资本结盟的新生产方式。这种语言文化形态的劳动产品，体现了劳动产品的特殊性。这种特殊的商品可以以物质形态方式出现，也可以以一种隐形的非物质商品出现，例如，某种知识、文化产品、服务或者信息。这种商品形态可以是虚拟的、非物质的形式，但具有物质性商品的生产、交换和消费的特征，并逐渐打破了以实体物商品的存在格局。正如德波所述的景观社会那样，物质生产方式已经向景观生产方式转移，并且，20 年后，他更加发现景观的密度在社会中心日益增加，最大限度将其边界扩散至社会的所有方面。

因此，历史的发展并没有像马尔萨斯预言"永久贫穷"的逻辑那样发展，经济学也没有像他预计"沉闷的科学"那样让人无所期待，世界经济不断地膨胀昭示出经济秩序之下的社会可能性构境。正如《资本论》第一卷开头写的那样："资本主义生产方式占统治地位的社会财富，表现为'庞大的商品堆积'。"① 巨大的商品生产是资本主义生产方式最为显著的标志之一，商品形式呈现了资本主义生产方式结成社会的一般形态。与此同时，资本的现代积累方式远远不只限于物质劳动的生产与再生产，而是出现了新的资本积累方式，即语言文化作为经济发展的副产品，作为现代资本积累的新生产对象。在消费语言文化与现代资本积累的合谋下，现实社会的存在样态和人的生存方式发生着深刻变化。

这种新变化体现在，早期资本主义的物质劳动生产方式遵循普遍性的资本运作逻辑，是一种物质层面的非符号性生产，然而，现代化的生产方式混入了语言文化生产，产生出了一种非物质层面的符号性生产。承载社会生活的文化是"如何逐步地被赋予一种特定的经济价值的"②，其很大一部分的原因可归结为"二战"之后资本主义经济发展进入了相对稳定的发展期，生产具有符号象征意义的世界消费文化正在悄然兴起。在文化与资本结盟的新市场环境中，资本这只"看不见的手"做出了新的调整，不断寻求新的市场对象和物化对象，以语言的物质性所形成的新生产方式开拓了资本市场。

马克思在《资本论》对商品形态给予过描述，"商品首先是一个外界的对象，一个靠自己的属性来满足人的某种需要的物。这种需要的性质如何，例如是

---

① 马克思恩格斯全集（第 44 卷）[M]．北京：人民出版社，1960：47.
② Zelizer, Viviana. Morals and Markets: The development of life insurance in the United States [M]．New York: Columbia University Press, 1979: 36.

由胃产生还是由幻象产生,是与问题无关的"①。虽毋庸置疑的是,马克思所指的商品泛指物质形式的商品,然而,这种"物"并没有排除"虚拟"存在"物"的形式。对现代性社会而言,这种文化语言为对象的商品更为普遍。这里需要指出的是,马克思在定义商品概念时,他所关注的更是商品的属性,即满足人的某种需求,对商品的存在形式并没有特定的归类。实际上,马克思讨论商品问题的关键是它本身的"有用"性,即构成商品存在的先决条件"使用价值",而非商品的特定存在形式。那么,这种语言文化与资本结盟的商品生产到底可以满足人的哪些需求?它生产的目的是否符合人的真实需求?

文化唯物主义对文化与资本结盟的语言类商品新特征进行了分析:第一,以"天赋"和"活力"迎合多数人的口味。商业文化以"反主流文化"这种堂而皇之的理由迅速兴盛,事实上,"商业模仿者与批量生产之所以假冒反主流文化,是为了从特定的人群中收到货款,并暗中破坏'真实的'反主流文化所代表的巨大的威胁"②。在资本市场的驱动下,文化与资本合谋产生了消费性的文化商品,这种文化商品具有明确的、指向性的目标,即迎合市场需求,并指向作为消费者的个体。这种消费性的文化商品"新生于较发达的社会,是先进技术预先设计好的产物,总体呈现较低级的文化水平,它能使大多数人在特定时间内,任意获得此类文化。同时,它是资本主义运作的产物,为了获得丰厚的利润,将以上所有因素关联在一起。其整个过程,分别经劝说者、公共领域平台、广告商加以推广,目的在于打造看似平等的世界,只要人们愿意为此买单,一个'包罗万象'的世界就会呈现其中。在此过程,人们口袋里的钱就会源源不断地流入商家的囊中"③。这种商品以虚假的"天赋"和"活力"伪装自己,表现出"始终如一的、无骨的、表面上温和的大众文化,它巨大的推动力在于任何时间、任何价位都试图充满诱惑力……最重要的是,它必须价值无涉,除了那些显而易见警察与盗贼之类的剧情外,没有任何立场"④。在这样一个追求数量化和经济利益链条上的大众文化生产中,很难保证文化的创造性和独特性的本真意义。大众文化

---

① 马克思恩格斯全集(第44卷)[M].北京:人民出版社,1960:47.
② 托马斯·弗兰克.酷的征服——商业文化、反主流文化与嬉皮消费主义的兴起[M].朱珊,胡传胜,孙东译.南京:南京大学出版社,2008:8.
③ Richard Hoggart. The Tyranny of Relativism[M]. London:Transaction Publishers, 1997:97.
④ Richard Hoggart. The Tyranny of Relativism[M]. London:Transaction Publishers, 1997:98.

商品使得普通人民变成了被动的"文化吸食者"。

第二，以片面性夸大普遍性。语言文化商品企图用压缩影像产品、具有卖点的信息产品和暂且满足人们某种欲望的炫目商品替代景观中的真实世界。从而，极端地放大和夸大非物质劳动产品的某种功能，以相对主义虚假的普遍性迷惑多数人被动接受媒体精心宣传的文化商品。德波在描述作为景观的商品时，对由景观形成的非物质劳动商品进行过分析，"在景观语言的每一个层面上，从景观所称颂的对象到由它所控制的行为，品质如此明显的消失，这产生于它逃避现实的生产制度的基本特征。商品形式将一切事物都减化数量的等同性。数量正是商品形式所发展的，并且它只能在数量上发展"①。商业化所打造的相对主义文化裹挟着普通人民文化观的命运，使得原先取自于实践活动的文化所得，被光怪陆离、咄咄逼人的商业文化所取代。这样所造成的结果必然是文化多样性和异质性的扼杀。

第三，以短暂性维持持续性。大众文化商品对那些"急促而不连贯或瞬间即逝的琐碎小事成瘾成性"②。霍加特经常生动地用"呼吸急促"，但"连续不断""永不停息"对非物质劳动进行论述。威廉斯也认为，在消费领域的诸多变化中，其中一个趋势就是商品消费向服务消费的转变，而服务消费的特点就表现在时间短暂并且无止境。因此，现代化社会常被称为"抛弃型"社会，"个人被迫要面对不断丢弃、不断更新以及'转瞬即旧'的现实"③。正是在资本逻辑的推动下，通过商品的短暂性来维持资本的持续性运作。

这种语言异化的生产方式和生产特征蕴含着现代性社会资本生产的最新表达形式，从另一个角度，构成了语言异化生产的透视法，形成了观察资本社会的重要窗口。通过这种透视法，可用以剖析非物质劳动商品在资本逻辑的序列中被蓄意打造成特定商品的过程，以商品的二重性特征分析非物质劳动的商品价值，从而挖掘现代资本构成的特征。

首先，语言异化商品生产的旋涡主要表现在使用价值与交换价值的颠倒。一件商品首先应满足商品物本身的有用性，也就是商品的使用价值，其次才能达到

---

① 居伊·德波. 景观社会［M］. 朱珊，胡传胜，王昭凤译. 南京：南京大学出版社，2006：13.
② Richard Hoggart. The Tyranny of Relativism［M］. London：Transaction Publishers，1997：99.
③ 大卫·哈维. 世界的逻辑［M］. 周大昕译. 北京：中信出版集团，2017：129.

第二章 文化唯物主义语言哲学的基本范畴

成为商品的第二个条件"一种使用价值同另一种使用价值相交换的量的关系或比例"①，即商品的交换价值。但是，语言异化商品往往将商品的二重性错置，使这种序列关系发生深刻断裂，甚至忽视或排挤使用价值的重要性，以交换价值作为商品价值的唯一权衡标准。这种以交换价值为目的的生产并非与非物质劳动生产伴随而生，马克思所述的资本的"效用原则"就深刻地揭示了资本主义生产的目的在于求得资本利益的最大化，只要满足增加赚钱的效用就可以放弃商品本身的使用价值。然而，资本与文化结盟之后，使用价值与交换价值的错置关系更加深刻。非物质劳动生产关于信号、意象、符号与文化行为的结合越为紧密，以交换价值为目的的生产就越为明显。这带来的后果是系列性的变化：一方面，商品生产过程的变化，包括生产技术、劳动过程和商品用途的变化；另一方面，文化本真意义的遗弃，包含文化的审美性、文化的多样化、文化的民族性和文化的创造性的遗失，而更进一步是民众自主文化意识和主体文化能力的衰退。

其次，语言异化商品交换价值的凸显是社会结构变化深层次的反映。文化与资本结盟的生产过程及消费过程深刻地影响着人们的文化活动和文化观念。由于商品二元结构关系的不均衡发展，语言异化商品按照交易市场的有效性进行生产，并蓄意更改和塑造文化本应承担的社会价值功能。正如《宣言》所说："它把人的尊严变成了交换价值，用一种没有良心的贸易自由代替了无数特许的和自力挣得的自由。"② 在此过程中，文化所对应的美学价值和道德价值已经在很大程度上让位于金钱、时尚所驱动的交换价值。文化本质的因素被非物质劳动生产方式影响了它们的性质和内容。而"作为整体生活方式"的文化在受到资本市场的浸染中，也不断地影响和改变人们的生活方式和思维方式。文化本身具有一种自律性的生成方式，蕴藏着人类在实践过程中集体智慧的凝结。然而，正如卢卡奇在分析物化意识中，指出"在直接商品关系中隐藏的人们相互之间以及人们同满足自己现实需要的真正客体之间的关系逐渐消失得无法察觉和无法辨认了，所以这些关系必然成为物化意识的社会存在的真正代表"③。以快速交换为目的的非物质商品生产，使文化自觉、自省的生成过程失去了节奏，人们无暇辨别这些非物质劳动产品的价值和意义，只是全力以赴地被动"接受"，将自己和集体

---

① 马克思恩格斯全集（第44卷）[M]．北京：人民出版社，1960：49．
② 马克思，恩格斯．共产党宣言[M]．北京：人民出版社，1997：30．
③ 卢卡奇．历史与阶级意识[M]．杜章智等译．北京：商务印书馆，1992：155-156．

创造和展示他们文化图式的生活方式抛在了脑后。

最后,以交换价值为目的的语言异化商品生产,加速了商品流通的速度,进而加快了资本流通的循环周期,促使剩余价值获得增量。马克思在分析资本流通的问题时,对商品流通做了详细分析。他指出为了使商品获得更大的市场空间,就需要改善商品空间的流通而实现,在这样的过程中就产生了"非生产费用",包括从远处购置原材料的费用,以及商品销售到遥远市场所产生的费用。但是,与此不同的是,语言异化商品的生产往往会省去对于物质生产而言的必要环节。例如,一方面,原材料获取成本的节省。语言异化生产过程对原材料的需求存在许多可塑性的变量,因为劳动所得商品是非物质形态的商品,所以对原材料的要求虽不排除物质层面的需求,但会更多集中本身就是非物质形态,如文化信息方面的取材。另一方面,商品生产之后运输成本费用的节省。因商品本身存在的非物质性和虚拟性,所以此类商品无论销售到任何世界市场,空间成本的消耗是同等量的,不需要出现由于地理位置的不同所产生的额外费用。这样所带来的结果是原先因流通所需的"非生产费用"流向何处?马克思指出,"非生产费用"的产生归于从生产过程中所创造的剩余价值中减去。也就是说,这部分的费用是由商品产生的剩余价值所担负的;反过来,当这部分不再存在的时候,所节省下来的资金自然直接流向了剩余价值之中,流入了资本家的囊中。这样看来,非物质劳动生产对获得剩余价值而言是更大量的积累。这促使更多的资本家乐意将手中资金源源不断地投入更容易获得丰厚剩余价值的非物质劳动市场。

现代性社会经济结构的最大变化就在于物质劳动生产向非物质劳动生产的转变,像哈特和奈格里在《帝国》对整个西方社会经济发展提出了三种经济范式中认为的那样,"在第三个即目前的范式中,提供服务和掌控信息则是经济生产的核心"[1]。然而,经济结构、资本运行方式的改变必然会引起社会存在方式和人类生活方式的改变。如《资本论》所述,"资本不是一种物,而是一种以物为媒介的人和人之间的社会关系"[2]。这种无限的能力就包含着普通人民甄别文化产品、创造文化价值的能力,人们逐渐忘却了自己的文化角色和社会责任。英国文化唯物主义认为,这种非物质劳动生产所映射的社会关系,就表现在资本至上

---

[1] 哈特,奈格里. 帝国 [M]. 杨建国,范一亭译. 南京:江苏人民出版社,2005:328-329.
[2] 马克思. 资本论(第1卷)[M]. 北京:人民出版社,2004:834.

的新自由主义的社会关系,并由此迅速弥散着犬儒主义人格的形成。主要呈现在两个方面:

一方面,新自由主义的社会关系形成了原子化的和"对任何世俗事物欣然接受"①的犬儒主义人格。非物质劳动商品占领了这个喧嚣的世界,同时也植入了普通人民的文化生活,成为我们时代思维方式和价值观念形成的重要途径。非物质劳动商品的设计、流通和消费正在潜移默化地影响着我们对现实的认识。新媒体技术对非物质劳动产品赢得了平台优势,凸显出非物质劳动生产内容的丰富性、时间上的共时性和接收面的广延性特征。然而,在新自由主义经济的市场中,这些非物质劳动的生产反而变成滋生普通人民向犬儒主义人格形成的催化剂。在这种非物质劳动打造的世界中,价值无涉和文化相对主义,驱使普通人民从以文化生活联结的具有社会群体意识的主体,趋同于对任何世俗事物欣然接受并失去自主判断力的原子式消费个体的发展。这种契约化和个体化的新自由主义的经济导向,致使人与人之间、人与家庭之间、人与社会之间、人与国家之间所建立的文化认同、情感认同和社会认同关系的瓦解陵替,形成了原子式的以个人为前提的存在。在当今资本主义开拓的世界市场中,不仅资本以物质形态的商品使现实世界成为一个物化世界,而且资本新的衍生形态:非物质商品又将这个物化世界进一步陷入光怪陆离的和碎片化的虚拟世界中。

另一方面,新自由主义的社会关系侵占了公共舆论领域,形成了"失去张力"、无奈不反抗的犬儒主义人格。以文化生活方式为核心的文化生成,体现了普通人民具体实质性地思考现实世界的普遍性。新自由主义借用相对主义的文化商品,阻隔了普通人民达成公共舆论的渠道,同时也磨掉了公共舆论自发产生的正义原则。新自由主义的文化消费品以单向度、线性关系的生产模式,集合着充满了"傲慢""野心""急功近利""炫耀性消费"的文化世界,操纵着普通人民接受和理解文化的自主性,使得原先结成具有主体意识的公共舆论聚集地,逐渐被失去张力、无力反抗的原子式个体存在所取代。普通大众在大众娱乐营造的享乐主义温床中,形成了玩世不恭、自我放纵的文化态度。事实上,普通大众并非对消费文化持完全赞同的态度,然而,他们产生的仅仅是一种"没有任何张力

---

① Richard Hoggart. The Uses of Literacy: Aspects of Working-class Life [M]. London: Chatto & Windus, 1967: 211.

的怀疑"态度。在面对庞大的非物质劳动商品时代,他们对这样的世界无能为力,只得采取无奈不反抗的态度,形成了对资本对抗的新犬儒主义化。

实际上,这种现代资本的实质并没有改变,无论是一般意义上的物质劳动生产,还是现代资本新的衍生形态,即非物质劳动生产,资本的"原始积累的方法绝不是田园诗式的东西"①,而是发挥了"在真正的历史上,征服、奴役、劫掠、杀戮,总之,暴力起着巨大的作用"②。现代资本新的生产方式只不过是将物质生产商品的技能,再次引入到了非物质生产商品的场域,从而进一步开拓了资本市场的操控范围。因此,"资本来到世界,从头到脚,每个毛孔都滴着血和肮脏的东西"③。在现代性资本运作的逻辑下,产生了具有隐蔽性剥削关系的非物质劳动生产。然而,这种新的生产不是在削弱资本主义剥削形式,而是进一步掠夺了原本可以安放人类心灵的文化生活领域。

需要指出的是,英国文化唯物主义从历史文化语义学视角,审视资本逻辑运行下的非物质劳动生产,剖析非物质劳动商品迎合市场所表现的特征,以商品的二重性分析交换价值取代使用价值的非物质劳动的商品价值,从而揭示非物质劳动生产所形成的"犬儒主义"的时代诟病,这些分析都基于一个大的前提,就是在资本主义社会中以资本生产为向心力的非物质劳动生产。这个前缀语和限定成分指向的是,"按照资本主义生产方式的"非物质劳动生产,也就是,对以资本生产为目的的非物质劳动生产问题的分析。事实上,就非物质劳动本身而言,它本身没有对与错。它是人们时代生活和存在方式的新产物,是科学技术创新发挥人类文化智慧的新途径。然而,在资本的操控下,非物质劳动生产却被新自由主义的市场化裹挟,失去了其正面意义和方便于普通人民获得文化信息的价值,变成了资本家扩大资本生产和获取剩余价值的新掠夺对象。

如果非物质劳动生产过程能够摆脱以交换价值或谋求剩余价值为唯一目的的生产,从社会公共服务的角度,发挥非物质劳动生产所具有的低能耗、技术性强、覆盖性广的优势,而不随意由市场至上或新自由主义经济政策控制,强调非物质劳动生产的文化价值和社会意义,为不断充实人们的精神生活和社会良性的可持续发展做出贡献,那才能真正体现出非物质劳动生产的优越性,实现非物质

---

①② 马克思. 资本论(第1卷)[M]. 北京:人民出版社,2004:821.
③ 马克思. 资本论(第1卷)[M]. 北京:人民出版社,2004:871.

劳动生产为人的服务而不是为资本的服务。为此,在对待非物质劳动生产时,更应加强对生产的监管,要求相应制度、法律、法规对非物质生产进行监管,确保其公共服务职责。

第二节 人类特有存在方式的语言表意行为

一、嵌入社会生活方式的语言行为

相比于索绪尔语言内部结构的分析而言,文化唯物主义更加关注语言行为。索绪尔的语言生成理论是通过分析具有差异性的语言结构化系统,从而获取语言系统的规则和常规。在文化唯物主义看来,语言的生成通常被组织在特定文化场景和历史语境中,通过语言实践活动,将已有的文化习俗、礼仪规范与当下具体行为活动相结合,生成意义序列的过程。索绪尔强调语言符号的先在性,即语言结构的客观规律先在于人的主观经验,语言的结构是经验存在的原因而非结果。文化唯物主义持有文化主义的人文主义观点,与结构主义的反人本主义倾向具有本质上的不同。他们将语言作为被分享的文化系统,突出语言符号互动的和沟通的功能,把语言还原到被语言嵌入的群体社会生活之中,强调以社会行动解释语言,彰显作为实践活动的语言生成理论。他们主要从实践活动的语言用途和群体意义生产的语言行为两个层面进行了具体阐释:

层面一:实践活动的语言用途。随着现代科学技术的不断更新,现代性社会更多呈现出具有人造环境的文化物质特征,物质与符号之间的划分不再明显,自然化的物质世界成为存在于人的现实生活的残余。文化唯物主义探究源于社会生活模式沉淀而成的语言用途,揭示了实践活动的语言用途与作为商品生产的语言符号之间的本质区别。他们以现代性社会的文化生产视角,探究当代资本主义社会与语言符号生产之间的关系,从生产、分配、消费、使用的整个过程,对承载语言符号,诸如文学、广告和电视节目之类产品进行了分析,批判官僚机构所把持和出售的语言符号产品对普通人民社会生活的作用和影响,强调实践活动结成语言的意义。

霍加特反对大众传播技术怂恿下的相对主义,认为这直接导致了语言的均质化和同一化，具有生命肌质的语言特质正在被腐蚀。他进一步对商业化的文化语言与源自日常生活的语言进行了对比分析，"绝大多数的大众娱乐最后都成了D. H. 劳伦斯所称的'生活的敌人'。这种娱乐哗众取宠、道德低劣……既无法充实大脑，又不能安抚心灵。过去那些催人奋进、促进和睦、内涵丰富的娱乐方式渐渐枯竭，而现如今的娱乐除了让人掏空腰包，无一是处"①。霍尔"编码/解码"模式对资本主义语言符号生产做出了理论化的阐释。在他看来，话语并不是"对'现实'的'透明'呈现，而是通过'符码操作'来对知识进行建构"②。他将"使得意义"成为"可能的符码"，力图解蔽被符号编码的现代性社会。

文化唯物主义积极恢复语言本真的实践属性，强调实践活动的语言用途，从而有力地回应和甄别商品社会语言符号生产的问题。威廉斯提出了"不朽的整体实践"的观点，用以作为一种寻找阐释特殊艺术作品和总体社会生活新连接的方法，从而发展具有社会总体性的理论。汤普森倡导实践在社会历史当中的地位，指出"这是一种能动的过程——同时人类据此过程得以创造历史——而这正是我所一直秉持的观点"③。文化唯物主义学者从投射在社会实践总体性基础上的语言研究，力图系统思考语言科学的意义和价值，据此奠定了一种探究人类社会活动的语言哲学。

层面二：群体社会语义的产生。物理主义的语言科学以认知科学，从神经元、神经网络等神经生理活动，提出"体现的语言"（Embodied Language）的理论。这一理论将语言自然化，涉及另一类的身体，加入了物理主义的形式。它把个体身份作为研究对象，以生物禀赋的物种特征为依据研究语言生成，排斥语言生成过程中历史和社会层面的因素，这样最终陷入了方法论上的个人主义。维戈茨基反对这种观点，认为从一般生物体到智力发达的人类，这种演进的本质在于从简单生物进化到社会历史总体进程的根本性变革。"言语思想不是天生的或自然行为形式，而是由历史文化过程决定的。"④ 同样，文化唯物主义拒绝生物还原主义，反对语言内部结构或生物个体特征的单向度分析，认为这禁锢了社会历

---

① Richard Hoggart. The Uses of Literacy：Aspects of Working - class Life ［M］. London：Chatto & Windus，1967：340.

② Stuart Hall. Encoding/ Decoding. Culture, Media, Language：Working Paper in Cultural Studies (1972 - 1979) ［M］. London：Hutchinson，1980：129.

③ E. P. Thompson. The Long Revolution ［J］. New Left Review，1961 (9)：33.

④ L. Vygotsky. Thought and Language ［M］. Cambridge：MIT Press，1962：51.

史发展现实语境的作用。当代社会生活的语言分析有助于理解群体意义生产时所共享的规范、态度与价值。文化唯物主义摆脱纯语言学自我封闭式的分析,探究深嵌于社会生活的语言生成思想。而语言本身就透露着某种关系力量,它不可能是一个人的言语,而是一个群体社会的语言集合。

如果承认语言是社会群体的表意行为,那么它是如何建构的?在文化唯物主义看来,语言的生成不仅需要根据语法、句法和语义的内在规定性,而且必然受到社会群体公共意义的限制。对当代社会生活的语言分析显示出了一定的价值和意义:一方面,观照社会生活的语言分析有助于厘清语言的历史变化,例如,语言变体、隐喻变化等;另一方面,通过语言分析可以追溯社会历史的发展变化规律,为建构人类社会发展提供一定依据。这体现出了一种双向互动的过程。文化唯物主义从群体社会语义的产生和公众对话探究语言的生成,并以历史社会的视角,思考思维、语言与人类意识发展之间的关联。因此,他们讨论或找寻的不是先决条件的语言内在关系,而是社会历史变化系列反应的过程。

文化唯物主义强调话语与阶级权力、话语与意识形态之间的内在关联,而非只是对语言和言语之间做出整体与个体、抽象与具体、有限与无限、静态与动态的研究分析。霍加特强调文化实践的话语内涵,其目的就在于深入现实的社会生活,发挥文化用途的社会功能和政治功能,体现出与霍加特文化实践思想起因的照应,即对"无阶级社会"幻境的破解,而文化实践的话语特征正是体现在话语的阶级性和政治性,以此达到他的文化实践的目的。文化唯物主义从话语的实践性进一步阐释了文化实践的内涵和意义。他们通过对话语特征口头陈述的分析,彰显出源于日常生活文化的丰富性,强调话语实践对文化主体意识的传承性和文化主体内在精神提升的意义和作用。

尽管索绪尔强调语言变化的重要性,但是他始终循着自然主义的路径疾驰,无法摆脱建构完美整齐语言哲学殿堂的束缚,以科学化、抽象化语言拜物教为追求,走入了自我封闭的巴别塔境界。然而,正如《圣经》永远不可能竣工的语言巴别塔所指的那样,人类的语言充满了无尽的丰富性、差异性和异质性,无法像求得自然定律那样,将千变万化的人类语言进行某一法则的概括总结。文化唯物主义认为语言科学不是在于形成法则,而是在于观照现实的人和世界。他们主张语言意义的流动性,表明语义变化与具体历史社会条件制约的相关性,强调语言生成含有文化的和历史的具体性特质。他们力图使语言哲学从纯粹的、绝对的、理性逻辑的世界,回归立足于寻求人的现实生活的意义之中。

二、寻觅日常生活中工人阶级的语言特质

文化唯物主义以历史文化语义学探讨语言生成的意义和价值,强调语言的现实属性和社会属性。正如卡勒对语义形成的论述:"因为它是任意的,因此符号完全受制于历史,一个已知的能指和所指在某一特定时刻的结合是一个历史进程的偶然结果。"① 文化唯物主义赞成这样的观点,认为"语言应该能够足以表达新的体验,并能解释变迁"②,并试图以历史文化语义学揭示现代性社会的新变化。

文化唯物主义学者做出了一种逆向性思考,即借助语言构成意义,反思所指对象世界和社会历史发展变化之间的关联。威廉斯在接受 V. N. 诺夫的启发后,试图建构马克思主义语言的概念,突出语言历史性和实践性的意义。他在《马克思主义与文学》一文中指出:"在思考关于语言的发展中,应该回到马克思主义,首先强调作为活动的语言,其次强调作为历史的语言,这是解决这一问题的关键时刻。"③ 同样,霍加特反对文字游戏式的语言理论或使用故弄玄虚的专业术语,认为这样一来就使得语言从现实生活中强制性地剥离开来,使之预料与现实生活之间产生遥不可及的距离感,失去了语言本真的价值与意义。他提出,"语言永远不可用来纯粹审美或抽象沉思,就本质而言,我们每个人都在现实生活中使用语言"④,"语言在于帮助我们建立人类本性的共同感受"⑤,重申了语言用途的意义和价值。霍尔为结构主义获得了文化研究的范式地位,实现了"文化主义范式"与"结构主义范式"的"两种范式"的嫁接。他认为,"通过生成浓缩了一系列不同内涵的话语,不同社会集团的分散的实践条件可以有效地将这些

---

① J Culler. Saussure [M]. London: Fontana, 1976: 36.

② 雷蒙德·威廉斯. 文化与社会 [M]. 高晓玲译. 长春:吉林出版集团有限责任公司,2011: 334.

③ Raymond Williams. Marxism and Literature [M]. Oxford: Oxford University Press, 1977: 21.

④ Richard Hoggart. Between Two Worlds: Politics, Anti-politics, and the Unpolitical [M]. New Brunswick: Transaction, 2002: 13.

⑤ Richard Hoggart. Between Two Worlds: Politics, Anti-politics, and the Unpolitical [M]. New Brunswick: Transaction, 2002: 131.

社会力量聚合起来……从而能够成为一种干预性的历史力量"①。这体现了社会历史条件与语言生成之间的关联,以及语言用途的社会功能的思想。

可以说,文化唯物主义思想家不是把语言作为人类思维表达和实践活动的手段或工具,而是把语言作为人类思维活动和现实生活的重要构成。他们着力分析的不是语词的含义或者固定的用法,而是在特定历史文化的语境中构成这一语义或用法的形成过程,从而窥探社会历史发展的总体趋势。

文化唯物主义以历史文化语义学为视角,寻觅工人阶级语言特质,重塑工人阶级的文化。汤普森改变以往旧史学的叙事方式与目标,从对历史政治事件、"伟大人物"的史学记录,转向对工人阶级社会生活的整体性分析和陈述。霍加特、威廉斯、霍尔拒绝"文化大规模化"的论述,坚持以特殊性和复杂性的视角审视现代性社会与文化转向之间的关系,批判用模棱两可、含糊不清的"群众""大众"的语词替代"工人阶级"来解释战后资本主义的新变化。他们认为,"无阶级社会"的幻象遮蔽了社会经济结构和政治身份所带来的权力与地位的阶级差异,是对"工人阶级"主体性更加隐秘的物化。在此情景下,无论是霍加特努力打捞工人阶级的童年生活记忆,追溯工人阶级的有机社会,还是威廉斯建构的"感觉结构"理论,重塑工人阶级的文化;无论是汤普森采用历史主义的思维方法,还原作为阶级形成标志的阶级意识,还是霍尔推动"身份"政治学,主张文化多元主义的观点,都显示出从历史文化语义学的视角,借助历史过程、文化形态的意义阐释阶级的形成与变化,以历史的痕迹和文化的连续性论证目前阶级存在的现实状况,寻觅工人阶级语言特质,重塑工人阶级的文化。

文化唯物主义以历史的纵深度和文化的广延度,把握记录现代性社会发展"重要词汇"历史的和文化的语义,破解英国"无阶级社会"的幻象。战后英国社会所呈现出的福利制国家的政策干预、战前贫瘠生活一定程度的改善、大规模失业率的有效缓解,都在缔造英国社会发展的"黄金十年","无阶级"社会仿佛成为留给这一时代的烙印。在这样的背景下,文化唯物主义从历史的纵深度和文化的广延度视角,探究影响和承载社会历史变化的"重要词汇",将对这些关键词的语义分析作为探究社会生活和历史变迁的主要途径。

---

① Start Hall. Signification, Representation, Ideology: Althusser and the Post - Structuralist Debates, Critical Studies [J]. Mass Communication, 1985 (6): 104.

他们从历史文化语义学的视角,展开对"工业""民主""阶级""文化"等语义变迁的探寻,认为"这些词汇有一个总体变化范式,可以把这个范式看作一幅特殊的地图,借助这张地图我们可以看到那些与语言变化明显相关的生活和思想领域所发生的更为广阔的变迁"①。文化唯物主义着力从历史文化语义学的视角,分析了自19世纪工业社会产生以来,资本主义社会关系的新变化,考析了"无阶级"一词的语义及其包含的概念生成与演化规律。在他们看来,"无阶级"一词出现在"转型社会",即传统文化秩序断裂和大众文化兴起的语境中,这一词与"文化""工业社会""大众消费"之间有着特定的关联。霍加特、威廉斯、霍尔沿着"工业社会"不断兴起,"大众消费"急剧膨胀,并相伴产生一系列新兴大众文化现象和相关社会问题涌现为研究线索,探究了"无阶级感"形成的历史语义逻辑,力图解蔽同质化、均质化的大众媒体语言所造成"无阶级"社会的幻象。

文化唯物主义以历史文化语义学寻觅工人阶级的语言特质,揭示现代性社会的语言变体,力图重塑工人阶级文化。汤普森改变以往旧史学的叙事方式与目标,从对历史政治事件、"伟大人物"的史学记录,转向对工人阶级社会生活的整体性分析和陈述。《英国工人阶级的形成》将"织袜工、卢德运动的种植者、织布者、乌托邦的工匠"作为研究对象,其目的不仅在于改变"巨大后代对他们的不屑一顾"②,而在于展示他们如何成为具有现代化的、有组织的和有政治意识的工人阶级。关于历史文化语义学对"整体生活方式"文化概念的思考,以及文化实践与政治形成之间相关问题的探究,最终构成威廉斯更为丰富阶级文化的研究视阈。威廉斯将"整体生活方式"的文化嵌入经验与实践活动中,就是以经验和行为活动为例证,借助感觉结构加以证实和确认,并逐步达成一系列约定俗成体系的过程。他反对一味强调新兴文化产业对工人阶级文化的绝对干涉,以"整体生活方式"的文化意义,探究工人阶级文化本质特征和工人阶级文化形成的根基。

---

① 雷蒙德·威廉斯. 文化与社会 [M]. 高晓玲译. 长春:吉林出版集团有限责任公司,2011:1.
② E. P. Thompson. The Making of the English Working Class [M]. London:Penguin,1981:12.

第三节　具有构成性建构能力的语言功能

文化唯物主义学者在提出作为物质性社会实践的语言内涵的基础上，进一步指出了具有构成性建构能力的语言功能。"历史地看，这种强调语言即建构的说法同那种与其密切相关的、强调人类的发展即文化的说法一样，都必须被视为一种尝试——这种尝试既包括那种面对着自然科学分析程序和实验程序的声势浩大的发展而努力保持某些有关普遍人类的观念，也包括那种在人们对物质世界的性质的了解日益增长（并因此得出因果性说明）的情况下竭力维护关于人类的创造性的观念。"虽然威廉斯看到了这一结论具有一定新客观唯物主义或者造成另一极端新唯心主义的危险。但是，这里存在对物质性社会实践中语言的构成性建构能力做出肯定的看法。

威廉斯在分析维柯、卢梭和赫尔德的语言理论中，得出结论："因此，可以肯定地说，语言是人类关于世界和走向世界的特有门户，它既不是一种可供辨识的禀赋，也不是一种提供帮助的工具，而是一种建构能力。"① 威廉斯认为，维柯将语言发展阶段分为神的、英雄的和人的三个阶段中，提出了语言在人类认识发展中的重要意义。他指出："维柯开拓了一种全新的方向——确实，我们并不是抽象地而是在造就它的种种过程中理解它的；而且在这些过程中，语言具有核心性意义。"② 本尼特分析了巴赫金关于运用"民间诙谐"方式和"怪诞现实主义"原则，对现实世界非主流意识形态的描写和叙事，形成了对构成性建构能力语言功能的分析。

文化唯物主义主要从构建语言体系的连续统和介入社会现实的语言实体，两个方面具体分析了具有构成性建构能力的语言功能。

---

① 雷蒙德·威廉斯. 马克思主义与文学 [M]. 王尔勃，周莉译. 郑州：河南大学出版社，2008：23.
② 雷蒙德·威廉斯. 马克思主义与文学 [M]. 王尔勃，周莉译. 郑州：河南大学出版社，2008：22.

一、构建语言体系的连续统

根据语言哲学区别意义最小单位的音位,经词法、转化生成语法到最终形成话轮转化的语言体系,文化唯物主义语言哲学包括了上述的内容,但不同的是,它对此进行了当代马克思主义语言哲学革新,产生了语言变体、语言语码、语言生成理论和话语实践的新思想体系。文化唯物主义语言哲学与传统语言哲学具有本质性区别,后者是解构式的理论,把语言肢解成音位、词素、句法结构各自独立的理论,而前者将意义的最小单元,通过组合的方式,直至形成话语实践具有内在连续统的语言体系,实现了理论与实践相统一的总体性追求。具体而言:

第一,将文化作为接连"语言"与"言语"的桥梁。传统语言学把语言学的对象肢解成语言与言语两个层面。索绪尔就曾指出:"语言科学不仅可以没有言语活动的其他要素,而且正要没有这些要素掺杂在里面,才能够建立起来。"①他们在研究语言时,将语言作为音响形象的堆栈,认为"语言中只有音响形象,我们可以把它们译成固定的视觉形象。因为把言语中实现音响形象的许许多多动作撇开不谈,那么,我们将可以看到,每个音响形象也不过是若干为数有限的要素或者音位的总和,我们还可以在文字中用相应数量的符号把它们唤起"②。在他们看来,语言是可被研究的,而言语则难以被认识和描绘,由此形成了语言与言语二元划分的区别。文化唯物主义并不把语言与言语割裂对待,而是用文化概念中不可分割的两个层面将两者结合。霍加特强调语言本真的意义和价值,认为"语言在思想上可以帮助我们建立人类本性的共同感受,如同没有语言,我们的世界将会变成荒原而深陷胡乱"③。威廉斯和汤普森在文化作为意识形态范畴分析的基础上,强调历史进程中文化具有人类创造性本质作用的意义。霍尔指出了"结构整体的必然复杂性"④,提出了结构主义文化观,即经验作为结构效果,将结构切入具体现实的复杂性之中。文化唯物主义主张,文化是一系列符号形式、习俗、先验图式和意识形态的结构和系统,同时,又孕育着共享的意义、认同、价值和目标等具体的内容和行为。这就意味着,这里的文化是语言与言语、结构

---

①② 费尔迪南·德·索绪尔. 普通语言学教程 [M]. 高名凯译. 北京:商务印书馆,2017:23.

③ Richard Hoggart. Between Two Worlds: Politics, Anti-politics, and the Unpolitical [M]. New Brunswick: Transaction, 2002:131.

④ Stuart Hall. Cultural Studies: Two Paradigms [J]. Media, Culture and Society, 1980 (2):68.

与内容的有机复合体,在社会结构制度脉络中,形成具体而动态性的社会实践过程。

第二,"结构式"理解与"主体式"理解的联合看做互为补充的解释因素。文化唯物主义强调,被嵌入社会结构脉络的文化所具有历史性特征,其关键点在于阐释与特定历史语境相关联,进行社会实践活动的历史行动者的主体意义。传统结构主义在对社会历史结构进行分析时,通常采用统一的和线性关系的处理方式,其关注点是社会变迁的宏观结构模式,主张社会结构存在着先天和大体一致的运行轨迹。文化唯物主义反对纯粹结构化的社会单向度叙述,主张"结构式"理解与"主体式"理解互为补充的解释因素。他们认为,传统结构主义过于偏重"客观""中立"对待社会语料,结果导致对具体历史的行动者的忽视,而单向度偏向历史事实的一般性语言描述。汤普森将工人阶级代理人作为理解工人阶级社会存在的集中体现,使传统结构主义的实证性与阶级文化的经验性得以有机聚合,显示出在一般社会结构的意义中,具体历史行动者如何应对历史社会结构,而积极开展主体性的活动。威廉斯认为:"'文化模式'和'社会性格'一样,是对经验的有选择的回应,是在特定的社会中习得的感觉系统和行为系统。"① 威廉斯批判了抽象"个人"的结构主义观点,认为这不是对普遍人类状况的正确解读。因此,他辩证性地分析了"个人"与"社会"关系,同样在于揭示主体与结构之间的相互缠绕关系,不能将两者绝对割裂开来。安德森也谈到了"结构"与"主体"之间的关系问题,指出:"这种在历史上有限定和在区域上有区别的理论,只有辩证地尊重其相互依存关系,才能得到发展。"② 文化唯物主义将"结构式"理解与"主体式"理解的联合,揭示了存在于历史运动中,以往被人们认为至关重要并且起决定作用的社会结构之外的,那些具体历史行动者的意义和价值。这一两种理解方式的结合,有助于考察不同时期意义的演进以及被社会接受和转变的情况,总体性和动态性地理解和认识人类社会的现实状况。

第三,"共时性"与"历时性"的交互影响。结构主义过分关注共时性系统,而忽视历时性作用,历时性作为"不连续的序列结构",沦为一种没有价值

---

① 雷蒙德·威廉斯. 漫长的革命[M]. 倪伟译. 上海:上海人民出版社,2013:92.
② 佩里·安德森. 当代西方马克思主义[M]. 余文译. 北京:东方出版社,1989:74.

的简单重复。文化唯物主义强调语言共时性与历时性的交互关系,认为语言发展的实际状况,是历时性横坐标与共时性纵坐标双向运动合力的结果,在时间与空间的二维构成中,才能获得语言的真实再现。文化唯物主义强调演化语言学,由内向外的离心运动。威廉斯认为:"在实践中,语言看起来也确实是作为一种社会的组织形式发挥着效能。它所代表的与其说是一个库存,不如说是一种活动。"① 安德森指出:"左派常常以不同历史制度下人类的社会变易性和使其得到解放而不是压抑他们的条件下人类的完善性为根据,去反对永恒的、没有感应能力的人性观念。"② 两者同样都是意在说明,只有在"共时"与"历时"相互作用的合力下,才能构成共享的关于社会的真实图式。

文化唯物主义构建两种语言范式的连续统。这一思想将马克思主义的语言实践观纳入其中,建构了结构主义—文化主义的连续统。其连续统是,把共时与历时、语义与语用、本义与含义、语言理论与言语事实等二元对立归入虚假的对立,将"格式塔"的结构主义与"实体论"的文化主义进行嫁接,变革从共时横断面上对音素、语义、转换生成语法和话轮转化的割裂分析,使这些概念置入历史的总体中,形成相应的语言变体、语言符码、语言生成理论和话语实践的连续统,关注语言连续统的渐变因素。

首先,将文化作为接连"语言"与"言语"的桥梁。文化是语言与言语、结构与内容的有机复合体,在社会结构制度脉络中,形成具体而动态性的社会实践过程。其次,"结构式"理解与"主体式"理解的联合看作互为补充的解释因素。他们认为,传统结构主义过于偏重"客观""中立"对待社会语料,结果导致对具体历史的行动者的忽视,而单向度偏向历史事实的一般性语言描述。他们将两者联合,揭示了存在于历史运动中,以往被人们认为至关重要并且起决定作用的社会结构之外的那些具体历史行动者的意义和价值。这一两种理解方式的结合,有助于考察不同时期意义的演进以及被社会接受和转变的情况,总体性和动态性地理解和认识人类社会的现实状况。最后,"共时性"与"历时性"的交互影响。他们强调语言共时性与历时性的交互关系,认为语言发展的实际状况是历时性横坐标与共时性纵坐标双向运动合力的结果,在时间与空间的二维构成中,

---

① 雷蒙德·威廉斯.马克思主义与文化.周宪,罗务恒,戴耘编.当代西方艺术文化学[M].北京:北京大学出版社,1988:57.
② 佩里·安德森.当代西方马克思主义[M].余文译.北京:东方出版社,1989:114.

才能获得语言的真实再现。

二、介入社会现实的语言实体

语言不是纯粹抽象的想象物,而是所指与能指的有机关联,即语音形态与所指涉的意义的结合。并且,语言也不是静态、固定化的,随着历史文化语境的变化,语言的音响形象和代表概念也会随之产生巨大的变化,即语言变体由此产生。文化唯物主义对语言哲学的研究并非徘徊于语言内部结构的分析,而意图从静态语言学向演化语言学转变,寻求社会历史文化发展进程中,语言具体实体的变化,包括音位、语素、词法的系列变化。这一理论的语言哲学与传统语言哲学,无论从研究目的,还是研究方法上,具有本质的区别。虽然两者都将语言学研究基本概念,如音位、词法和句法等作为研究对象,但是文化唯物主义将以上概念作为手段而不是目的,他们认为当代语言哲学研究的关键不是在于探究语言内部的规则或原理,而是通过语言分析,介入对人类现实问题的解答,为社会发展进程提供新思想。

第一,由"形式"与"内容"结合的语言实体。传统语言哲学趋向对语言语法形式的探究,例如,词类、词品、格、数、时态,系统地探寻语言语法体系。索绪尔认为:语言本身只是一种形式而非实体,只包含差异关系而非肯定关系。然而,文化唯物主义更加关注语言的具体实体,内容与形式结合的语言哲学研究。伊格尔顿特别探讨了形式与内容的问题,认为"马克思本人认为文学应该展示形式与内容的统一",指出马克思在《莱茵报》上就曾阐述:"形式除非是它的内容的形式,否则毫无价值可言。"① 霍尔也曾指出:"一个'形式'与'存在'的问题。它不仅属于未来也属于过去。它并不是一种已经存在的、超越时空与历史文化的东西。不过如同其他历史事物一样,它也是时刻进行着转变。与一些永恒固定的历史本质不同,它们是历史、文化和权力的不断'上演'。"② 伊格尔顿和霍尔都在试图阐明"内容"与"形式"结合的辩证思维方式。威廉斯和霍加特采用了历史文化语义学的方法,对语言哲学从意义到结构的思考逻辑进行

---

① 特里·伊格尔顿. 马克思主义与文学批评 [M]. 文宝译. 北京:人民文学出版社,1980:24 - 25.
② Stuart Hall. Cultural Identity and Diaspora. Patrick Williams and Laura Chrisman, ed., Colonial Discourse and Post - Colonial Theory [M]. New York:Harvester Wheatsheaf, 1933:399.

了逆向式研究，即以语词形态变化的为出发点，揭示形态产生的语义变化及这些变化所暗含的社会意义。威廉斯指出《关键词》的写作目的在于："它不是一本词典，也不是特殊学科的术语汇编。这本书不是词典发展史的一串注脚，也不是针对许多语词所下的一串定义之组合。它应该算是对于一种词汇质疑探询的记录；这类词汇包含了英文里对习俗制度广为讨论的一些语汇及意义——这种习俗、制度，现在我们通常将其归类为文化与社会。"① 他对记录社会发展变迁的关键词进行语义追踪，探寻语言变体或语义变化在时空伸延性的社会联系，用具体内容的语言实体讨论现代社会是如何运转和生活方式如何被构造。同样，霍加特以20世纪30年代与60年代之后工人阶级文化中语言语义的"断裂"为考察对象，对"民主""政治""文化""清教徒"等语词采取了深入生活的阐释，对抽象化的概念语词进行了实际生活的观察、描述和记录。汤普森《共有的习惯》对"习惯"一词历史文化语义学的阐述亦是如此。只有对语言"形式"与"内容"的有机关联，才能真正指引人们走入社会世界之中，一个嵌入语言意义的符号世界才能被人们认识和再创造。

第二，语言实体是具有民族情怀和生活情节的灵魂实体。斯宾诺莎的实体概念是一个没有灵魂、情感的实体，是绝对的、唯一、巨像般的存在，是主体与客体、自我与非我的同一观点。文化唯物主义寻求的语言实体，不同于斯宾诺莎的实体概念，是"自在之物"与"自我意识"的合体，是主体可通过辨识和认识客体，能够产生创造、生产和设定对立面的行为或结果。文化唯物主义把语言作为被分享的文化系统，是将民族情怀与生活情节自然整合的方式。汤普森指出，"文化又是包含形形色色信息源的水塘，书面的和口头的、高级的和从属的、乡村的和都市的信息资源来往穿梭；它是一种冲突因素的竞技场，它要求某种强制性的压力（例如，民族主义、流行的宗教正统观念，或是阶级意识）采取'体制性'的形式"② 。语言不是空洞的外壳，而是承载着共同文化和民族特质的精神实体。在霍尔对加勒比人共同言语话语的分析时，认为这里"同时运作的两条

---

① 雷蒙德·威廉斯. 关键词——文化与社会的词汇 [M]. 刘建基译. 北京：生活·读书·新知三联书店，2005：6.

② 爱德华·汤普森. 共有的习惯 [M]. 沈汉，王加丰译. 上海：上海人民出版社，2002：5.

第二章 文化唯物主义语言哲学的基本范畴

轴线或者双向维度所构筑的,其一是相似性与连续性;其二则是差异性与断裂性"①。其意义在于说明语言实体的共相性发端于整个民族历史的叙述范式,而其殊相性则来源于具体的现实环境,是共相与殊相不断聚散离合形式的相互交织。

第三,语言实体蕴含着主体能动性和自我意识的产生。文化唯物主义对语言实体的寻觅不仅包含了对语言结构模式的分析与理解,更为重要的是,探讨了文化实践者对语言符号的阐释,包括主体对语言符号的理解、定位和创造。他们将语言的规范性与主体的能动性进行双向互动的理解,突出主体对语言规则反思性的思辨思维。在他们对语言实体的研究中,突破了传统语言学对语言唯一性和限定性的叙事方式,反对绝对主体或独特主体的观念,表明不同实践主体的自主性和能动性对语言生成赋予丰富性和多样性的意义。本尼特认为,语言实体包孕的主体自主性可以"在暂时被撬开了枷锁的意识形态里,创造出一种开放的、自由的精神空间,从中可以产生对现实的新的态度"②。这种蕴含着语言规定性和主体能动性双向运动的语言实体,将主体的自我意识与语言内部的自在之物的有机结合,动摇了语言规则同一化的研究模式,彰显出主体认识过程对语言结构和内部规则的作用力。霍尔指出:"就像语言的规则……容易通过解释和解构模式进行理性的审查和分析,这可以对其根基切开一种话语,并且允许我们检查产生它的各种类型。"③ 文化唯物主义的语言实体是主体与客体、自我意识与自在之物的集合。这样的语言实体不是静止的,不是无限机制的生产,而是充满着丰富的和运动变化的无限机能的生成。

文化唯物主义对语言本体论的追问更加符合马克思实践唯物主义原则,批判语言存在的先验论,主张作为实践活动的语言生成理论。文化唯物主义否定了乔姆斯基的语言先验论、索绪尔的语言决定论和萨丕尔—沃尔夫假设的唯心主义语言本体论,反对语言结构是思维产生和实践活动的原因而非结果的观点。霍加特的语言实践生成理论、威廉斯的感觉结构、霍尔的编码—解码理论,从实践活动

---

① Stuart Hall. Cultural Identity and Diaspora. Patrick Williams and Laura Chrisman, ed., Colonial Discourse and Post–Colonial Theory [M]. New York: Harvester Wheatsheaf, 1933: 395.
② 托尼·本尼特. 形式主义和马克思主义 [M]. 曾军译. 郑州: 河南大学出版社, 2011: 104.
③ Start Hall. Signification, Representation, Ideology: Althusser and the Post–Structuralist Debates, Critical Studies [J]. Mass Communication, 1985 (6): 106.

的语言生成和群体意义生产的语言行为两个层面,探究了语言实践的生成理论,将使用语言看成是一系列活动,呈现出语言规则系统与言语实践的内部关联,形成了马克思唯物史观语言哲学本体论的发展。

第三章　文化唯物主义语言哲学的意指形态

文化唯物主义在确立作为物质性社会实践的语言内涵、人类特有存在方式的语言表意行为和具有构成性建构能力的语言功能的语言哲学基本范畴的构成中，不断对语言哲学的现实意指形态进行研究。在他们看来，对语言现实意指形态的追问，是反观社会现实问题的理论和实践的重要向度。在现实社会中，语言主要存在着三种意指形态：社会力量交互产生的语言变体、存在特殊物质形态过程的语言符号和语言与权力张力结构的话语隐喻。他们聚焦语言在现实社会中的意指形态，以语言变体、语言符码和话语隐喻解读当下社会的现实矛盾和社会问题。

第一节　社会力量交互产生的语言变体

文化唯物主义者力图追问理论与实践的密切相关性，即探究阶级语言与社会发展的共变关系，解蔽现代性社会"无阶级"的幻象，并力图从社会张力结构的多重维度对语言变体进行探究。

一、语言变体对无阶级社会幻象的破解

战后英国社会所呈现出的福利制国家的政策干预、战前贫困生活一定程度的改善、大规模失业率的有效缓解，都在缔造英国社会发展的"黄金十年"，"无阶级"社会仿佛成为留给这一时代的烙印，绝大多数的人们无论是社会精英还是工人阶级都对这一时代的来临深信不疑。在这样的背景下，文化唯物主义者以民族志的方式走入工人阶级的社会生活，将语言共时性与历史性的特征相交织，寻

觅工人阶级的语言特质,揭示现代性社会语言的社会变体,从而解蔽同质化、均质化的大众媒体语言所造成"无阶级"社会的幻象。正如语言哲学所遵循的把语言作为认识和理解世界的重要组成一样,文化唯物主义者认为"语言的定义总是关于人类在世界上如何存在的定义"①,这就是说,他们不是把语言作为人类思维表达和实践活动的手段或工具,而是把语言作为人类思维活动和现实生活的重要构成。而这一思想的关节点首先体现在他们对"消失"工人阶级感的发问,以语言与社会的共变关系,破解"无阶级"社会这一伪命题。

在语言共时性基础上阐释社会阶级与不同言语阶级模型的相互关系。语言共时性表征为"同时存在的各种形式之间的关系,例如对立关系"②。这句话是在描述索绪尔的共时态理论,主要针对语言规则生成机制的理解,然而,这一种方法同样适于持有相同语法规则、不同语言主体之间关系的分析。文化唯物主义的语言哲学思想是对索绪尔共时态理论加入人类社会实践层面和避免无差异社会集体意识的新思考。"二战"结束后,英国左右两翼话语体系普遍接受"文化大规模化"的言辞,宣扬文化的大众化、通俗化。在面对当前社会与文化变革的问题时,文化唯物主义者强调这问题的复杂性和特殊性。他们从语言的共时性,分析不同语言主体之间的对立关系,诠释社会阶级与不同言语阶级模型的相互关系。

霍加特以处在两个阶级或两种文化之间"摩擦点"上特殊"奖学金男孩"的经历,关注语言的共时性特征,将文化精英和工人阶级的现实社会文化行为作为依据,分析不同阶级主体的语言特质。主要表现在:精英主义"大文本"的语言模式,主张"超越性""形而上""理想化"的文化图景,排斥底层人民的文化形态,将工人阶级的语言表达形式与"低级""粗鄙""没教养"联系在一起;工人阶级"日常化"的口头话语模式,主要源自工人阶级传统的文化生活,承载着工人阶级日常生活片段,续写着工人阶级口耳相传的文化特色。在对文化的阶级性和不平等性进行思考时,霍加特深入文化生成内涵的辩证意义,做出了两个层面的跨越。

跨越一:对传统文化旧秩序精英主义的批判。霍加特反对精英主义的文学常规,反对居支配地位的"大文本"的语言模式。他优先考虑语言的社会维度和

---

① 雷蒙德·威廉斯. 马克思主义与文学 [M]. 王尔勃,周莉译. 郑州:河南大学出版社,2008:19.

② 陈嘉映. 语言哲学 [M]. 北京:北京大学出版社,2003:79.

政治解读，把语言从学院的象牙塔和纯粹的、自我封闭的世界解脱出来，融入社会历史层面的不同阶级之间具有差异的语体、语用、话语模式为标志的当代语言学领域的变化。

跨越二：对相对主义"无阶级"文化的解蔽。霍加特描述商业文化兴起对普通人民日常生活的摧残中，写道："'毫无意义和琐碎的'好奇心越来越多地被唤起。但是这里却越来越缺少了生命的质感。然而这一点对于读者而言也许是最糟糕的。人们不可能积极地享受这些。因为这里不会提供给人们任何参与的机会，也不会做出任何积极的应答；因为这里没有读者的要求，也没有为读者提供可提供的东西。我们正处在一个苍白的半明半暗的情感区，在那里没有任何冲击、惊恐、威胁，同样也没有任何挑战，不会给予喜悦或唤起悲伤，既不辉煌，也不痛苦，只有不断滴滴答答的灌装牛奶，它暂时缓解了人们自发产生的饥饿的痛苦，但是拒绝给人踏踏实实饱餐一顿的满足感。"① 霍加特正是在汇集现实的人的日常生活和调动经验生活的真实情感中，试图恢复取自于日常生活文化实践的作用，并以此作为拯救日常生活碎片化、文化商业化的利器。

文化唯物主义以语言变体为线索，破解资本主义社会营造"无阶级社会"的幻象。他们展开对"工业""民主""阶级""文化"等语义变迁进行探寻，认为这些词汇有一个总体变化范式，可以把这个范式看做一幅特殊的地图，借助这张地图可以看到那些与语言变化明显相关的生活和思想领域所发生的更为广阔的变迁。他们分析了自 19 世纪工业社会产生以来，资本主义社会关系的新变化，考析了"无阶级"一词的语义及其包蕴的概念生成与演化规律。在他们看来，"无阶级"一词出现在"转型社会"，即传统文化秩序断裂和大众文化兴起的语境中，这一词与"文化""工业社会""大众消费"之间有着特定的关联。霍加特、威廉斯、霍尔沿着"工业社会"不断兴起，"大众消费"急剧膨胀，并相伴产生一系列新兴大众文化现象和相关社会问题涌现为研究线索，探究了"无阶级感"形成的历史语义逻辑，力图解蔽同质化、均质化的大众媒体语言所造成"无阶级"社会的幻象。这一思想预设了语言变体负载的意义，考察语言变体被演绎、被接受和转变的情况，反观社会历史发展的总体趋向。

---

① Richard Hoggart. The Uses of Literacy：Aspects of Working - class Life [M]. London：Chatto & Windus，1967：195.

二、对语言变体社会维度的分析与诠释

文化唯物主义认为,语言变体与社会生活之间的关联充满了复杂性,尤其是现代性社会,这种关联体现得更为复杂,在语言文化的生产、传播、消费的链条中,把握其存在的关键性中介因素对于文化研究非常重要。

对于语言的中介性来讲,值得关注的是本雅明提出的语言的非中介性。在本雅明的用词中,经常出现诸如纯语言、神性语言的说法。不得不说本雅明的纯语言还是一种伊甸园式的言语活动。虽然本雅明试图通过纯语言的魔力驱除人类语言的堕落,反对将语言工具化和知识化,尤其针对资产阶级借助工具语言剥削统治人民进行了批判,但是他却将语言全然形而上学化,认为只有这样才能使语言的内容与意义得以真正统一。本雅明将语言与宗教放置于很高的地位,并将其两者关联在一起。

从某种角度来讲,文化唯物主义学者与本雅明对于语言的理解具有某种共通之处,两者都认可语言的直接性,但是两者所获取的直接性的来源却大相径庭,前者依托于文化主体话语实践的过程,后者将语言擢升到神学的地位。

但是,无论谁也无力改变的事实是,在现代性的语言活动中,语言正侵入一种介质,它将替代不同发声者的音色,用一种匀质而空洞的腔调通过现代传媒的高科技响彻整个语言世界。整个人类世界连同它的发明者一起陶醉于商业文化的麻醉而不能自拔。语言变体问题对于现代性社会尤为突出。因此,文化唯物主义对语言变体的研究,是与现实社会密切关联的问题,是对语言变体社会维度的分析与诠释。他更强调语言变体与阶级问题、语言变体与权力关系、语言变体与文化意识之间,由于社会交互力量所产生的相互关系。

语言变体在现代性社会中明显地表现出间接性的特征。文化唯物主义十分重视思考语言中介性的问题,认识到新时代大众媒体对语言的干扰性问题。他试图回归语言生成的实践本性,恢复语言健康的发展。与本雅明相比,文化唯物主义不但承认语言的直接性,同时也承认语言的间接性。借用黑格尔的观点,"不论在天上,在自然界,在精神中,不论在哪个地方,没有什么东西不是同时包含着直接性和间接性的"[①]。直接性即指一事物自身存在的独立性和内在规定性;间

---

① 黑格尔. 逻辑学(上卷)[M]. 杨一之译. 北京:商务印书馆,2001:52.

接性即指一事物与他事物之间的制约性和依存性。语言变体同样如此,既有自身发展的独立性和特定的规律性,又受到各种外来因素的影响和制约。而对于现代性社会来讲,话语的间接性表现更为明显。

为此,文化唯物主义进一步分析了语言生成的中介性因素,为明确语言实践的方向做出了必要的准备。这些中介性的因素主要体现在以下几个方面:

第一,语言变体与社会变迁的关系。文化唯物主义者认为,语言变体与社会生活的变迁之间会产生共变关系。文化唯物主义深刻地批判了文化商业化造成的语言衰退现象。例如,霍加特对现代社会中"清教徒"一词发生的语义变化作出了分析。他认为,"清教徒"一词在现代社会呈现出一种唯心主义的反享乐主义,"在今天的英国和更长的一段时间,'清教徒'已经被延伸为对任何愉悦的反感,尤其是对性的反感"①。霍加特认为现在的许多人在理解爱情的含义中,包含着对"清教徒"的曲解,"这是一条语言衰退的道路"②。在文化唯物主义者看来,商业化的现代社会促成了语言衰退的发展。因为,文化的价值问题受到了商品价值系统的控制和操控。商业文化"承认价值无区别,并断言因为生命短暂,所以,艺术没有必要长时间学习。在商业化的选择下,民粹主义、消费主义、重商主义也可以获得与艺术同样的效果,可以与艺术共栖"③。在此情况下,文化唯物主义者主张维护文化的本真价值,强调文化价值对社会价值关系的独特导向作用。

第二,语言变体与阶级的关系。霍加特强调语言与阶级之间的关系,认为:"我们每个人所继承的语言对自我意识的形成具有巨大的作用。"④ 霍加特深入工人阶级生活,挖掘工人阶级特有话语习惯、口头用语,彰显出工人阶级富有弹性文化的特点。威廉斯认为,阶级是对相同生活经历、生活经验产生共同感受的群体,阶级不仅作为经济范畴、历史范畴,而应当放入文化生活的范畴。他认为一个阶级的文化来自所在阶级具体的生活经历,人们可以从这一阶级的生活经历、生活经验、生活习俗所形成的文化感受到阶级的存在感。语言变体体现了具有相同生活经历或生活经验群体的日常活动。汤普森认为,文化应更具包容性,不只

---

① ② Richard Hoggart. Speaking to Each Other: Volume Two: About Literature [M]. London: Penguin, 1973: 99.

③ Richard Hoggart. The Way We Live Now [M]. London: Chatto & Windus, 1995: 55–56.

④ Richard Hoggart. The Tyranny of Relativism [M]. London: Transaction Publishers, 1997: 157.

是某一阶级的专属物,不同阶级都应拥有发展自己文化品质的权利。霍尔将文化作为实践活动,认为不同阶级特殊的生活经历,以及参与不同的实践活动可以形成不同的文化形态,文化应更具多样性,尽显人类社会实践的不同侧面。文化唯物主义以"自下而上"的阶级实践开启了对文化旧秩序的批判,以阶级实践的角度展开对文化的重新审视,从日常生活的现实经验进行文化意义和价值的思考。

第三,语言变体与创作者的关系。文化唯物主义者认为,在现代社会中,大批量文本生产的创作者"并没有站在他们的经验面前,也没有试图努力借助文字的形式再现他们的经验,读者不能从作者、作品身上直接获得想要的经验,需要考虑文本产生的复杂性而获得理解"①。但是,霍加特始终认为真正打动人心的作品一定来自于生活,会经得起岁月的考验,并会带给人们持久的欢欣和热情。文本创作不能为获取一种形而上的真理,而借用理性压制人的主动性,应当为绝对真理留有余地,为人类不断探寻真理留有空间。文化实践者需要不断提升文化实践的能力,从而打破文化关系中的捆绑与束缚,获得主体自身的解放。

第四,语言变体与传播的关系。文化唯物主义者十分关注大众媒体传播与话语之间的关系问题。大众媒体的发展使得语言成为一种被接听、被观看的存在。无论是广播的出现,还是电视的发明,都将人们推向了一个输入的时代,在这样的时代中,每个人都忙于接受不断更新的知识、信息,生怕被这个信息时代所抛弃,因此,人们无暇顾及存在于自己生活中的话语,更无力用自己的话语去创作。马克思很早就对现代性的语言特征进行过表述,"……这完全是统治者的语言,但在现代贵族的口里就显得委婉动听了"②。统治阶级对语言的操控性在现代社会表现得更为复杂,不再以直接方式或者命令式的口吻对待普通人民,而转向了一种虚伪而具有杀伤力的话语迷惑和削弱工人阶级自身的力量。文化唯物主义者认为这样的媒体时代不但阻碍了普通人民话语能力的发展,而且将人们带入了大众媒体的虚幻世界。他们对大众媒体不尽人意的表现进行了强烈谴责,但并没有对现实的文化发展完全丧失信心。他们认为,大众媒体应当履行其应有的责任,相信通过适当的监管机制,大众媒体可以成为家庭文化和社会文化的

---

① Richard Hoggart. The Uses of Literacy:Aspects of Working – class Life [M]. London:Chatto & Windus, 1967:150.

② 马克思恩格斯选集(第3卷)[M]. 北京:人民出版社,1995:157.

窗口。

第五，语言变体与文本解读的关系。文本的有效解读在于抵抗商业化的话语，并试图打破大众媒体防止普通人民进行文化参与的局面。文本从创作、传播直至阅读是一个复杂的过程，这要求读者具有一定的文本批判能力，"努力思考一个词的分量，或者苦苦思索一个细微之处……适度分析一个句子的结构"①，这些都是文本阅读不可或缺的过程。霍加特认为，文学价值是一种可被工人阶级理解的品质，而不只是一种学问。这种阅读比起那些普遍而空洞的反精英的教义来说，体现了一种更为民主的阅读方式。霍加特认为，科学的文学分析可以用于解释其他表达现象，并提供一直以来被忽视的文化实践的情感阅读奠定基础。文学分析可以增加我们对"富有经验整体生活"的理解，并建构整体生活的价值观。霍加特在分析了话语的中介性特征之后，试图通过这些关键性的中间环节，进一步地落实和开展微观主体的话语实践活动。

第二节　存在特殊物质形态过程的语言符号

文化唯物主义运用语言文化符号的方式进入人类栖居的现实世界，以各种语言文化符号的意义及延伸意义，对现实世界认识、理解和诠释。语言文化符号所关涉象征和仪式等信息符号，作为意义系统内在关联在一起。文化唯物主义在现代社会多元叙事的背景下，探究以特殊物质形态存在的语言符号生产、传递、消费和接合的过程。

一、多元叙事中的语言符码

文化唯物主义者既看到了"主导文化"对其他文化的统治和整合，又看到了现代性社会中多元叙事方式的存在，不同叙事方式之间的张力结构，以及不同文化之间语言符码的抵抗作用。可以说，文化唯物主义学者从始至终一直在努力

---

① Richard Hoggart. The Uses of Literacy: Aspects of Working - class Life [M]. London: Chatto & Windus, 1967: 166.

打破"铁板一块"的文化大叙事。正如伊格尔顿所述,"语言是大写文化和小写文化——文学艺术和人类社会——在当中恢复意识的媒介"①。第一代文化唯物主义学者批判精英主义权威化的文化样式,倡导彰显工人阶级的日常生活文化。第二代文化唯物主义者在对普通人民文化的思考中,又将文化主体进行现实社会具体化的区分,以地缘、种族、身份等多元视角,从社会文化的多元化维度,探究多元叙事中的语言符码思想。

威廉斯在对多元叙事语言符码复杂关系的阐明中,指出:"实际上从来没有任何一种生产方式,因此也从来没有任何一种占据统治地位的社会制度或者任何一种主导文化可以囊括或穷尽所有的人类实践、所有的人类能量以及所有的人类目的。"② 威廉斯以社会结构的复杂性说明了语言符码的多元化。在复杂的社会结构关系中,存在着不同形式的社会关系和不同形态的生活样式,不同社会结构中的社会群体之间,存在着具有自身内在特质的生存方式,并且他们以自身的文化符号证明不同社会地位、权力和价值。霍加特以民族志研究方式,彰显了工人阶级独特的生活方式和自身独特的文化表达方式,证明了精英主义文化观是一种偏执的和中心主义的文化观。

在文化唯物主义看来,社会生活的巨大进步就在于对待语言文化问题的公平和正义。他们借助语言符号作为人类物质性社会实践的概念,以底层人民的文化样态,批判了精英主义极力维护的文化概念。正如伊格尔顿所述:"修辞学的艺术并不仅仅是皇帝专有的武器。塔西佗认为,所有市民都必须被教会很好地说话,这与古代希腊的民主密切相关。对希腊人来说,一个自由民是可以被言语说服的人……语言因此具有至高无上的能力,可以将自由平等的市民从他们自己人或非人的附属物中区别开来。"③ 传统精英主义的文化观念,一直将文化悬置起来,将文化视作形而上的存在,把普通人民排挤在文化圈定的范围之外。文化唯物主义者从人的实践活动、人的现实存在和整体的生活方式,定义语言符码的内涵、意义和价值。他们以社会生产结构的复杂性,探究语言存在的复杂性。他们深度剖析不同语言使用者或话语言说者特定的和具有代表性的语言符号变体,以

---

① 特里·伊格尔顿. 如何读诗[M]. 陈太胜译. 北京:北京大学出版社,2016:12.
② 雷蒙德·威廉斯. 马克思主义与文学[M]. 王尔勃,周莉译. 郑州:河南大学出版社,2008:134.
③ 特里·伊格尔顿. 如何读诗[M]. 陈太胜译. 北京:北京大学出版社,2016:14.

他们现实生活状态为依托对象，思考了不同文化主体语言符码的生产、传递和转变过程，从而揭示出语言符号生产的现实物质基础，以及语言符码所承担的社会结构意义。

《关键词》指出："当我们说'我们讲的不是同一种语言'时，这句话其实包含更广泛的意涵。……每一个团体讲的是自己特有的语言，但在用法上有明显的不同，尤其是涉及情感的强度或概念的重要性时。……通过语词上的交锋、对立，上述所发生的情况（很可能会被意识到而让人产生某种惊奇、不安的感觉），实际上就是一种语言发展的重要过程：某一些语词、语调、节奏及意义被赋予、感觉、检试、证实、确认、肯定、限定与改变的过程。"① 文化唯物主义者关注语言符码内在传达的力量，这种力量凝结了不同文化符号群体的文化语言情感、认知方式和价值意义的不同运作方式。

然而，文化唯物主义特别区分了两种根本不同的文化语言符码的产生过程：一种来自于人类自身实践过程产生的语言符号。这种代表人类实践意义的语言符号，是语言符码本真的意义和价值。它是对人类现实社会生产方式和生活方式的语言表意活动。另一种资本逻辑的文化语言符码生产，则是背离人类现实生活的，是使人类精神生活异化的生产。因此，文化唯物主义特别强调语言符码生产的来源，严格区分了内在于人类社会生活的语言符码和外在于人类现实生活并使人精神异化的语言符码。

为此，文化唯物主义者针对资本逻辑下的语言符码生产进行批判。被资本逻辑所操控的大众语言符码生产，习惯性地拼接、堆积一些没有实质性的语言符号，以形式或修辞学上的效果破坏或干扰日常的逻辑。商品化的语码失去了现实性意义，纯粹成为语言本身的狂欢。文化唯物主义试图分析语码的破裂、拼接和扭曲对当代社会政治结构的隐射。

文化唯物主义者将索绪尔处理语言构成关系中的意义单元重新放置于经济、社会和政治关系的框架中，用于解释语言折射现实或符号化现实的模式。他们以现实社会发展的具体语境对语言符号生产进行了分析和批判，认为社会经济结构引发语言符码两种向度的发展。在他们看来，在资本驱使的语言生产中，呈现出

---

① 雷蒙德·威廉斯. 关键词——文化与社会的词汇 [M]. 刘建基译. 北京：生活·读书·新知三联书店，2005：1.

了语言符码中心化与碎片化看似两种相互矛盾的生产。现代资本主义社会的意识形态永远不会丢弃对语言符码的操纵与控制，这是维护资产阶级文化的一个主战场。

但是，资本逻辑下的非物质劳动为寻求资本利益最大化，驱使语言符码生产的碎片化和去中心化，以适应并占领世界范围内的文化市场。文化唯物主义从商品化的漂浮能指、符码的指涉意义和符码的社会进程，思考现代性社会语言符码中心化和碎片化的两种向度，认为资本市场碎片化的语言符码生产实际上是资本这只"看不见的手"做出了新的调整，产生了具有隐蔽性剥削关系的非物质劳动生产，以碎片化的语码生产削弱普通人民自觉自省的文化意识，这种生产方式成为加剧和深化资本主义剥削的新形式。

霍尔在《转型的隐喻》中，明确表达了他对沃洛希诺夫的《马克思主义与语言哲学》价值的赞誉。他认为，这一著作对文化研究具有十分重要的意义，并进一步指明了四方面的意义："第一，它确立了意识形态终归散漫的特征"；"第二，它标志着各阶级间的联系和各自独立的、自治自足的'阶级语言'、意识形态世界，或者用卢卡奇主义的术语来说是'世界观'的断裂"；"第三，它进一步推动了这一关键性讨论：既然不同的声音在相同的符号中关联，那么，意义的斗争就不会以一种形式替代另一种形式，用一种自足的阶级语言取代另一种，而是在同一符号内部，不同的意识形态声音和相互脱节和重新接合"；"第四，《马克思主义与语言哲学》让我们清楚地看到，一种意识形态的'运作'，可以说不是将一种已经定型的阶级看法强加给另一阶级，与其说是施以更多权力，不如说是插入对话性的流动性的语言之中，通过语言无限的符号'游戏'去影响意识形态的'切割'，去解释'散漫的构造'的局限，调整它的秩序，以便武断地固定语言的流动，把语言固定、凝固、缝合为单一的意思"。①

在此影响之下，霍尔思考了多元文化结构中语言符号在社会结构中表征和传达的意义，他以多元叙事中的语言符码探究了都市生活问题。在他看来，城市生活组建了地缘、政治、文化、社会和身份形成的叙事框架，构成思考多元叙事语言符码的关键切入点。语言符码体现出了权力分布在几何图形之中。

---

① Stuart Hall. For Allon White: Metaphor of Transformation. David Morley, Kuan–Hsing Chen ed. Stuart Hall: Critical Dialogue in Cultural Studies [M]. London & New York: Routledge, 2005: 295–297.

第三章　文化唯物主义语言哲学的意指形态

霍尔在对全球化都市文化所产生的文化效应的分析中，写道："在这些间隙之内存在一种传播本土现代性的可能性。文化并不能从正面抵抗西方现代技术的大潮。可是，它们继续改变、'翻译'其自下而上的规则。它们组成了一种新'地方主义'的基础，而该基础的特征就是无法自给自足，但是地方主义孕育其中，而不只是一种全球的幻影。这种'地方主义'不只是历史的余响。它是新事物——全球化所附带的阴影。"① 都市文化在全球化的驱动下，存在着全球化与地方性的张力结构，是全球文化与本土文化的并置状态。在此情境中，构成了地方语言符号与全球话语符号混合而成的具有中介效果的都市化语言。为此，霍尔认为，都市化语言是多元文化符号问题聚焦的缩影，城市文化潜藏着文化对话的巨大力量，存在着不可通约性的文化张力。

尽管霍尔认识到了都市文化中具有的整合、收编和去差异化的力量，但是他认为，都市化发展进程是不可逆的，并且有其存在发展的优势。在对待都市文化的多元性问题时，他主张选取其中的积极动能。具体而言，他指出："多元文化问题也表明'差异'是将民主定义为真正的多元空间的关键……它必须试着构筑一个多样性的公共领域，在此所有的细节问题都必须在一个更加广阔的视野内进行协商并转化。空间的关键就是维持异质性与多元性，其基础就是在协商范围以内维持他们的差异。"② 对大都市文化符号的研究成为霍尔以及当代文化研究中心，探究大众媒体的虚假性、都市中自我构筑的文化认同和空间文化问题等关键的研究聚焦点，形成对文化多元主义的地图学研究。

在对城市多元文化符号的研究中，霍尔用移民者作为城市新成员的身份，一种文化研究惯用的民族志研究方法，记录移民者对城市生活别样的观察。在这些移民观察者眼中，看到了城市中原有生活的秩序，而他们渴望获得这个移民城市的身份认可，他们需要挑战城市现有的生活结构。在过去，关于殖民主义、帝国、奴隶制和镇压原住民的历史问题，在大都市的发展过程中仿佛被掩盖了起来。实际上，这些问题并没有消失，只是不再是经济政治上的直接表现，而是文化语言符号的间接表达。城市多元文化符号间接地暗含着关涉权力话语、国家意

---

① Stuart Hall. The Multicultural Question. Barnor Hesse, ed., Un/settled Multiculturalisms: Diasporas, Entanglements, Transruptions [M]. London: Zed Press, 2000: 216.
② Stuart Hall. The Multicultural Question. Barnor Hesse, ed., Un/settled Multiculturalisms: Diasporas, Entanglements, Transruptions [M]. London: Zed Press, 2000: 236.

识形态、文化符号的偏狭理解等多重问题。

二、语言符号系统的现实场域

文化唯物主义关注语言符号系统的现实场域,分析了从语言哲学的视角分析了民族社会、大众媒体和身份/认同的问题。由于语言符号系统中,语言的不稳定性、多重话语建构和社会关系的复杂性,造成复杂而充满张力结构语言符号的不同现实场域。文化唯物主义将结合时代特征民族文化的新变化作为分析当代民族问题的着眼点,以民族志文化分析溯源民族社会生命存在的文化之根。他们从对世界消费文化所形成的被编码语言,对民族社会同质化和整合的批判,分析当代民族社会的现状与危机;以结合新时代文化现象的民族研究,指明新文化现象的文化内生力对抗击民族中心主义和对民族社会发展的意义和作用;以文化认同理解民族社会,为达至建构民族意识和民族品格提供具体路径。文化唯物主义文化视阈下的民族社会研究,以独特的研究视角和研究方法为民族社会的研究提供了富有洞见的创新性探索,融入了民族文化和民族社会的双向建构新思想,为复兴民族社会开创了新图景。

(一) 民族社会问题

文化唯物主义在继承和发展马克思主义思想的基础上,深切关注现实社会的发展状况,把社会现存的主要危机、普遍矛盾和普通人民的诉求作为他们思想的着眼点,将结合时代特征的文化研究作为其思想的利剑和突破口,形成了以具有民族志文化分析为鲜明特色的民族社会的探究。他们对民族社会的研究不只停留在政治或意识形态层面,而是将其放置于文化研究更为宽广的视域中,作为更为深刻的文化问题和文化现象来分析。在直面世界资本主义不断扩张的现况下,他们深刻批判了文化资本对民族整合和收编的破坏力,溯源文化与民族形成之间的内在关联,形成了"文化"与"民族社会"双向建构的民族复兴之路。

在现代性社会消费文化的冲击下,"民族社会""民族归属""民族情感"遭遇到现代社会带来的存在危机,出现了"民族主义时代的终结"。在此情景下,文化唯物主义学者力图借助民族志方法与生活文化的结合研究,"将文化批判作为改变现代性社会的突破口"①,恢复正在被全球化驱使而日渐迷失的民族社会。

---

① 马援. 英国新左派现代性文化批判的政治诉求[J]. 哲学动态, 2017 (4): 44.

第三章 文化唯物主义语言哲学的意指形态

第一，以"消失的"工人阶级感探究阶级文化与民族社会的问题。第一代文化唯物主义学者霍加特、威廉斯和汤普森，借助语言符号系统视角展开阶级与民族社会问题的思考，将"消失"的工人阶级感和"遗失"的工人文化作为他们对文化与民族、文化与社会、文化与阶级一连串关系反思的研究起点。他们进一步探源了"二战"结束之后，"福利制国家""战后黄金十年"英国社会弥散着"工人阶级文化的衰退"和"民族文化遗失"的根源。他们认为其主要原因在于世界消费文化对工人阶级文化的侵蚀。在被誉为英国新马克思主义的开山之作和堪称当代文化研究中心（CCCS）民族志文化研究的奠基之作——《识字的用途》的前半部分，霍加特用一种怀旧式的基调，追溯了20世纪二三十年代北方工人阶级的语言文化生活，而后半部分，他主要分析了20世纪五六十年代在受到商业文化，特别是美国占世界文化话语权的侵占下，原有工人阶级民族文化遗失的文化新现象。这种带有"怀旧记忆"① 的写作风格内生出一种辩证关系，即对以往行为的记忆和恢复为理解现存世界提供了关键性坐标，对现有新文化现象做出批判性反思。霍加特汇集了两代人之间民族文化的变迁史，用一种强有力的对比感，调动深藏在人们心中的民族情感，使那些被商业文化裹挟其中的人们珍视本民族的文化，意识到那些碎片化、同质化的编码语言对自身民族发展的威胁。

第二，被编码语言对民族社会同质化和整合的现状分析。在霍加特看来，英国工人阶级的社会生活是具有强烈阶级情感和民族情感的，是由本民族的人民自己编织出来的生活，是充满"丰富生命"的社会。然而，世界消费文化所形成的被编码语言，营造出由资本逻辑所主宰的社会结构，充斥着带有"失去张力的行动弹簧""邀请来到棉花糖的世界""更新的大众艺术：闪亮包裹中的性"② 的大众文化路标。霍加特对世界消费文化摧残民族文化，以及被抛弃的工人阶级文化特质感到痛心疾首。他写道："'毫无意义和琐碎'的好奇心越来越被唤起。这里越来越缺少了生命的质感……我们正处在苍白的半明半暗的情感区，在那里没有任何冲击、惊恐、威胁，同样没有任何挑战，不会给予喜悦或唤起悲伤，既

---

① Cf. John Kirk. Twentieth Century Writing and the British Working Class [M]. Cardiff: University of Wales Press, 2003.

② Cf. Richard Hoggart. The Uses of Literacy: Aspects of Working-class Life [M]. London: Chatto & Windus, 1967.

不辉煌也不痛苦,只有不断滴滴答答的灌装牛奶,它暂时缓解了人们自发产生的饥饿痛苦,但拒绝给人们踏踏实实饱餐一顿的满足感。"① 在美国为中心的文化殖民化的过程中,出现了相对主义文化所显现的同质化生活方式,也就是,尽管工人阶级作为福利国家的受益者,并获得了经济上的相对安全,但是他们正在面临自我文化创造能力丧失和本民族文化特质遗失的危险。

第三,通过对语言文化与民族关系问题的研究,进一步分析了语言文化变革与社会形态结构之间的关系问题。随着文化与资本的迅速结盟,现代性社会越来越表现出如萨义德所述的文化帝国的特征,即以中心主义和殖民主义的形式,肆意侵占、腐蚀着全球民族社会的文化空间。文化帝国以资本的掠夺方式整合和瓦解民族社会,使民族社会失去其原生态的民族文化。另一本文化研究的经典之作《文化与社会》提出,超越珍贵文化艺术品而作为生活方式的文化概念,和达成依靠本民族自身力量发挥群体创造潜力的文化观念。"文化的观念是针对我们共同生活状况所发生的普遍和重大变化所做出的一种普遍反应。"② 这一思想拒绝认同方式的"统治模式",包孕和而不同、普遍与特殊、特质与共同生活之间的认知过程。威廉斯对"经验"一词关键的理解在于揭示大众传媒、印刷资本主义对普通人民认识方式和生活方式的干扰和破坏。文化唯物主义学者深刻认识到,现代社会的文化领域具有资本主义生产方式不平等权力关系的所有标记。但是更为重要的是,他们主张:"在现实中,包括和穷尽所有人类实践、人类能量或者人类意图,都没有固定的生产模式,因此,就不存在完全受统治的社会秩序和全然统治化的文化。"③ 他们坚信,权力集团所追求和打造封闭般的意识形态永远不会实现。"在不同程度上,在特定关系、特定技能和特定认识中的实践意识,毫无疑问是社会,特别是主导社会秩序所忽视、排挤、镇压或者完全不被认识的。"④ 但不可否认这种被主导社会排挤、镇压或是忽视对象的存在。现实的文化结构和文化图景蕴藏着一种非利益集团控制的文化力量,也就是,微观群体通过自身文化实践获得文化生成的实现过程。第二代文化唯物主义正是在第一代

---

① Richard Hoggart. The Uses of Literacy: Aspects of Working – class Life [M]. London: Chatto & Windus, 1967: 195.
② 雷蒙德·威廉斯. 文化与社会 [M]. 高晓玲译. 长春: 吉林出版集团有限责任公司, 2011: 311.
③④ Raymond Williams. Marxism and Literature [M]. Oxford: Oxford University Press, 1977: 125.

学者对阶级与民族社会问题的关注下,将亚文化、多元文化、成员身份、边缘群体文化作为进一步拓展和深入分析文化变革与社会结构之间关系问题的重要主题。

文化唯物主义对民族社会的研究不是介于宏大人类社会类型的分析,而是采用民族文化根源的元叙事方式,结合时代特征的新文化现象,对当代民族社会问题做出的新认识。他们认为,当代民族社会具有客观的现代性,由民族文化构成的社会才是这个时代达至社会公平、正义和人类获得美好生活的现实追求。"文化是平常人的"观念使普通人民的文化在民族文化谱系学中占有一席之地,让更多的人民获得共享民族文化的权力。在精英主义的文化概念中,文化是大写的、形而上的文化,与普通人民的世界毫无瓜葛。在这种观念的支配中,具有民族性的文化实际上让位给了文化中心主义和霸权理论,成为统治阶级向普通人民植入符合阶级统治利益世界观的文化模式。霍加特认为在文化的传统定义中,掩盖了工人阶级实践和风俗习惯的重要价值,倡导文化概念向普通人民日常实践的延伸,重新设定文化的现实而非抽象的状态。威廉斯在对文化的三种定义中,采用艾略特"文化作为生活方式"的概念,"强调文化的社会性:文化是对某种特定生活方式的描述"①。汤普森在对英国工人阶级形成的记录中,以平常人的生活经验、价值诉求、行为方式书写历史,而非社会政治经济的宏观概述或名人传记的集成,挑战了"被利维斯奉为圭臬的狭隘的精英文化观"②。文化唯物主义文化研究首要的政治诉求,就是要打破横亘在普通人民心中的文化不平等,为普通人民的文化谱写文化正当性的序曲,将普通人民的文化纳入到民族文化序列中,为社会权力和报酬平等取得了信仰和价值观的正当性。

文化唯物主义者对"文化"一词展开了民族学、人类学和社会学意义的分析,变革了精英主义所把持的"伟大传统"和"最高境界"的文化谱系学,并深刻批判了资本逻辑下的相对主义文化,以自下而上的"文化即生活""文化实践""作为整体斗争方式的文化"的文化概念,寻求在特定历史、社会和政治条件下所形成的具有时代特征的共同民族文化。

---

① Raymond Williams. The Analysis of Culture. John Storey ed. Cultural Theory and Popular Culture: A Reader [M]. Harlow: Person Education, 2009: 32.

② Stuart Hall. Cultural Studies and the Center: Some Problematics and Problems. Stuart Hall, Dorothy Hobson, Andrew Lowe and Paul Wills ed. Cultural, Media, Language [M]. London: Hutchinson, 1980: 19–20.

对于发展 21 世纪的马克思主义和当代中国马克思主义而言，加强国外马克思主义的研究是十分必要的，这为建构具有新时代特征和中国话语体系的马克思主义提供了有意义的借鉴途径。而作为当代西方马克思主义重要学术分支的文化唯物主义，在对文化与民族关系问题的思考中，为当代民族社会形态和特征的研究做出了具有独特性和前沿性的分析和洞见。他们面对现代性社会出现的文化帝国对民族社会整合和收编的危机，立足民族社会形成的文化根基，从世界消费文化对民族社会的同质化和整合、结合新时代文化现象的民族研究、理解民族社会的文化认同的三重维度，探究了文化生成的内在机理与民族社会形成的内在张力结构，为当代民族社会问题提供了新的认识视角和解读方式。

当文化与资本合谋下的消费文化迅速兴起，并蔓延于整个人类的社会生活和生产实践时，消费文化不但成为现代资本开辟世界市场的新场域，而且它衍生出的生产模式混入到了文化生成的过程中，干扰和排挤了具有本民族特质的文化形态。英国新马克思主义者敏锐地洞察到了民族文化的生存危机与民族社会的发展困境之间的关联。他们借助民族志的文化研究，将工人阶级文化、青年亚文化、种族文化、边缘群体文化纳入新的文化结构和当代民族社会中，用多元文化拥有的不同文化特征和民族特质抵抗全球一体化的文化模式，呈现民族社会生活的现象学理解，揭示了民族社会存在的生命根源。

更为重要的是，文化唯物主义者从根源于建构可理解世界的文化认同机制中，调动本民族共享的民族象征符号、民族叙事和民族情结，激发潜在于人们心中的民族意识和民族品格，使人们珍视民族社会所维系的民族传承、民族身份和民族凝聚力的作用和价值。文化唯物主义者实现了民族文化与民族社会之间的双向建构，即民族文化承载和凝聚着寄寓深厚民族社会情感的力量，民族社会为民族文化的发展提供了有利的空间保障。这种共荣的发展之路为复兴民族社会开创了新图景。

（二）大众媒体研究

文化唯物主义依据现代性社会的发展状况，面对商业化簇拥之下的大众文化，例如，出版业、广播、电影、电视等现代媒体的新形式，深度思考现代媒体的文化传播方式，反思现代媒体的文化传播与现实文化生活，以及现代媒体打造的文化景观与文化价值秩序之间的关联，将文化实践作为治理大众媒体的利器，力图建构健康、合理的文化新秩序。

第三章　文化唯物主义语言哲学的意指形态

诗作丰厚的 W. H. 奥登曾写过这样一段话："距我的鼻尖这个身体最靠前的部位约 30 英寸内的空间都应该说是隐秘的。"① 但是，这种空间的度量方式在现代性的社会中呈现出另一番景象，现代性的空间生产不仅局限于实体之间位置关系，而且还构建了一种隐性的大众媒体的虚拟空间关系。这种虚拟化的世界不仅占据着鼻尖约 30 英寸内的空间，而且包括思想空间、心灵空间也会深陷其中，被虚拟化的世界征服和占有。

文化唯物主义者特别关注现代媒体对文化空间侵占的问题。他们认为，现代媒体为大众文化提供了迅速发展的舞台，并对大众文化有过这样的界定："大众文化几乎包括了 20 世纪的所有作品。它新生于较发达的社会，是先进技术预先设计好的产物，总体呈现出较为低级的文化水平，它能够使大多数人在特定的时间内，任意获得此类文化，同时，它也是资本主义运作的产物，为了获得丰厚利润，将以上所有因素关联在一起。在整个运行过程中，分别经劝说者、公共关系、广告商得到推广。其目的在于打造看似平等的世界，只要人们愿意为此买单，那么一个'包罗万象'的世界就会呈现其中，并在此过程，人们口袋里的钱会源源不断地流入商家的囊中。"② 为此，文化唯物主义者对大众媒体侵占日常文化生活的状况进行了批判性解读：

第一，大众媒体以"天赋"和"活力"伪装自我，试图迎合多数人的口味。霍加特并没有对所有大众文化产品加以全盘否定，但认为绝大多数大众文化产品具有掠夺性技巧，预先断定观众的口味，以观众的喜好作为写作的对象和目的。"这种始终如一的、无骨的、表面上温和的大众文化：它巨大的推动力是任何时间、任何价位都试图充满诱惑力。不仅如此，这里充满了奉承，而这种奉承立刻变成一种伪装，甚至对观众肤浅的观念视而不见。最重要的是，它必须是价值无涉的，除了那些显而易见警察捕捉盗贼的剧情之外，不能有任何立场。"③ 霍加特认为大众文化的世界是一个势不可当自我辩白的世界，技术进步为生产与消费自我辩白，利益动机为其经营者自我辩白。正如西美尔对现代性文化的思考，生活的积极主动一面的分化很明显得到了其消极被动一面的补偿，在永不停歇、高

---

① 布莱恩·劳森. 空间的语言 [M]. 杨青娟译. 北京：中国建筑工业出版社，2013：107.
② Richard Hoggart. The Tyranny of Relativism [M]. London：Transaction Publishers，1997：97.
③ Richard Hoggart. The Tyranny of Relativism [M]. London：Transaction Publishers，1997：98.

涨而狂热的大众文化中，文化"意义的核心从我们的指缝中滑落了"①。这样一个建立在追求数量化和经济利益链条关系上的大众文化很难确保它的创造性和独特性。

第二，大众媒体营造"充满智慧、富有想象力和相同道德水平"的氛围，迷惑普通人民走进大众文化享乐主义的温床，但是，它永远也无法摆脱与生俱来的矛盾性。这种矛盾性具体体现在三个方面：

（1）普遍性和片面性。大众媒体以夸大的片面性取代普遍的多样性。霍加特认为大众媒体生长于相对主义的世界，承认差异是其最大的致命点。大众文化的捍卫者，尤其是小报记者一再声称，"我们需要懂得如何与大众进行交流，并了解他们心里喜欢什么，否则我们的产品就不会达到数以百万的销售；我们无须去伪存真，只需像一面镜子一样反射他们的偏好即好"②。事实上，文化唯物主义者认为大众文化的发展在于夸大片面性来代替普遍性，具体表现在：大众媒体企图极端地放大和夸大普通人民个性中的一部分或者某些观点，并假定这些能够反映绝大多数人的喜好，大众文化不可能具有真正意义的普遍性，而是相对主义所造就的虚假的普遍性；不可能具有广泛的、有应答的、有差别的普遍意义。霍加特对夸大片面性替代普遍性的大众文化生产非常愤恨，认为在大多数情况下，大众媒体的同质化正在扼杀文化的多样性和差异性的特征。

（2）短期性和持续性。大众媒体通过短期性来保持持续性。霍加特生动地用"呼吸急促"，但"连续不断""永不停息"对大众媒体进行描述。大众媒体很少停留于某一主题，即便这个主题非常重要，需要更仔细的考察和更长久的关注，反而对急促而不连贯或瞬间即逝的小事成瘾成性，将"字节"迅速变成从电视机里立刻可得的"音节"。霍加特对此形象地写道："大众文化像一个小的但又贪吃无比的生物体一样，它的肠胃很小，但却可以源源不断地进食，并迅速消化，以便腾空肚子等待下一次食物的来临"，这表现出了大众文化具有巨大掠夺性的特征。"'不管我们的事''过时了，是昨天的新闻'……在所有的时间里，这一过程似乎全部卷入一套具有客观性的标准中，……而事实上，这种标准是文化商业化强制实施的禁令"③，文化唯物主义者用这些常用词或表达方式呈

---

① G. Simmel. Theory [J]. Culture and Society, 1991, 8 (3): 23.
② Richard Hoggart. The Tyranny of Relativism [M]. London: Transaction Publishers, 1997: 98.
③ Richard Hoggart. The Tyranny of Relativism [M]. London: Transaction Publishers, 1997: 99.

现了大众媒体的普遍状况。

（3）片刻性和进步性。大众媒体以片刻性企图推动虚假的进步性。霍加特引用了早期托克维尔《论美国的民主》的一段话，民主国家很少关心曾经发生过什么（几乎没有历史感或者传统意识，除了被加工的怀乡之情），但是他们对将会发生的东西（未来主义）魂牵梦萦。文化唯物主义者认为，这种未来主义除了关注新文化产品和新消费对象之外，几乎没有任何真正意义上的进步思想，因此，大众文化生产的现代性社会是一个立即打开而又瞬间关闭的世界，进步主义让位给不流血的未来主义，让位给不断消费的新时代。

第三，大众媒体利用集体性、同质化的手段，削弱普通人民自主实践的意识。霍加特指出大众文化的寄生性特征，认为当某一流行艺术以特定的、具有吸引力的元素出现在外部世界，或以一种新形式变得非常流行时，无论这种流行艺术多么微小，比如20世纪50年代的早期爵士乐，然而大众文化就会借助越来越多机械化的手段模仿和开发这种流行艺术，以便迅速插足和抢先占有市场，大众媒体的寄生性特征就决定了它所生产和制造文化产品的目的和意义。大众媒体将文字经济发挥得淋漓尽致，并非为了达到更好地服务社会文化生活的目的，而是为了文化背后的商业利益。霍加特认为在多数发达地区，人们不喜欢谈论深奥的事物或谈及某一事件发生的缘由，特别是触及有关自身利益的话题，而是喜欢转向无关紧要的个性化问题。他在对发达地区与不发达地区阅读者兴趣的比较中发现：非洲阅读者更关心政治事件，对那些无关紧要的、不疼不痒的琐碎小事并不在意；相反，西欧的阅读者或公众并不想知道拿破仑三世向普鲁士说了什么，而更愿意知道他穿米黄色的裤子好一些还是红色的裤子好一些，或者是否应该抽一支雪茄之类的事情，因为大众文化使得文化消费者捕捉不到类似于如鲠在喉之类的事情，并越发使得普通人民对关涉国家、民族、社会问题的漠不关心。因为"消费者的满足感必须在最大范围内获得生产，这种满足感必须是浅浅的，像被水阴湿的草地一样"①，不会起到任何拔丁抽楔的作用。霍加特认为大众文化产品乍一看好像是取自于生活，但很容易发现这些被加工的文化产品被"除去杂质"像丝绸一般的光滑，但因缺乏特质而平淡无奇。

以上从文化唯物主义者对大众媒体的分析中可以看出，大众媒体以商品化、

---

① Richard Hoggart. The Tyranny of Relativism [M]. London: Transaction Publishers, 1997: 101.

货币化的方式侵占日常生活的文化,使普通文化实践主体深陷失去自主实践的危机中。霍加特认为,大众媒体表现出对复杂社会关系和具有质感日常生活的轻视,常常以自鸣得意、自吹自捧的方式追求一时的轰动,对目前社会是否偏执和狭隘的发展避而不谈,而愿意维持现有的社会状况,并无耻地推行着以市场为导向的个人主义、民粹主义,在于不懈地以追求高利润和高收视率为目的,从而强化了文化的集权化,而忽视了具有品质和内在精神的文化发展。霍加特认为,这样的大众媒体阻碍了健康而有序的文化实践之路,破坏了文化民主化的进程,使社会道德呈现出贫瘠的状态。

霍加特主张对"'成熟的批判实践'的延伸,包括电影、电视、广播、通俗小说、新闻、卡通、广告和流行音乐的扩展"①。他认为,文学批评实践的方法应该深入到更为广泛的文化空间,应当结合社会学的研究。"在这里,我们特别需要与社会学者保持更好的联系,因为纯文学研究用文学批评的术语很难讲清楚有关'想象的品质',或者谈论一篇文章所受到的各种外力作用,例如去中心化的技术、语言学的技巧,甚至语调的意义。这一切需要更多的分析,需要从所有层面去阐释和实施。"② 霍加特所开创的文化研究实现了文学文本研究与大众文化文本研究的有机结合,将文化实践从文学文本批评实践延伸到了包括大众文化文本批评实践、日常生活文本实践在内的更为广阔的范围,拓展了文化实践的领域,表明了他所倡导的文化实践的路径和指向。

尽管文化唯物主义对"新大众艺术"持批判态度,但始终主张大众媒体应承担公共舆论、社会凝聚力、文化变革的主要力量,主要表现为以下三方面的原因:其一,健康、良好的媒体秩序可以强化政府、权力机构对民主化进程的推动作用,加强为公众服务的责任意识;其二,媒体作为一个公众平台,对不同群体的文化价值和社会行为做出具有公众影响力的判断,为每个家庭,甚至整个社会提供文化传播的重要源泉;其三,媒体是映射社会文化变化的窗口,对社会礼仪、态度、习俗产生重要的影响。霍加特认为,如果对媒体进行适当监管,它可以真正丰富我们的生活和服务我们的社会。

霍加特强调媒体首先应该弄清楚公众的真实诉求。他认为,诱导公众兴趣与

---

①② Richard Hoggart. Speaking to Each Other:Volume Two:About Literature [M]. London:Penguin,1973:241-242.

公众自发产生的兴趣之间具有天壤之别，后者在某种意义上代表着"更广泛和更深刻的意义"①。霍加特指出媒体重要的不是让公众受到细枝末节事物的缠绕，而应深入了解公众具体的现实生活。他认为良好的媒体秩序应该"超越工业化系统的束缚"，实现潜在推动"社会艺术"的使命。霍加特强调，"广播系统不能停止对社会的审视"，有责任重新审视公共事务，并相信它将会拓宽公众对整个世界更大范围的了解和认识，更重要的是，"如果它能够肩负这种责任，广播公司将最终成为'社会的发酵剂'和'积极变革的活性剂'"②。

在谈论有关广播与社会之间的联系时，霍加特特别强调了广播如何更好地服务社会文化生活的作用。他进一步指出，文化实践者要做出正确的文化选择和文化判断，不仅源自自身文化生活和生活经历的丰富和充实，而且还必须学会辨别不同类型文化的价值标准。他认为，广播监督者有责任明确表明为什么这一类的文化节目和文化形式优于其他的节目和形式，如果不这样，就很容易丧失文化的价值判断，把所有礼仪、习俗推向平均化和同质化的发展，最终会导致相对主义、民粹主义的出现。他举例说道："对于'披头士与贝多芬同等价值'的推理来讲，显然是不明智和不诚实的。"③ 因此，他坚持广播机构应具备较高的文化道德素养，提倡它对现实文化生活广泛而深入地研究。霍加特认为，广播公司有责任保护社会文化中的优秀作品，但与此同时也要为新文化形式提供足够的表达空间。文化不仅指代"伟大而优秀"的权威模式，而且指向了对更加细致入微和复杂多样社会生活的诠释。

文化唯物主义者将落脚点指向了微观文化主体"识字能力"的提升。而这种识字的能力不是简单的字面意义，而是读者能够在复杂的语言环境中，读懂"那些晦暗的文字、隐晦的语气、内容的省略"④ 背后的意义，获得真正读写能力的提高。霍加特将这种识字的能力扩展到对大众媒体的解读，指出媒体解读能力是在不同语境下，作为介入、理解、创造和交流的能力，包含了多元化的"解读能力"，例如"信息解读""数据解读""电影解读""电视解读"。随着互动

---

① Richard Hoggart. Mass Media in a Mass Society [M]. London: Continuum, 2006: 114.
②③ Richard Hoggart. Only Connect: On Culture and Communication [M]. London: Chatto & Windus, 1972: 83 - 84.
④ Richard Hoggart. Between Two Worlds: Politics, Anti - politics, and the Unpolitical [M]. New Brunswick: Transaction, 2002: 195.

媒体平台越来越广泛的应用，文化实践成为解读大众媒体最为有效的方式，识字能力的提高可以扩大和有效促进对不同文化模式的理解和解读。

大众文化自形成以来往往表现出对整体文化发展的制约，甚至束缚着现实的人及其活动，然而文化实践成为一剂良药，对大众文化能够有力地审视和扬弃，其原因在于文化实践具有实践的批判和改造功能。诚如马克思写道："对实践的唯物主义者即共产主义者来说，全部问题都在于使现存世界革命化，实际地反对并改变现存的事物。"① 虽然这句话产生的语境更多地指向物质生产实践的变革和政治实践的革命，但对于今天尤为突出的文化生活的发展而言，它同样字字千钧，文化实践者在对待现存世界的文化产品时，以深入生活的文化实践活动权衡风格各异的文化模式和文化形式，以文化特有的微观权利改造现实世界的文化，变革大众文化媒体的社会意义。

文化实践思想的目的诉求是以文化变革带动整个社会变革的批判，是始于文化实践的社会主义建构的批判；同时，基于文化实践的文化建构不是社会制度一时一刻的改变，而是深入到微观文化主体思想意识变革的建构，触动整个社会思维方式、实践方式、运行方式变革的建构，始于自下而上、由内而外微观革命的建构。文化唯物主义文化实践思想的目的旨归具有批判与建构的双重特征。

文化唯物主义坚持文化唯物主义的思想立场，分析了现代性社会潜在的巨大危机和与生俱来的内在悖论，以"文化转向"或所谓"文化中心"为契机，把对文化问题的关切作为指向现代社会的发端和利剑，力图实现由文化变革所引发的一种具有联动效应的社会变革，即文化主体意识的变革、文化实践方式的变革、社会管理方式和政治制度的变革，以及整个社会思维方式和运行机制的变革，使之最终达至由内而外真正意义上的社会变革，从而建构理想社会主义社会。

文化唯物主义提出了一种推陈出新的文化批判思想。他面对现代性所造就的社会，既不同于法兰克福学派，一味地将大众媒体看成是文化毒瘤，对现代性社会进行彻底拒绝，也没有如传统左派那样，留恋于昔日英国的大国地位而不能自拔，对战后资本主义社会的阶级和社会结构的迅速变化无所适从，而是从微观层面对现代性社会进行解读，并由此深入到整体的现代性社会批判与建构之中。下面以"质料因、动力因、形式因与目的因"试图分析霍加特文化实践思想的目

---

① 马克思恩格斯选集（第1卷）[M].北京：人民出版社，1995：75.

的旨归，即文化变革引发具有联动效应的社会变革。具体呈现为以下四个方面：

其一，文化变革的"质料因"：微观文化主体和文化所指对象，即变革文化主体和文化对象的指向推动社会公平、正义的发展。文化唯物主义认为，文化的不平等是权力、物质分配、社会等级、教育理念、法律法规、社会秩序等一系列不平等的综合再现，但与此同时，文化的运行方式并不同于政治、法律、教育等自上而下的规则和秩序，因为它无法脱离人的生活而存在，无法形而上的抽象存在，而是内在于每一位微观文化主体的现实生活。

文化唯物主义倡导的由文化实践所引发的文化变革，首先引发文化主体的变革，使得文化主体从文化精英者的专属指称，转向普通人民在内的不同文化实践者的总称，将文化主体从商业文化营造的同质化的大众群体，转向具有文化批判能力、自主实践能力的文化实践者。同时，霍加特发起的文化变革，又是一场文化对象所指的变革，将文化对象从抽象的审美文本，走向日常生活文本，使文化从"彼岸世界"的文化带回到"此岸世界"的文化，回归于生活世界的文化。因此，霍加特的文化变革是一场具有深层意义的变革，是与每一位微观文化实践者息息相关的文化变革。

其二，文化变革的"动力因"：文化实践，即变革文化实践方式促进社会民主化进程。文化唯物主义将文化实践作为变革社会的突破口，强化文化的实践意义，变革精英主义的文化立场。权威知识的生产系统将文化"鸽笼式"地分布在既定范围之中，特定社会精英者的思维理念和实践方式成为文化唯一聚焦的对象，文化被精确化、权威化，大写与单数的文化悍然位于人民生活之上，文化成为权力的象征。而文化实践使得文化被分解成一个个小写、具体、复数的文化，将文化内涵延伸为普通人民日常生活和生活经验的再现和表达，把文化看成是不同文化主体的分类实践，在思维方式上根本性地改变了文化的界定和意义。

文化实践试图转变现代性的群体文化行为。按照资本逻辑发展的商业文化，利用同一化、线性化的手段，将普通人民作为实现文化工业发展的重要消费对象，普通人民成为被动的、无意识的文化群体，进行着无特质、无差别的文化行为。而文化实践关注文化主体的能动性，将提升普通人民的实践能力为核心，保持文化发展的多样性，强调文化的特质和肌质感。

文化实践冲破了精英主义者对文化狭隘而片面的强调，使文化从一种虚无的、唯心主义的存在迈向了现实的、唯物主义的存在，同时也改变了第二国际奉行的经济决定论，将文化从作为经济的附属物转向了文化的社会建构功能，文化不再是经济关系之下的衍生物，而是变革社会的关键力量，强调了文化的物质属性和精神属性的并存关系，发挥文化主体的能动作用，使人与物、人与人之间单一的经济关系转变成人与生活、人与文化、人与社会整体而多样性的文化关系。

文化实践的目的旨归在于改变人的生活，建构合理、有序、公平、正义的社会，共筑适合人类共同发展的理想社会主义社会。霍加特力图建构理想状态的社会主义社会，而这一过程就需要通过文化实践改变普通人民的思想意识，提升普通文化实践者的实践能力，变革原有的思维方式，直至达至整个社会的变革，建立"公平可致的理想社会"①。

其三，文化变革的"形式因"：文化运行机制，即变革文化传播秩序使之成为社会积极发展的"活性剂"。文化唯物主义借助文化主体实践方式的变革和思维方式的变革，推动整个社会由内而外深层意义的变革。在霍加特看来，资本主义发展至今，社会变革的关键问题已经不再是经济匮乏、物质短缺的问题，社会矛盾主要体现在权利与财富分配的集中化、特权化。为此，他力图打破社会权力和财富的不平等，变革社会以资本逻辑为核心的旧秩序，建构适合人类社会发展的始于文化批判的社会新秩序，而这种新秩序在于，通过包括微观文化实践者、普通人民为主体的微观革命，强调人的精神世界与物质世界的双重变革，而不仅仅停留于机械般的社会机构或社会体制的改革，是一种自下而上的始于心灵的变革。

为此，文化唯物主义为通达人类心灵的变革，开启了一条文化实践之路，改变文化运行的旧秩序，建立文化运行的新秩序。而这条文化实践之路具体表现在以下三个层面：

层面一，强调文化生成与现实生活的结合。文化实践在于让普通人民认识到自我文化存在的价值，珍视源于日常生活实践凝结而成文化的意义。文化实践使普通人民拥有理想，因为理想是一个社会的精神支柱；同时，让普通人民切实感受到社会主义的实践存在于现实的日常生活，文化实践可以让普通人民从中汲取共筑理想社会的智慧和力量，使人们感受到现实的日常生活实践蕴含着建构理想社会的信念。

---

① 乔瑞金. 英国的新马克思主义［M］. 北京：人民出版社，2013：33.

层面二，将科学的文本阅读方法传授给普通文化实践者。霍加特为普通人民提供了具体的文本阅读方法，为普通人民提升文化能力给予了有效的途径，而这种文本阅读的方法不仅适用于传统意义的文学文本，还包含了电影、电视、广播等各种形式的文化文本，同时指向了意义深远的生活文本，是霍加特所称的成熟文化实践。

层面三，建构健康、良好的媒体新秩序。霍加特面对文化技术化的迅速发展，在认识到技术力量给文化带来负面效应的同时，更重要的在于，他深感技术本身无对错，其问题的核心在于如何正确发挥技术的力量，如何建构健康、良好的媒体秩序，从而推动文化更加合理地发展，让技术成为社会发展的积极因素，使技术的发展真正成为人类福祉的发展。为此，他撰写了大量的有关建设健康、有序的大众媒体的报告。霍加特对大众媒体持有一种批判基础上的建构态度，挖掘大众媒体具有的潜在能量和抵抗性因素，强调建构健康、合理大众媒体的新文化秩序，突出文化主体的实践性和自主性。

其四，文化变革的"目的因"：社会主义主体的全面发展，即变革文化价值观有效提升社会主义主体能力，共筑社会共同体。霍加特以文化实践为立足点，力图实现文化实践的目的旨归，即由文化实践引发整个社会的变革。他强调文化主体的文化实践活动，发挥文化主体的自主性和创造性，以提高微观文化主体的实践能力为己任，从而改变现代社会的行动方式和思维方式，激发文化主体思想意识的转变，引发真正意义上文化变革的联动效应，最终达至现代性社会制度的变革，达至人实践方式的变革，达至人思维方式的变革，建立一个开放的、动态的、自主的、共同参与的、价值体系不断丰富的"自由人的联合体"，共筑维护人类共同命运的社会共同体。

文化唯物主义强调文化实践对社会变革的作用，即实现文化化的生活与生活化的文化的内在统一、变革大众媒体的社会意义和变革文化的主体性，进一步表明霍加特探索文化实践的复兴之路，指明文化实践是文化发展最为根本、最为基础和最为长期的有效途径，对于解决现代性社会文化的碎片化、支离化起到关键性作用。

文化唯物主义从文化实践的社会关联探讨了文化实践与日常生活、权力关系、社会变革之间的关系，分析了日常文化空间不断地招致掠夺的现实状况。为此，文化唯物主义试图将文化实践作为对资产阶级文化霸权、大众媒体同质化、以及撒切尔主义文化政治化批判的武器,通过文化实践引发具有联动效应的社会变革,重拾日常生活的奇迹,重建大众媒体的社会意义,重组文化资源的配置,使得文化主体自主意识得到提升,力图推行文化民主化的进程,发挥微观文化主体的主体精神和主体能力,合理配置文化资源,优化文化结构,为实现人的全面自由发展提供了现实途径。

文化实践是文化世界得以存在的基础和根据,对现存世界的文化具有导向作用。在共同的、相似的生活环境、文化背景中,人们通过自身的文化实践活动,形成"为文化立心"的一致看法,即在文化实践的基础上建构与社会关联的文化世界。文化唯物主义具有社会变革意义的文化实践,为微观文化主体者提供了砥砺前行的动力支援,凝聚着微观文化实践者共同进步的磅礴力量。

就目前我国文化发展的现状而言,文化领域的合理性、合法性的思考与当今迅速发展的文化产业难以匹配,文化秩序的有效建构还处于滞后和短板阶段。特别是,自党的十八大以来,文化领域的立法问题备受关注,如何公平有效地推动文化的发展、建立健康有序的文化体制成为近些年来我国社会发展的热点问题。文化唯物主义探究文化与传播之间现代媒体治理的文化实践,对我国正在关注的文化治理问题具有一定的借鉴意义。

(三) 身份/认同

青年亚文化成为当代民族社会的时代新特征,显示出时代变迁民族文化的新象征。青年亚文化主要形成于"二战"之后,是社会变迁突出的一种文化表现形式。它作为一种亚文化的形式,从属于主流文化和世代文化之下,是新时期工人阶级面对阶级身份和阶级地位困境的一种社会体验,标记和识别主导文化与次之文化之间的抵抗行为和张力结构。青年亚文化的结构关系是一种"更小的、本土化的和差异化的结构",但仍然保持着与他们"父母文化"的有机联系。① 青年亚文化虽"仍存在并共存于他们所在阶级更具宽容性的文化之中"②,但具有自己特定的焦点问题。他们用文化实践的方式,"调用、传递和扭曲他们的社会

---

① Stuart Hall and Tony Jefferson. Resistance through Rituals: Youth Sub-Cultures in Post-War Britain [M]. London: Hutchinson, 1976: 13.

② Stuart Hall and Tony Jefferson. Resistance through Rituals: Youth Sub-Cultures in Post-War Britain [M]. London: Hutchinson, 1976: 14.

第三章　文化唯物主义语言哲学的意指形态

存在和物质存在的原料"①，形成独特的音乐和服饰风格，创造独特的生活模式，从而表达他们对社会问题的态度，为自身寻求社会认同。

保罗·威利斯在《学做工》中，关注"社会的基层结构——那些对工人阶级文化不断再生起关键作用的年轻人"②，用民族志的研究方法，白描式地记录这些工人阶级的孩子如何获得工作和工作生活的具体状况，将这些年轻人真实的生活状态作为他们对生存世界的回应与反抗。威利斯认为，青年亚文化深深嵌入在他们父母的文化体系中，但更为重要的，它是当今社会年轻工人阶级生活的集中写照：他们对从学校到工厂这种阶级权力之下程式化的生活轨迹深感不满，尝试用英雄主义的方式，为自己寻求社会生活的自主性和自我存在的价值，构成了特定文化群体对现实社会秩序的象征性反抗。

青年亚文化是威利斯文化研究初期的主要关注点，这一领域也是伯明翰学派文化研究的研究重心之一。亚文化是与主流文化相对的，从属阶级的文化，当这种文化表现出年龄和代际特征时，就出现了"青年亚文化"。威利斯以及伯明翰学派对青年亚文化关注的原因主要有：第一，文化唯物主义文化传统对大众文化和工人阶级文化的重视；第二，青年问题在战后英国显得尤为突出。

威利斯研究工人阶级青年亚文化时使用的是民族志的方法，将民族志引入马克思主义研究并非威利斯的首创，早在 1844～1845 年，恩格斯就已经在《英国工人阶级状况》中实现了这种结合，以考察英国工人阶级的政治意识和生活状况。威利斯在他的多项研究中都使用了民族志的方法，并且在后来还创办了《民族志》，出版了著作《民族志的想象力》。可见民族志对于威利斯来说已经不仅是一种研究方法，更是一种方法论。

威利斯对青年亚文化的态度经历了从人道主义主义到结构主义的转变。伯明翰研究中心亚文化的研究初期表现出明显的社会主义人道主义的特征，因而在威利斯的第一部作品——《世俗文化》中也表现出了乌托邦式的人道主义倾向。这种人道主义理论特征很显然受到了汤普森《英国工人阶级的形成》的影响。与汤普森一样，威利斯认为不能从技术功能主义的立场研究社会经验，主张必须

---

① Stuart Hall and Tony Jefferson. Resistance through Rituals: Youth Sub - Cultures in Post - War Britain [M]. London: Hutchinson, 1976: 121.
② Paul Willis. Learning to Labour: How Working - Class Kids Get Working - Class Jobs [M]. London: Routledge Kegan Paul, 1977: 2.

根据文化本身来理解文化。在《世俗文化》中，他对亚文化团体自我定义的创造性过程给予了很高的评价和希望，他认为，尽管"嬉皮士"缺乏推翻现实制度的欲望和工具，但他们的努力是"早熟的"，他们对前革命的社会表现出了后革命式的文化反应。

但是在后来，随着研究的深入，威利斯渐渐意识到，工人阶级青年亚文化在统治阶级面前表现得非常无力，青年亚文化并没有真正地挑战到政治统治制度，他们激进的潜能被统治阶级缓和、挪用了。因此，在《学做工》的开篇之处，威利斯引用了马克思的著名段落："人们自己创造自己的历史，但他们并不是随心所欲地创造，并不是在他们自己选定的条件下创造，而是在直接碰到、既定的，从过去继承下来的条件下创造。"① 在《学做工》中，威利斯加强了对社会结构的关注，并强调了统治阶级对亚文化激进潜能的转变和挪用。

但是，威利斯并不认为工人阶级完全被动地束缚在结构中，他们具有创造性和颠覆性，在斗争中将自己结构化，实现了社会地位的再生产。在青年亚文化共同体自我定义的创造性过程中，青年亚文化既定义了自身，也定义了他们与社会关系。在人道主义和结构主义的共同作用下，威利斯从工人阶级青年亚文化的失败中得到了政治教训，那就是，真正的政治变革必须来源于人民，必须来源于文化政治学。因此，可以说，"作为结构主义者，威利斯承认了发达资本主义的意识形态在生产的关键作用；作为文化主义者和人道主义者，他强调了这个过程的不确定性和不稳定性、矛盾性"②。

在《仪式的抵抗》一书中，霍尔等人运用"同质"的概念解释了亚文化风格与亚文化群体气质相符的原因，他们认为文化客体可以体现亚文化群体生活的各个方面。在《世俗文化》中，威利斯第一次提出了"同源理论"以揭示亚文化群体的价值观、生活方式和经历与他们选择的文化形式之间的契合性。他指出，亚文化的结构不是杂乱无章的，某个团体选择的文化总是与这个团体的社会结构及其特征相符。这种相符性就是威利斯同源理论的意义所在。

同源理论将文化与文化客体、文化实践联系起来，它包括了两个相关方面的分析：关于某个社会群体的分析以及关于这个群体所偏好的文化形式或客体的分

---

① 马克思恩格斯选集（第1卷）[M]. 北京：人民出版社，1995：585.
② 丹尼斯·德沃金. 文化马克思主义在战后英国[M]. 李凤丹译. 北京：人民出版社，2008：224.

析。在这里社会仅仅是认识同质性联系的一个起点。因为,一方面从社会群体的主观经验层面来说,作为主体的社会人有感受、价值观和自身的兴趣;另一方面,这些主体的价值观也反映和表达了文化客体。

在威利斯看来,青年亚文化既受到统治阶级意识形态的控制,又同时与之抗衡。工人阶级青年通过对社会现实和自身状况的认识,主动接受了从属性的社会角色和工人阶级的工作,这种分析强调了亚文化对意识形态的能动接受,从而避免了庸俗的阶级决定论。威利斯认为,人们不可能像容器注满水那样接受意识形态,他们在对主导文化和意识形态实践的反抗中再生产了自己。① 人们在与主流文化和意识形态实践对立的关系中,进行自我再生产。不过,自觉权并不意味着一个新的社会就此诞生了,它只告诉我们:未来从未像制度上的权威设计的蓝图那样清晰可辨。

因此,社会再生产不可能毫无阻碍地进行,它会受到各个层面的影响。对于工人阶级来说,他们会以自己的方式理解社会制度,抵制再生产。威利斯用"洞察"和"局限"两个概念来解释工人阶级的抵制悖论。在这里,"洞察"指的是"一种文化形式中的各种年头,这些念头有助于理解该文化形式的成员及他们在社会整体中所处的位置";而"局限"指的是"混淆和妨碍这些念头全面发展和表达的那些阻碍、偏离和意识形态影响"②。

威利斯在对吸毒文化进行研究的过程中发现了"文化生活辩证法",它来源于贝克尔的"符号交互作用理论","符号交互性"是伯明翰学派文化研究的特点之一。"符号交互作用理论"是社会心理学的成果,该理论的假设,人们是根据事物对他们的意义来选择和处理事物的。威利斯认为,吸毒经验不仅与生理感受有关,它还与吸毒者的文化意义密不可分,"毒品的重要性并不在于它们直接产生的生理效应,而在于它们提供了一种途径,帮助吸食者去穿越一个在'正统的'社会正对面矗立的、极具象征性的屏障"③。威利斯试图通过这种符号交互的理论,揭示亚文化内部的意义和情感结构,进而发现:亚文化团体的结构地位与他们主观经验之间也存在交互的作用,这便是"文化生活辩证法"。在威利斯

---

① 保罗·威利斯. 学做工 [M]. 秘舒,凌旻华译. 南京:译林出版社,2013:298.
② 保罗·威利斯. 学做工 [M]. 秘舒,凌旻华译. 南京:译林出版社,2013:152.
③ 斯图亚特·霍尔,托尼·杰斐逊. 通过仪式抵抗 [M]. 孟登迎,胡疆锋,王蕙译. 北京:中国青年出版社,2015:210.

看来，并不是大众文化控制和操纵了被统治阶级，而是他们创造了自己的世俗文化，创造了激进文化变革的生活方式。

科恩在对青年亚文化的研究意义中，指出："大部分英国战后时期新兴的青少年文化研究，都源自于这三种层次之间的关系，而且这些研究或多或少都来自于马克思主义对结构、文化与个人传记的划分。马克思主义将这三层次视为决定性条件（人们是被丢入这个世界之中，而非出于自我意愿），而亚文化则是工人阶级针对这些决定性条件所可能出现的响应之一（创造出你自己的历史）。"① 文化唯物主义者意识到，青年亚文化隐藏着一种文化内生的力量，也就是，在社会变迁中，新一代的青年人在继承父辈文化和民族文化的基础上，抵制和反抗同质化的文化结构，用带有自身特征的文化象征符号对文化帝国等强势文化秩序进行象征性抵抗。虽然青年亚文化的象征性对抗对于解决资本主义的主导价值体系并没有提供彻底的解决方案，但是他们试图以文化实践的方式为自己寻找社会定位，提供了微观社会抵抗运动的新力量。青年亚文化的文化景观体现了民族社会的新变化，是民族社会在当代社会发展的文化新现象。

多元文化为民族文化提供不断流动中的权力平衡关系。英国新马克思主义学者从工人阶级文化、通俗文化和大众文化的研究视域中，逐渐向多元文化转变。多元文化成为了解民族社会和文化差异的新途径和拒绝主导文化叙事方式的新手段。霍尔在讨论"新时代的意义"，认为"模式和风格的扩散以及产品差异的增加是'后福特时期'的特征"②，这是"更为广泛的多元和差异文化对西方多元化社会和现代生活'典型'社会逻辑的体现"③。以霍尔为标志的第二代文化唯物主义者强调多元文化主义背景下的民族认同，并由此引发有关"移民"作为理解后殖民地区当代社会形态核心概念问题的探讨。正如安德鲁·米尔纳所认为的那样，在20世纪90年代后期，"后殖民主义、多元文化主义、混合血统、全

---

① Stanley Cohen. Folk Devils and Moral Panics: The Creation of the Mods and Rockers [M]. London: Martin Robertson, 1977: 151.
② Stuart Hall, Martin Jacques. New Times: The Changing Face of Politics in the 1990s [M]. London: Lawrence and Wishart, 1989: 118.
③ Stuart Hall, Martin Jacques. New Times: The Changing Face of Politics in the 1990s [M]. London: Lawrence and Wishart, 1989: 129.

第三章 文化唯物主义语言哲学的意指形态

球化的散居问题成为斯图亚特·霍尔值得为傲的工作重心"①。在霍尔和保罗·吉尔罗伊看来，全球化伴随着文化多元主义、跨国主义和大规模移民现象的出现是对民族身份问题的更强烈聚焦，也就是，在不断增加的多元文化"边界渡口"，这种同质化、单一化的英国民族社会能否继续存在的问题。霍尔对撒切尔主义民族国家问题的研究，集中在对新保守主义建构民族国家"想象共同体"话语构成的讨论。他认为，这种新保守主义的"想象共同体"形成了"排他主义"的话语语境，剥夺了阶级差异与权力关系，稳固了撒切尔主义的霸权地位。然而，谁也无力阻止全球化，以及美国大众文化大量出口英国的事实，这形成了对英国单一的和排他民族身份的重大挑战。霍尔对后民族主义国家的民族主义进行了总结："毫无疑问，伴随着文化与民族身份的融合，宣称可以把所有差异和多样性融入他们想象团体的强大文化机构，取得了集权民族国家的衰退，为民族国家的话语打开了深刻的裂隙和矛盾。"②身份政治成为"新时代""新"文化研究的一种特殊研究方式。身份政治拒绝宏大的意识形态理论，采用构成边缘政治的微观叙事，逐渐从阶级分析转向新社会运动的论述。身份政治承载着识别控制的抵抗力，标志着"大叙事"的瓦解，"从宏大叙事转向微小叙事，从文本到阅读，从语音系统到话语分析，从意识形态和霸权到边缘的日常生活实践"③，决定性的社会结构向流动性的权力平衡关系的转变。

文化唯物主义者将文化作为阐明和表达人类生存的重要方式，把文化视为嵌入社会结构和社会实践中主体间具有弹性的认同渠道。在他们看来，民族社会不是空洞的外壳，而是蕴含着民族内部传统与约定的共享语言、符号和价值的文化传递和缔造，而这些共享的内因性力量就原生于构成本民族主体间的文化认同。

文化认同成为复原生动鲜明民族叙事内在构成的关键力量。在由资本集成的商品社会中，那些原本由民族情怀彼此联结的人们变成了碎片化商品时代的原子个体，人们对商品的欲望取代了共同的民族身份和民族情感，个体失去了拥有连贯民族叙事的整体存在感，失去了拥有参与社会生活的文化存在感。文化唯物主义者力图从文化认同中汲取民族社会的凝聚力。霍加特调动"中心/边缘的隐

---

① Andrew Milner. Re-Imagining Cultural Studies: The Promise of Cultural Materialism [M]. London: Sage, 2002: 118.
② Stuart Hall. Culture, Community, Nation [J]. Cultural Studies, 1992, 7 (9): 355.
③ John Fiske. Reading the Popular [M]. London: Routledge, 1989: 32.

喻"，即当工人阶级源源不断地被指向商品社会趋同的中心，并不断朝着这个中心所发出的符号序列、价值秩序和信仰归属等指令运动时，反而会提醒他们离中心点的距离，产生出自我身份确认和认同的需求。霍加特坚信当代工人阶级仍保留着原有民族的文化特质，用两代工人阶级的文化生活，以及"我们"与"他们"生活世界的距离，恢复民族社会内部地方性的文化生活。威廉斯的"感觉结构"同样是在寻找具体时代背景下，民族社会人与人之间共同的思考方式和感觉方式，以及蕴藏在民族内部"活文化"构成的"整体生活方式"。霍尔续写了文化认同基础上的身份认同，认为虽然英国性一直被建构为连贯和"自然"，事实上，"它总是与差异进行着协商。为了呈现出它本身作为霸权实体，它总是要吸收所有的阶级、种族或性别的差异"[①]。他通过对身份差异性的尊重，救赎身份、种族、性别差异性的捆绑。需要指出的是，文化唯物主义者不是要达到差异之间某种和睦的相互关系，更不是同化主体间性，而是用一种宽容的方式对待这些差异，从而建立起积极的民族认同感。他们力图从文化认同上追溯民族的历史和现状，从"他们"与"我们"之间的文化距离、"情感结构"、"身份认同"中，探讨文化如何重现人类对民族理解和认同的过程。

  在文化认同溯源民族叙事的基础上，文化唯物主义学者提出通过文化认同超越种族限定，实现民族认同的思想。第二代文化唯物主义学者在第一代学者开创的文化研究为基础的民族社会、阶级的研究中，结合新时期的文化新景观，拓展了关于种族与民族问题的研究。"如果黑人的主体和经验不是由自然或其他的本质主义保证所定型的，那么它被历史性、文化性和政治性建构就必定是一个事实——适用于这一点的概念就是'民族'，民族这一术语承认了历史、语言和文化在主体和身份建构中的地位，以及全部话语被放置、定位、情境化，全部知识都是语境化的事实。"[②] 在以上霍尔对民族与种族关系的分析中可以看出，种族是基于达尔文物种起源论生物学记号的概念，但又不仅如此，它更多被限制在全球资本主义所框定的种族类别和种族化的范围中，暗含了权力和等级的关系，然而，民族更多的是一种文化概念或者一种文化关系，是基于文化认同而获得自我

---

  ① Stuart Hall. The Local and the Global: Globalization and Ethnicity. Anthony D. King, ed. Culture, Globalization, and the World – System [M]. London: Macmillan Education, 1991: 22.
  ② Stuart Hall. Gramsci's Relevance for the Study of Race and Ethnicity. D. Morley and D. – K. Chen ed. Stuart Hall [M]. London: Routledgem, 1996: 446.

第三章 文化唯物主义语言哲学的意指形态

认同和社会归属的过程。霍尔在对战后英国青年亚文化这一文化新景观做出分析时，将文化融入于"团体和阶级的整体生活方式"，这意味着站在文化的语境中，分析"在体制、社会关系、信仰、道德和习俗、物质使用和物质生活中的意义、价值和观念"①。以文化认同建立的民族认同，可以弱化肤色、种族、族性所带来的具有歧视性和不公正的种族主义，在文化上的宽容和包容心态可以缓和种族关系和种族冲突。文化唯物主义以生活方式的文化理解对人种起源和"起源神话"进行了有效的批判，对重塑种族和文化身份问题具有学术价值和现实意义。

在文化唯物主义学者看来，文化并非超民族的实体，而是民族社会特质的显影。民族社会的存在不是空洞的、形式的和外在的，而是民族内部自发而成和具有内生力的现实生活。而民族社会的内生力主要来自于本民族的文化，来自于对本民族生生不息的文化传统。具体而言，就是那些承载着民族特质的礼仪、符号、语言的文化形态。厄内斯特·盖尔纳就曾指出："从意愿和文化与政治单位结合的角度来给民族下定义。"② 民族形成的原发性力量很大一部分来自于在历史上具有稳定文化的群体集合。霍加特对工人阶级所具有的民族文化特质，写道："绝大多数工人阶级对群氓现象'避而远之'；他们生活在别处，愿凭直觉行事；他们有自己的习俗，依赖于口耳相传的文化习惯；他们的主要文化形式是神话、谚语和仪式。"③ 可见，文化被深深地嵌入在不同民族社会之中，并作为显现民族特质，如仪式、习惯、规则、形式的内在构成。与此同时，文化内在的生成本质上是由共同语言、地域和文化结成的民族实体，通过社会实践活动，达成共同的意义、目的和认同的过程。文化与民族始终缠绕在一起，两者之间的关系体现出了"双向"和相互建构的特征。

对于文化唯物主义而言，文化认同的目的诉求在于构建普通人民的民族意识和民族品性，为增强本民族的文化自信心和民族自豪感获得力量。民族文化通过共同经验、语言、信条、仪式和神话，将本民族的个体和家庭集合在一起，使人

---

① Stuart Hall and Tony Jefferson. Resistance through Rituals: Youth Sub-Cultures in Post-War Britain [M]. London: Hutchinson, 1976: 10.
② 厄内斯特·盖尔纳. 民族与民族主义 [M]. 韩红译. 北京: 中央编译出版社, 2002: 74.
③ Richard Hoggart. The Uses of Literacy: Aspects of Working-class Life [M]. London: Chatto & Windus, 1967: 33.

· 109 ·

们形成了对民族的期望和认同,获得了自我归属的满足感。文化认同具有一种民族情怀,它不同于一般意义上政治秩序和社会规范,而是依赖于实际生活中共同的文化理解和互通的沟通形式。文化认同无疑促成了本民族成员共同忠实于民族内部的信念和价值,有利于加强民族社会的凝聚力。文化唯物主义建构的共同体文化是多流向和多向度的,这种共同体文化不是对民族文化的整合和收编,而是实现和而不同民族社会的繁荣。

在这里需要与本尼迪格特·安德森所提到由印刷资本主义促成的政治共同体之民族的诞生相区别。印刷资本主义是欧洲中心主义的一种演变形式,是世界市场对民族社会整合和收编的有效手段。然而,"共同文化在任何层次上都算不上是一种平等文化,但是共同文化永远都需要生命存在的平等,否则共同经验将失去价值。对于参与任何文化活动的任何人,共同文化都不能加以绝对限制:所谓的机会均等就是这个意思"①。文化唯物主义力图打造的共同体文化,在于尊重民族文化的多样性和差异性,建立典型民族文化和民族社会复兴发展的双向构建途径:一方面,民族社会的发展促使自身典型民族文化的发展,不趋同于文化帝国对民族文化的收编与整合;形成了一整套具有核心符号、信仰和可辨识思维方式的民族文化的独特性;另一方面,民族社会的复兴和发展需要借助共享民族象征符号的民族文化构建本民族成员的民族意识,建立具有本民族自身特质的民族品性。为此,文化唯物主义者在关注民族问题的研究时,不只是在于厘清和分析文化与民族之间的重要相关性,更为重要的是,以一种文化的解释学诠释民族问题,并力图寻找如何建构民族意识和民族品格的具体路径。

文化唯物主义以折射社会关系的语言符码为路径,批判资本与文化结盟的非物质劳动生产。他们将语言意义单元重新放置于经济、社会和政治关系的框架中,用于解释语言折射现实或符号化现实的模式。其一,社会经济结构引发语言符码两种向度的发展。他们从商品化的漂浮能指、符码的指涉意义和符码的社会进程,思考现代性社会语言符码中心化和碎片化的两种向度,揭示资本逻辑的非物质生产对真实世界语义的遮蔽、干扰和扭曲。其二,政治权力结构引起语言符码的不平衡。霍加特的相对主义批判、伊格尔顿的意识形态理论、本尼特从美学

---

① 雷蒙德·威廉斯. 文化与社会 [M]. 高晓玲译. 长春:吉林出版集团有限责任公司,2011:330.

到政治的马克思主义批评,探讨了撒切尔主义等当下政治形态对语言符码的操纵与控制。其三,解码被变形现实语义的符码操作。关注符号生产场域的霍加特、沉思现实语境符号化的霍尔、为语言形式赋予内容的本尼特,力图破解语言符码生产的可能性境构,提出符码操作的新组合方式。

第三节 语言与权力张力结构的话语隐喻

文化唯物主义在面对现代性社会的深刻变化,试图通过语言模式思考深层的社会结构关系。他们认为现代社会结构中,存在着不同层面和不同角度的隐喻关系,需要对社会结构隐喻关系的具体内容、情节和设置进行深入诠释,才能更加明晰社会结构的深层问题。

在分析上述有关"结构主义—文化主义"范式的马克思主义语言哲学的研究中,发现话语隐喻思想包孕了这一语言范式中的核心思想,传达了当代马克思主义借助隐喻研究,探究马克思主义哲学中"经济基础—上层建筑"的隐喻命题,从简单二元对立的隐喻方式,展开了一种构想文化与社会结构、社会与符号之间的新隐喻,由此形成了从古典辞格向话语变迁的新隐喻研究。这种新隐喻研究不同于传统修辞学和诗学意义上的概念,也不同于纯语言学和认识科学意义上的概念,而主要体现出 20 世纪上半叶以来"语言学转向"对文化研究带来的新视野,其逻辑层次体现了从辞格到话语的变迁。

文化唯物主义将结构主义与文化主义相结合,摆脱宏大历史结构的一般叙事方式,借助话语隐喻模式,消解"经济基础—上层建筑"陈旧隐喻关系,并试图解读现代性社会文化结构的新隐喻链条。因此,在文化唯物主义关于隐喻问题的研究逻辑主要包含两个维度的内容:"经济基础—上层建筑"陈旧隐喻关系的埋葬;文化结构隐喻链条的探析。

一、"经济基础—上层建筑"陈旧隐喻关系的埋葬

霍尔在很多公开场合指明"转换隐喻"对当今理论界的重要意义。他认为应当舍弃"经济基础—上层建筑"陈旧隐喻关系,并"迅速移离这种戏剧式的

简单因素与二元对立"的隐喻方式。霍尔提出需要进一步"构想文化政治学",以及"社会与符号之间关系"①的崭新隐喻。

文化唯物主义对第二国际内部兴起的所谓"正统"马克思主义的反映论产生怀疑。这种正统的马克思主义"凝固化和单一化马克思主义概念"②。它将生产力发展状况作为考察一切社会问题的"基础",而包括文化在内的所有其他方面的存在都被归入"上层建筑",并且将"上层建筑"视作对经济基础的一种反映,经济基础作为一种自主的、自决的和绝对的存在。文化唯物主义以"结构主义—文化主义"融合范式的马克思主义,反对正统马克思主义经济决定论,重新思考了"经济基础—上层建筑"的隐喻关系。

对于文化唯物主义而言,第一代与第二代存在着一定的代际差异,在研究范式上有一定的变化。然而,无论是第一代"文化主义"的研究范式,还是第二代"文化主义"与"结构主义"接合的研究范式,都强烈抵制简单的反映论,试图"与经济基础—上层建筑的隐喻进行彻底决裂""并持续不断地对其进行回应"。③ 劳伦斯·格罗斯伯格就认为文化研究正在超越政治经济学的"还原论和反映论",④ 即经济、文化和社会之间的关系是"非常复杂而难以描述"。⑤ 安吉拉·麦克罗比也认为:"从文化研究作为一种反对还原论和经济主义的激进研究方法的浮现开始,似乎这'两种范式'就与马克思主义一同出现了。"⑥

20世纪初,霍加特、汤普森和威廉斯对这种简单的机械唯物主义和文化反映论发起了挑战。他们从对文化概念的重新定义,探究文化的生产意义和文化展示人类生存的意义,反思和批判"经济基础—上层建筑"的单一结构关系。他们反对文化对经济的从属地位。对于他们而言,文化既非社会经济关系简单的反

---

① Stuart Hall. For Allon White: Metaphor of Transformation. David Morley , Kuan – Hsing Chen ed. Stuart Hall [M]. London: Routledge, 1996: 287 – 288.
② Charles Bettelheim. Class Struggle in the USSR: The First Period, 1917 – 1923 [M]. New York: Monthly Review Press, 1976: 19.
③ Stuart Hall. Cultural Studies: Two Paradigms [J]. Media, Culture and Society, 1980 (2): 65.
④ Lawrence Grossberg. Cultural Studies vs. Political Economy: Is Anybody Else Bored with This Debate? [J]. Critical Studies in Mass Communication, 1995, 12 (3): 79.
⑤ Lawrence Grossberg. Cultural Studies vs. Political Economy: Is Anybody Else Bored with This Debate? [J]. Critical Studies in Mass Communication, 1995, 12 (3): 76.
⑥ Angela McRobbie. Post – Marxism and Cultural Studies: A Post – Script. Lawrence Grosseberg, Cary Nelson, Paula Treichler, ed. , Cultural Studies [M]. London: Routledge, 1992: 720.

射物，也非政治权力的派生物，而本身具有一定的结构功能和社会功能，对社会变化和历史进程具有一定的重要意义和价值。他们关注文化的社会现实功能，强调文化在社会结构关系中的作用。

但是，文化唯物主义不同于结构主义者，如索绪尔、列维－斯特劳斯、巴特和阿尔都塞的文化意义。在结构主义者看来，文化的结构性是先于并决定个体经验的客观符号系统。而英国文化马克思主义关注源自现实生活的人的主观经验，由于人的现实生活经验才结成一定的社会关系结构。两者之间存在本质因果关系的倒置问题。英国文化马克思主义认为，人的现实经验是产生社会关系的原因。相反，结构主义认为先天的结构关系决定着个体经验的产生。他们更加符合马克思意义上的社会存在与社会意识之间的关系，强调文化主体的实践活动和主观能动作用。而结构主义忽视了人的主观性，形成了社会结构无主体的纯粹结构关系的研究。

威廉斯对结构主义马克思主义持批判态度，主张文化形成和塑造在时空延伸性的物质关系和社会关系。在威廉斯关于文化的著名论断"整体的生活方式"，就是将文化从利维斯等精英主义的狭隘意义，不断延伸到日常生活实践的意义。

霍加特、汤普森、伊格尔顿认识到"经济基础—上层建筑"线性模式关系中，文化受制于经济的被动状态，强调文化的物质性和实践性。霍尔借鉴了葛兰西关于社会"总体"思想和领导权的复杂性思想，从社会实践的总体上分析社会存在与社会意识之间的问题，消解经济基础与上层建筑之间的二元对立关系。由此，英国文化马克思主义在对旧隐喻关系的批判中，建构了话语隐喻的序曲。

二、话语结构的隐喻链条

文化唯物主义学者从宏大叙事方式转向文化结构的微观叙事模式，研究社会结构中某一群体行动的文化语境，突出符号、仪式、话语和文化实践的意义和作用。这一研究不是为获得自上而下单一链条社会结构的论断，而是对自下而上多重张力的社会文化结构的探究。他们从对"经济基础—上层建筑"陈旧隐喻关系的批判，转向对话语结构隐喻链条的探索。

在分析马克思语言哲学由文化主义范式向"结构—文化"两种语言范式结合的发展过程，文化唯物主义语言哲学逐渐从语言"意义"向语言"意指"研究的跨越，表明话语隐喻研究成为当代马克思主义语言哲学探究被符码编译现代性社会的核心内容。

文化唯物主义学者,对"经济基础—上层建筑"简单决定论,即霍尔所称的"失效隐喻"的批判之后,对20世纪的女权运动、反种族主义、后殖民主义、多元文化主义和身份政治等诸多社会运动所表征话语现象背后的隐喻关系进行分析,提出了他们各具特色建构"文化"与"社会"关系的崭新隐喻,尤其是具有文化实践特质的话语隐喻模式。虽然这些学者之间存在具体研究方式的不同,但是总体上都在于克服经验主义与结构主义的二元分野,借助话语隐喻理论分析语言先验图示和历史经验的关联,从而达至对资本主义社会的批判和对未来社会主义建构的目的诉求,达至马克思主义哲学解释世界与改变世界的统一。

在对话语结构隐喻链条的分析中,文化唯物主义将隐喻作为认识和感官世界渐进地图,把话语隐喻当做物质条件和社会结构的反映,揭示出一定的文化结构影响着语言系统的运作,语言的运动包括生成、传播、收编和整合,预示着政治动态的重要隐喻关系。文化唯物主义学者从不同视角和维度,指明了由不同文化结构所形成语言意指系统的隐喻链条,能指与所指之间的匹配关系。

现代性的号角已经吹向了社会的各个领域,并来势汹汹地席卷着日常生活的每个角落,使我们每位深处现代性社会的一员都无法逃脱它的存在,其中,最为显著的表现是现代性话语形式的新变化,原先带有明显地域风情和生活特质的话语被这股浪潮冲击得几乎无影无踪,话语的使用不再拥有特定的人群,而成为人们争先恐后引用当下最流行用语的聚集地。但是,在现代性为语境的固定形式的话语传播中,霍加特转向话语多元性的发展,将话语置于栩栩如生的历史语境进行分析,突出"生活特质"话语实践。正如《圣经》永远不可能竣工的语言巴别塔所指的那样,人类的语言充满了无尽的丰富性、差异性、异质性。在现代性社会中,搭建新的话语实践模式成为霍加特文化实践最为倚重的力量。

文化唯物主义认为,在现代性的话语活动中,话语的实践本质、话语总体性的发展,不断地遭受到碎片化、同一化商业用语的覆盖,不确定的他者、外来语成为现代性话语的主要特征,话语的历史语境被忽视,致使总体性的话语特征丧失。为此,霍加特试图回归话语的实践本质,恢复话语使用者的主体地位。他立足于文化实践本身,将新的话语特征作为文化实践的微观缩影或者微观模型,从话语内部深入探讨文学与社会、文本与社会、新媒体与社会之间的相互关系,应用话语的实践本质、中介性促进文化实践主体的能动性和文化实践主体之间的交互性，为文化实践的有力施展提供具体的方法和途径。

文化唯物主义以话语实践作为文化解读的方式，对精英主义文化观和相对主义文化观进行的反思与批评，体现出文化的普遍性与特殊性、文化多样性与文化内在规定性、文化主体与文化客体之间的辩证关系。正如前面所言，霍加特认为，精英主义特权文化、相对主义同质文化，正是对话语实践本性的遮蔽。霍加特倡导话语的实践本性其目的在于消解孤立、特权的文化，抵制文化的平均化、同质化，强调内在于生活的文化，突出话语实践的建构意义。

第一，文化唯物主义认为，无论是精英主义还是相对主义都试图消解普通话语使用者的主体性。话语是文化构成为意义单位，不同类型的文化观所主张的话语权大相径庭。霍加特深度剖析了阶级与话语权的问题，在他看来，精英主义的文化观将话语权掌控在他们自己手中，以精英话语的特权性和强权性剥夺普通人民的话语权。霍加特将文化的动力机制——话语实践作为批判精英话语权的利器，强调话语的多样性、具体性，深入工人阶级的文化生活，以工人阶级特有的言辞肌质、生活图像、观点态度，为工人阶级争得一定的话语空间。

同时，文化唯物主义反对过于强调边缘主体的话语权。话语使用者的多元化发展，势必对专制文化的消解和文化多样性的促进有着无可厚非的巨大作用。但是，如果过分强调边缘群体的力量，主张文化的绝对平等和片面凸显文化异质性的发展，容易导致极端主义的出现。霍加特主张话语多样性发展，与边缘群体观过于强调文化的异质性有着本质区别，他力图将工人阶级作为文化主体不可分割的一部分，与精英人士等其他话语实践者一起构建文化的共同体。

与结构主义的语言学不同，文化唯物主义更加强调话语的现实意义和社会意义。结构主义关注语言的生成问题，试图从大量的经验事实中挖掘语言内部的深层结构，强调结构作用和意义。霍加特也强调话语的客观性和内在的规定性，但他将话语的意义和价值形成于经验生活之中，主张只有在属人的世界，话语才有意义和价值。

第二，文化唯物主义认为，精英主义和相对主义试图遮蔽话语实践者自身的建构意义。在他看来，精英主义者经常利用新教伦理和中产阶级的文化教养来教化工人阶级，工人阶级往往找不到文化的自我存在感和认同感，因为这种文化缺少与日常生活的联系，是一种外在于人的产物、脱离生活的产物。霍加特反对精英主义对工人阶级的外部教化，并认为这种教化的目的在于麻痹人们的阶级意识，使人们失去了自主的判断能力，他写道："我们接受的教育都是灌输式的，没有参与性的、激发思考和讨论的东西。"①霍加特深刻地意识到话语实践与教化之间的区别，认为英国目前的某些教育体制是对个人创造力和判断力的扼杀。

文化唯物主义对现代性所催生的大众文化进行了深刻的分析。他认为，人们急需摆脱现代性这样一个极度空虚、迷失自我的世界，重新回归"真正人民的世界"②。大众文化均质化的发展不仅是对话语多样性和具体性的遮蔽，更是对某一文化所代表主体存在性的威胁。霍加特认为，无论是精英文化还是商业文化都属于"加工"文化，是一种外来植入式的言语表达。他强调话语自身内部的发展和话语使用者自我意识的真正解放。

为此，文化唯物主义强调了恢复话语的使用性。他一再强调文化主体的文本批判意识，倡导"语言的使用""识字的用途""文化的用途"，而"用途"本身即代表了对文化的积极观照与参与，科学合理的文本批判有利于文化生成的良性发展。正如伽达默尔所讲："不仅世界只有在它进入到语言的范围内才是世界。而且语言也只有显现在世界中才具有真实的存在。"③霍加特以话语实践为核心，引领人们再次走向日常生活文本，文化客体不再是亦真亦幻的虚拟世界，而指向了人们真实存在的现实生活，实现了文化主体与文化客体从无论是精英文化还是商业文化所造成的二元对立的局面，向主客体的统一和整体文化生成的转变。某种程度上，霍加特的话语实践优化了文化结构，使文化不仅存在于表征系统之中，而且作为实践系统而获得更为丰富的意义和价值。

实际上，文化唯物主义力图通过话语实践探寻文化生成的生命意义。他的文化内涵中体现着文化生成的生命意义，而话语实践正是文化生成生命意义的具体展现。霍加特对话语实践的思考体现出对话语多样性和内在规定性辩证意义的探寻。霍加特从话语特征探究文化的生成，以普通文化实践者自身的言说艺术、陈述方式、阅读经历来展示他们对文化的理解和创造，从而打破传统文化、现代性文化的话语形式对普通文化实践者的限制和束缚。

---

① Richard Hoggart. A Local Habitation:1918 – 1940, in A Measured Life:The Time and Place of an Orphaned Intellectual [M]. London:Lawrence & Wishart Ltd., 1988:147.
② Richard Hoggart. The Uses of Literacy:Aspects of Working – class Life [M]. London:Chatto & Windus, 1967:72.
③ 伽达默尔. 真理与方法 [M]. 洪汉鼎译. 北京：商务印书馆，1999：443.

第三章　文化唯物主义语言哲学的意指形态

人类发出的话语信号主要通过口头和书面两种途径，传统话语研究着重于书面语的分析，而现代语言学开启了对口语的关注，并达成了口语是话语存在的最基本形式的观点。口头话语不同于写作话语，写作话语通常将所要表达的内容和思想放置于某种隐性关系之下，而萦绕于口头的话语则通过音色、声调、发音、言辞可道出发音者的社会地位和个体特征，以及与听话者之间的相互关系。在霍加特看来，普通人民将口头话语发挥得淋漓尽致，他们轻松地运用口头语言表达智慧、观点和态度，讲述着工人阶级之间共同的经历和感受，用看似平庸的话语传达着他们的生活特质。霍加特认为，辨识度很高的工人阶级的话语回荡在日常生活之中，呈现出工人阶级特有声音变奏曲的曼妙，口头话语正是工人阶级话语特征的重要表现形式。

在文字经济化的时代中，话语特征最直观的表现形式，即口头陈述像失去声音一般地远望着文字化的迅速发展，文字化的呈现方式不仅绝对占领着人们的阅读空间，而且强制性地占有着人们的有声世界，文字的有声世界借助广播、电视、网络几乎遍布世界的每个角落，生活世界被有声和无声的文字包裹着，人们愈发变得沉默寡言，口头话语也越来越变得局促而了无生趣、平淡而毫无特质。霍加特将那些被封存起来的日常生活的口头话语、民间话语再次打开，重新回到话语特征的真正地带。

随着 20 世纪对日常生活世界的转向，很多学者开始致力于日常生活解读，使理性趋向于日常生活的回归。在维特根斯坦日常语言的哲学分析中，体现了日常语言与哲学思维的有效嫁接，并提出了有关"语言游戏"的著名论断，强调日常语言的科学性。语言游戏说在于指明日常语言的规则性。相比之下，文化唯物主义的日常生活话语分析完全是另一种构造，他们注重历史的真实性，大量运用具体的话语事实和话语素材，并没有借助任何理论模型或者专家系统，建构话语分析的科学理性化的大厦，而是从日常话语的"内部"勾勒日常话语的图景。霍加特在《日常话语和日常生活》一书中，记录了有关 20 世纪 30 年代英国北方工人阶级的 150 个日常俗语来阐释日常话语的特征。霍加特在阐明他的日常生活话语分析时，提到"要着眼于特定时间、地点、人群的日常话语习惯，而非字典学和语言学的提炼"[①]。他对日常话语的分析仍然保留着挥之不去的经验主义特

---

① Richard Hoggart. Everyday Language & Everyday Life [M]. London: Transaction Publishers, 2003.

质,立足于工人阶级日常生活的巨大宝藏,在特定的话语情境、背景、特性中探寻日常生活语言。

霍加特认为口头话语是阶级特征和社会群体特征的重要表现形式。"当我们张嘴说话时,就会表现出我们对某些习语和短语的偏好;会对不熟悉的话语打马虎眼,除非不得不说才会使用。"① 霍加特认为共同话语存在于不同的社会阶级,话语与社会阶级之间具有一定的内在关系。正如乔恩·尼克松认为:"霍加特后期的作品,特别是《最初与最后的事》《日常语言和日常生活》明确地回到了他早期的研究主题:语言与阶级、家庭和睦邻,以及他所称的'令人惴惴不安的联合'——资本主义和民主主义。"② 霍加特在对口头话语分析时,将其放入不同阶级的语境中,认为不同阶级使用的口头话语是不同的。例如,霍加特曾提到"野蛮"一词,对于工人阶级而言很少会使用这样的词语,因为这种表达不属于工人阶级的习惯用语,而属于"他们"世界中的惯用词。霍加特指出,通过思考特定群体持有短语的不同,可以更好地了解这一群体是如何看待或回应社会生活中最重要和最基本的问题,因为这些习惯用语暗含着群体的生存状况和文化生活等内容。

霍加特分析了工人阶级日常口头话语的特征。一方面,霍加特认为普通人在讲话时不会像政客那样特意预先设计好或事先酝酿好所要表达的内容,普通人的表达是简单和无意识的,就像多米诺骨牌那样自然地发生,他们经常会脱口而出。普通人在讲话时,他们很少表达出包括主谓宾等完整结构的句子,而会直接地用一个简单而有情感色彩的形容词来表述他们对事物的态度或看法。正如斯特劳森认为主谓之间不存在严格意义的对应关系一样,日常话语的用法更是如此,在很多情况下,日常话语经常以形容词名词化作为表述的主词,但是实际生活并没有这个形容词所对应的事物,而是将事物与其性质、特征、品质直接用形容词概括表达而成。工人阶级的日常话语如果用"语法的标准"难以做出分析,因为日常话语形式并不符合传统语言规则的逻辑形式。另一方面,工人阶级的日常语言不同于其他阶级的表述方式,他们的话题经常围绕着日常生活主题展开,例

---

① Richard Hoggart. Everyday Language & Everyday Life [M]. London: Transaction Publishers, 2003: 1.
② Sue Owen. Re-reading Richard Hoggart: Life, Literature, Language, Education [M]. Cambridge: Cambridge Scholars Publishing, 2008: 31.

第三章 文化唯物主义语言哲学的意指形态

如出身、婚姻、生儿育女、生老病死等,他们身上留有"肌肉发达语言系统的残存"①。"因为传统社会是由习俗而不是理性来掌控,每一代人都不加批判地接受祖先们传下来的东西。"② 对于工人阶级而言,口头话语承载着一种记忆术,他们有时像"计数机一样滴滴答答地"记录着"旧语音形式"③。尽管文字记忆会更加准确无误,但是工人阶级的大量"神话、仪式"很少用书写的方式记录下来,而直接会用话语的形式传承下来,因为这些话语直接内化于他们的生活,况且文字有时很难表现口语独有的音韵特色。

文化唯物主义绘制了一幅口头话语的盛宴。在描述口头话语时,他常常会伴随一连串的日常生活情境,将口头话语与日常生活的所思、所想、所感交织在一起。他认为,普通人民机智的话语表达特别涌现在他们对习语和谚语得心应手的使用中,例如"大海捞针""趋之若鹜""冰山一角"等,这些表达既没有完全依照限定的语法规则,也不会刻意采用晦涩难懂的修辞手法,而是源于对日常生活实践生动的概括和凝结,因此民间话语通常形象而诙谐,不会让人产生生硬和无趣感。在霍加特看来,现代性的话语形式,例如事先打包好的广播电视节目,通常是一种陈词滥调的表述,将话语特质和话语对象抛在脑后,用一种"被打磨"的语体风格进行某一规定性的陈述,而失去了话语应有的特质,但是"日常生活所使用的格言、警句、箴言、谚语、习语、惯用语,让我们无意识地躲避了这种毫无特质的话语表达"④。日常生活话语的使用可以确保微观话语实践者的存在,成为他们避免陷入某种既定话语秩序的重要形式。

在霍加特看来,工人阶级文化更多以口述语的形式记录着工人阶级的文化传统,并续写着工人阶级的文化特色。霍加特试图通过对文化实践最为直观的口述语的分析,阐释口述语作为文化活化石的重要作用。工人阶级的口头陈述可以尽显出他们原汁原味的文化特色,这种特有的口头陈述不仅是一串简单的字符,而且承载着工人阶级的日常生活片段和历史文化的沉积。

霍加特聆听工人阶级日常文化的心声很重要的来源就取自于工人阶级的口头陈述。他举例说明了工人阶级经常使用的口述语,"'滚石不生苔,转业不聚

---

①③ Richard Hoggart. The Uses of Literacy: Aspects of Working-class Life [M]. London: Chatto & Windus, 1967: 14.

② 杰克·古迪. 神话、仪式与口述 [M]. 李源译. 北京:中国人民大学出版社, 2014: 62.

④ Richard Hoggart. Everyday Language & Everyday Life [M]. London: Transaction Publishers, 2003: 4.

财','走南闯北,家最好','不要轻易浪费时间'"①,这些朗朗上口而又蕴含着丰富人生经历的口述语,体现出工人阶级口耳相传的文化特征,表现出工人阶级的生活观和民间智慧。霍加特认为,世代流传于工人阶级中间简短而诙谐的名言警句反映出工人阶级的文化盛宴,这些丰富的口头文化"更加符合来自日常生活所引发的想象,它们值得被称为'最令人难忘的言语'"②。霍加特认为日常口头陈述包孕工人阶级最丰富的文化情境,书写着工人阶级日常生活的种种"片刻"。工人阶级口头陈述即包含着工人阶级从前的种种和蓄意以后的种种,是历史文化的活化石,体现着文化动态的演进过程。霍加特认为工人阶级的"名言警句很少呈现复杂的结构,因为那样的话语并不存在于他们生活的世界"③。霍加特以日常口头陈述的内容和风格体现出工人阶级历史文化的丰富内容。

工人阶级的口头话语是一部鲜活的工人阶级日常文化史。霍加特对工人阶级的分析跳出了阶级结构的理论化度量,并没有采用阶级批判的口吻直面痛斥阶级不平等的种种现状,而更多地试图真实再现工人阶级的生活,使原本平平淡淡的日常生活显现出来,使人们真正体悟到阶级结构对工人阶级的束缚和压迫,以及工人阶级内部如何抵制和应对这种不平等的社会构成。这正反映出霍加特开创民族志研究的核心所在,将对历史、文化、社会的研究共同交织在日常生活之中,不同于围绕君主、伟大人物、历史大事件传统文学的研究,而自觉回归到日常生活的探索。而源于工人阶级自身内部的口头话语则体现出日常文化无比丰富的潜能,蕴含着工人阶级文化生活的每一个细节和每一个层面,是走入工人阶级文化深处的窗口,表达着工人阶级的习惯准则、人生态度和价值信仰。

霍加特面对日益严重的文化失语现象,即微观文化主体话语实践能力的减退进行了分析。"目前为止,英格兰北部二三十年代具有凝聚性的工人阶级话语正在被均质化。最终就会像一幅色彩绚丽的绘画一样因褪色被随意地丢放在一边。"④ 在文化全球化不断加快的发展中,与个体生命息息相关的文化历史之根在不断地流失。霍加特以自身的经历写道:"我不能确切地辨别出哪些属于本地区原有的话语风格、哪些又是外来移民的,或许可以区别开来,但是目前它们一

---

① Richard Hoggart. Everyday Language & Everyday Life [M]. London: Transaction Publishers, 2003: 7.
②③ Richard Hoggart. Everyday Language & Everyday Life [M]. London: Transaction Publishers, 2003: 9.
④ Richard Hoggart. Everyday Language & Everyday Life [M]. London: Transaction Publishers, 2003: 10.

第三章 文化唯物主义语言哲学的意指形态

同融入了利兹当地的话语中。"① 霍加特十分珍重工人阶级特有的话语特征,并力图"保护口述话语的色彩"②,因为这些蕴含着工人阶级日常生活的口述话语,能够传承工人阶级世代相传的文化遗产,留住工人阶级文化历史之根,留住工人阶级家的方向,使工人阶级吮吸自己的文化生命之水。霍加特认为,对于工人阶级而言,面对这样一个纷繁复杂的现代性社会,必须为提高识字能力做出努力,只有这样才能真正避免工业社会的文化掠夺。

当然,文化唯物主义所提倡的工人阶级自身文化的发展并不是一个封闭和完全独立的文化自制系统,随着社会生产和生活的变更,工人阶级的口头话语会不满足停留在原先特定用法和含义中,会不断地调整和适应当前社会的发展,观照当下的语境。无论是文化全球化的发展还是文化差异性的共存,彼此之间是一个双向化的相互交融的过程。虽然文化全球化不断打断民族化、区域化的文化差异性的发展,但是与此同时,由不同风俗习惯、地域风情、群体意识所构成的文化差异性,正以弥撒的、微观的、具体化的形式存在于文化全球化的热浪中。

霍尔将结构主义语言学的理论洞见融入了他对语言符码的思考,从隐含的结构代码获取意义。在霍尔看来,语言与话语不能直接反映对现在社会的理解,往往会设置对社会意义表达的一种幔帐。正如葛兰西提出的语言结构思想一样,即特别是不同语法类型的分析都是对霸权的隐喻,将语言用作社会和政治关系的隐喻。霍尔借鉴了葛兰西的语言结构和隐喻研究,提出了具有个人鲜明特质的隐喻研究。霍尔吸收了这样的观点,并进一步思考了文化结构隐喻的链条。其中,包括对身份政治学、共知识分子与内在后殖民主义两个身份的隐喻式对话的研究。

第一,"身份"的隐喻问题:身份关系处在文化结构的隐喻链条之中。在霍尔看来,身份是话语权力控制下主体的自我想象,是主体与话语权力接受、对抗和妥协的结果。身份认同"源于对自我的叙事化。尽管这一过程的本质必然是虚构的,不过绝不会破坏它的话语的、物质的或政治的功效,即便是身份得以'缝合到故事里'的归属部分处于想象(以及象征)之中,因而总是部分地建构在幻想之中,或者至少建构在幻想领域之中"③。身份的定位和认同取决于文化结

---

①② Richard Hoggart. Everyday Language & Everyday Life [M]. London: Transaction Publishers, 2003: 10.

③ Start Hall, Paul du Gay. Questions of Cultural Identity [M]. London: Sage Publications Ltd., 1996: 4.

构以及人与人之间的文化结构网。

第二，共知识分子与内在后殖民主义两个身份的隐喻式对话。霍尔用兼有自传体形式对"加勒比流散群体"的分析，以共知识分子与内在后殖民主义两个身份的隐喻式对话，形成了霍尔独特的流散叙事方式。

霍尔在对马克思主义语言哲学关于隐喻的研究中，借鉴了葛兰西的霸权隐喻思想。葛兰西在批判布哈林用概念的纯粹隐喻性对马克思和恩格斯"内在性"解释的基础上，把整个语言视为连续不断的隐喻过程，并形成了至关重要的霸权的隐喻思想。

伊格尔顿对话语理论的研究，来自于他对修辞学、隐喻、寓言和文学批判的研究。第一，他从语言修辞学的视角探究了话语理论问题。在他看来，"修辞学是一种元话语（Meta - discourse），描述一切语言模式成功交流的程序"。对话语理论的探讨，离不开修辞学研究。话语产生意味着交流和交互的过程，蕴含着一定的修辞关系和隐喻关系。"修辞学是一种话语理论，它与古代城邦的政治、法律和宗教体制密不可分。它诞生于话语和权力的交叉处。"① 修辞学的话语存在话语与权力的张力结构。正如尼采所述，修辞本身是语言最真实的本质。伊格尔顿分析了修辞学的发展过程，指出修辞学发展是一个逐渐衰退的过程，在古希腊时期，修辞学是每个市民都应该具备的能力，它用来教会每个市民很好说话。但他认为，在罗马帝国晚期，修辞学就开始蜕化成单纯的文学技巧。就目前而言，修辞学属于经院哲学，不再属于公共领域一般的能力。为此，伊格尔顿认为对话语真实的理解和运用就应当回到修辞学中。他认为，所有语言经过隐喻、转喻、提喻等过程，语言变得不可靠了。

第二，伊格尔顿进一步分析了话语理论中的隐喻问题。对形式主义语言学"陌生化"的分析，批判了内容只是形式"动因"头足倒置的关系；对话语隐喻的研究，不但突破了语言形式与内容之间的距离，同时以话语隐喻介入社会文本的分析，探究了复杂话语关系所折射出的阶级、地域、性别和地位等社会结构关系。伊格尔顿以文化批判家的身份对结构主义展开批判，探讨了关于当代大众文化中阶级与隐喻、作为社会关系隐喻的技术等问题，将语言隐喻模式应用于对广阔社会文化语境的分析。

---

① 特里·伊格尔顿. 如何读诗［M］. 陈太胜译. 北京：北京大学出版社，2016：13.

伊格尔顿用"镜子的隐喻"和"语言的换喻"来说明语言链的产生和人类语言思维的形成。"我们也可以把照镜这一局面读为一种隐喻：一项事物（幼儿）在另一项事物（映像）中发现了一个与自己相似者。"① 伊格尔顿借助"镜子隐喻"用来说明，能指与所指之间必然不是完全的同一或一对一的关系，而受到当时具体语境而生成的关系。能指与所指之间存在着意义的在场或者不在场，或者出现语言的替代事物。"所有语言都以某种方式是'隐喻的'，亦即它以自己来代替对于事物本身的某种无言的直接占有。"② 他进一步分析了语言能指与所指的关系过程，指明语言世界是一个不断从一个能指向另一个能指的移动。他指出："语言之所以是'空洞的'是因为它只是一个无穷无尽的区别与不在的过程：代替对于任何一个事物的完满占有，孩子现在将只不过是从一个能指移向另一个能指，沿着一条语言链，一条可以是没有尽头的语言链。一个能指蕴含着另一个能指，另一个又蕴含着另一个，如此以至于无穷：镜子的'隐喻'世界已经让位给语言的'换喻'世界。"③ 因此，人们所处的语言世界是一个充满无穷变化的换喻转化的世界。

第三，伊格尔顿用巴罗克寓言能指的辩证结构指明了物质性与意义之间的不对称性。伊格尔顿在《瓦尔特·本雅明或走向革命批判》中，指明了寓言的复杂性和具有的深刻洞察力。他指出："寓言的能指不仅仅是即将被知晓的事物的一个符号，而且其本身即是一个值得了解的对象：它的指称力量和它复杂的实体性是不可分割的。"④ 巴罗克寓言能指结构声音与文字的对峙，产生了意义与物质性之间鸿沟。他指出："这种词语的物质主义表现得最明显的莫过于巴罗克式的'堕落后'语言。事物和意义越是独立，寓言意欲重新结合它们的物质操作之笨拙就越是明显。"⑤ 他进一步分析了巴罗克式人物展示出的商品的双重结构。这种巴罗克式的商品是一种平滑的、同化的和不带任何社会生产关系印记的商

---

①② 特里·伊格尔顿. 二十世纪西方文学理论 [M]. 伍晓明译. 北京：北京大学出版社，2018：145.
③ 特里·伊格尔顿. 二十世纪西方文学理论 [M]. 伍晓明译. 北京：北京大学出版社，2018：180.
④ 特里·伊格尔顿. 瓦尔特·本雅明或走向革命批判 [M]. 郭国良，陆汉臻译. 北京：商务印书馆，2015：5.
⑤ 特里·伊格尔顿. 瓦尔特·本雅明或走向革命批判 [M]. 郭国良，陆汉臻译. 北京：商务印书馆，2015：24-25.

品，是一种停滞状态。

对话语隐喻不同场域的分析，在于再现语言的历史、无意识的历史、社会制度和习俗的历史和大众文化背后的历史。分析这一思想的理论路径，指明这一研究范式关注隐喻符号系统的现实场域，分析话语隐喻的不稳定性和多重话语建构的复杂性，例如，20世纪的诸多社会运动，如达达主义、女权运动、反种族主义、后殖民主义、多元文化主义和身份政治，分析这些运动所表征话语现象背后的隐喻关系。复杂话语隐喻的政治含义（微观政治）如，"多元决定论""符号学""后殖民主义""新全球霸权意识形态侵略"的产生根源。詹姆逊分析审美语言与批评语言代码之间的距离。

文化实践"正指向"世界的隐喻关系：从语言生成的实践本质和基于历史唯物主义的语言生成思想的两个视角，阐释了文化实践"正指向"世界的隐喻关系，探究源于社会生活模式沉淀而成的语言用途，强调实践活动生成语言的意义。汤普森分析了语言符号构成的实践意义。在此基础上，从搭建话语实践模式和提升话语实践能力，彰显话语实践模式对语言生成生命意义的关怀。话语隐喻的目的旨归在于对社会新秩序的建构。话语隐喻包孕文化能量和特性的暗指，对其分析可以总观文化的形态和内在意义的联结，将单一社会结构溶解于流动的言语符码中，从线性的政治权力关系转向言语符码多层次性的社会治理分析。

第四章　文化唯物主义语言哲学理想社会新秩序的建构

"语言没有固有的历史,并不是以音位、语素、句法的历史构成某种特定的语言。语言的历史是整个社会过程的历史,必须从社会的整体视角去思考:它是文化的历史、各社会阶级的历史,它写在常识(也拥有历史)——陈词滥调、隐喻、话语转化、语法化过程之中。换句话说,语言的历史只能是一种整体实践的历史。"① 文化唯物主义在聚焦历史文化语义学的同时,正视作为实践活动的语言观,将语言生成定位于整个人类社会实践之中,强调语言具有的实践属性,形成了折射社会总体性的语言实践生成理论,为解决社会矛盾提供了现实途径。

第一节　洞见文化社会关系的语言政治研究

文化唯物主义并非某个政党组织,也没有固定化的政治口号,然而他们积极汲取具有创造力的政治观点,形成了组织松散的"边缘化政治组织"②。他们将政治语言哲学作为达至政治诉求和追求理想社会的突破口,在深入阶级、文化权力关系、社会治理和理想社会的问题时,不再简单局限于"经济基础—上层建筑"之间反映论的关系,而是将文化、语言、符号加入其中,实现政治图景多维化的理解和建构。他们借助语言政治哲学,深入现实的社会生活,从而洞见文化社会的权力关系,发挥语言用途的政治功能,力图实现变革社会的意义和价值。

---

① Jean-Jacques Lecercle, Denise Riley. The Force of Language [M]. Sheffield: Palgrave Macmillan, 2005: 117.
② 迈克尔·肯尼. 第一代英国新左派 [M]. 李永新,陈剑译. 南京:江苏人民出版社,2010: 5.

虽然不可否认第一代、第二代文化唯物主义思想理论的差异性，但是不管是第一代文化唯物主义以文化唯物主义为旗帜，将文化作为变革社会的利剑，还是第二代以结构主义转向为特色，强调意识形态、社会、语言的政治意义，本质上两者之间具有一定的继承关系，体现了两代人共同的革命立场和政治愿景。

第一代文化唯物主义将当下的政治现状与英国传统文化根基相结合，摆脱正统马克思主义理论的历史局限性，重新思考社会主义的基本原则和未来出路。消费主义的兴起成为潜在政治格局的颠覆者，此时，无阶级成为消费主义环境滋生的产物，阶级衰落的观点就此形成。文化唯物主义回归阶级问题在社会发展中重要性的思考。他们认为，工人阶级作为社会政治景观的重要组成，不仅表现在经济层面或政治运动的阶级类型划分，更重要地表现在作为一个独特文化结构的存在。他们以文化的平等性捍卫工人阶级的利益，凸显了平民政治的特点，呈现了 20 世纪英国社会主义的思想特征。在他们看来，现存社会的不平等不仅是经济上的不平等，更是文化上的不平等，并且对于工人阶级而言，社会的不平等正在加剧。他们从文化上寻求战略，挖掘承载普通人民语言特质的文化政治功能，关注社会政治改革运动中微观主体的力量，对当代政治进行干涉。

汤普森认为，当代社会结构的重要母体是大众文化，对大众文化的分析可以深入理解当代社会结构中隐藏着的资本主义社会关系。威廉斯坚持主张，一个良好的社区、一种活的文化……不仅提供一个空间而已，而且能够积极鼓励每一个人，让其间的任何一个人都可以为共同所需的进步意识提供自己的力量。他提出一种具有社会总体性预设的文化政治理论，力图在政治上动员社会各阶层的广泛参与。霍加特、威廉斯倾力于对工人阶级社会生活的"深描"，分析他们表达政治态度共享的习语，以工人阶级特有的言辞肌质彰显他们的政治意识。这样使得语言的政治功能从隐形显现成为显性的政治哲学分析的关键部分。第一代英国新左派将源自于经验性的语言特质看做是群体共享认知的标示，探究了群体认识世界以及达成社会秩序的过程。

以霍尔为代表的第二代文化唯物主义，力图为第一代人的努力寻求进一步的理论依据，在此基础上进行了经验主义与结构主义的嫁接。他主张，不必为这些失效的隐喻而悲叹，因为文化研究正在"迅速移离这种戏剧式的简单因素与二元对立"的隐喻方式，它需要一种"构想文化政治学"、虑及"'社会'与'符

第四章 文化唯物主义语言哲学理想社会新秩序的建构

号'之关系"① 的崭新隐喻。他着力从意指,即语言的运作,洞见文化社会权力,分析社会潜在的深层结构。霍尔在受到阿尔都塞《保卫马克思》的深刻影响下,开始了结构主义的马克思主义转向,并将这种范式转向沿用到了他一直关注的媒体研究中。他认为,这种范式转向对于媒介研究而言具有理论革命性的意义,这种变革的核心则是意识形态、社会、语言的政治意义、符号和话语政治学的再发现。这种再发现主要表现在,作为囊括表征、图像、符号的意识形态,定义了"社会形式和情境",形成了生产意义的规则,并"为我们提供了'理解'社会关系和自我处境的工具"②。在此基础上,霍尔综合了葛兰西的文化霸权思想,突出"积极而有机的意识形态"③ 的作用,试图打破权力关系固化产生语义链条的束缚,再构社会主体阶级意识形态斗争的活动。

正如沃洛希诺夫所指,"符号成为了阶级斗争的舞台"④。语义的生成一方面受到语词固定含义的作用,另一方面又在社会权力关系中产生。无论是结合社会历史经验的阶级语言探源,还是意识形态话语生成探究,第一代和第二代的英国新左派都认识到了语言政治哲学的意义和价值,力图变革精英主义既定的语言序列,变革消费社会相对主义的语言运作逻辑,通过语言实践主体具有辨识度的意识形态话语的生成,引导构筑变革经济、文化、政治整体社会力量的运行方式。

一、"语言分析"关涉社会政治结构的研究

在当代西方政治哲学错综复杂的理论频谱中,文化唯物主义自20世纪中叶形成至今,立足于社会政治变迁的现实语境,将文化作为政治理性选择的着力点,变革大政治静态范畴的样态,书写政治系列关系的小叙事。其思想主要体现了"文化分析""语言意义""文化—结构"融合的文化政治哲学的研究趋向,实现了结构与文化、文化与政治相结合的连续统,体现了当代西方政治哲学新的发展方向。

在摆脱政治与文化泾渭分明划界的传统思想后,早在20世纪五六十年代,

---

① Stuart Hall. For Allon White: Metaphor of Transformation. David Morley , Kuan – Hsing Chen ed. Stuart Hall: Critical Dialogue in Cultural Studies [M]. London & New York: Routledge, 2005: 287 – 288.
② Stuart Hall. The Whites of their Eyes: Racist Ideologies and the Media. George Bridges, Rosalind Brunt, ed. , Silver Linings [M]. London: Lawrence & Wishart Ltd. , 1981: 31.
③ Stuart Hall. Cultural Studies: Two Paradigms [J]. Media, Culture and Society, 1980 (2): 69.
④ Volosinov, V. N. Marxism and the Philosophy of Language [M]. Seminar Press, 1973: 23.

文化唯物主义就提出了文化概念的政治哲学分析架构，力图彰显文化的政治性功能。他们从文化是如何被建构入手，折射文化被社会构造而又构造社会的双向作用力，对文化进行独特概念化方式和特定分析方式的研究，实现了文化分析介入社会结构的分析。

首先，社会政治发展的现实状况呼唤文化分析的介入。文化唯物主义突破了政治哲学的边界，将文化分析作为介入当代社会结构研究的重要路径。这不仅是当代政治哲学理论研究的新取向，同样是历史趋势的必然选择。20世纪，保守主义和新自由主义将社会主义渲染成与苏联共产主义、凯恩斯主义和极权主义联系在一起的"红色恐怖"主义。加之，1989年柏林墙的倒塌一度成为"真正社会主义"终结的有力标志。更为重要的是，"新阶级斗争再次显现了资产阶级文化在由默多克和撒切尔共同主宰的：政治、行政、艺术、教育、娱乐、电视和报纸任何社会领域的优势"①。"冷战"爆发和一系列政治事件的发生，使整个世界对社会主义倍感失望，文化唯物主义试图拯救失去的社会主义声音，从当时绝大多数的人们对社会主义的普遍质疑、不满，甚至绝望的哀怨中摆脱出来，开始重新思考社会主义的出路和前景。在他们看来，第二国际所奉行的社会主义道路，以及"大政府"对经济干预的社会主义是对社会主义理解和认识的极大误导。他们拒绝苏联极权模式的社会运行方式，把文化作为分析当代社会结构的重要研究维度，为构建理想社会主义寻求新的契机，思考如何促进社会公平、正义的发展，关注社会政治改革运动中微观主体的力量，强调从文化转向的视角探讨社会主义的意义和价值，由此形成了文化唯物主义的社会主义新图景。

其次，文化塑造群体认知社会结构运行的想象。霍尔指出："很大程度上，撒切尔主义是关于常识的再造：其目的是打造这一时代的'常识'。'常识'形成我平凡的、实用的和日常的思想，像我们呼吸空气一样自然。它在实践和思想中被简单理解为'理所当然'，并形成了每个人对话开始的前提（无须核实和质疑）……每种意识形态希望从历史归入自然，从而变得不可见，成为无意识运作。……然而，常识无论看起来是否自然，总是过去的痕迹和未来哲学暗示的一种结构或是一系列历史。"② 这里所指的"常识"意指文化，它影响着群体持有

---

① Auberon Waugh. Now we are Fifty [J]. The Spectator, 1989 (12): 2.
② Stuart Hall. The Hard Road to Renewal [M]. London: Verso, 1989: 8.

第四章 文化唯物主义语言哲学理想社会新秩序的建构

社会秩序的想象,形塑着群体关于政治理念的表达和仪式活动,从而进一步成为构成群体政治主张和政治价值观的重要因素。文化唯物主义探讨统治阶级如何以文化意识或文化霸权,将某种世界观强加给普通人民,并渗透到日常生活的所有方面。在他们看来,撒切尔主义看似是一种消费主义,但其本质远远超出了这一所在,更为重要的是,它把个人利益放置于社会策略的中心,组织个人道德为中心的社会观。为此,他们认为这一历史的当下,有必要重新思考马克思主义理论,并对英国社会的政治和文化进行重新记录和释读。文化唯物主义的早期研究工作就主要围绕于此,例如,汤普森从历史文化学视角对英国工人阶级形成的分析,霍加特以民族志研究关注工人阶级社会生活变迁的微观场域,威廉斯通过历史的背景脉络理解记录社会过程中附有意义的"关键词"。在以上文化唯物主义众多的理论和著作中,其关键在于赋予文化一种政治权能,以工人阶级具体日常文化生活塑造和再塑造反抗霸权的能力。按照工人阶级共享的经验、价值、传统和仪式,将渗透于所有社会生活之中的文化,作为提供考察社会内在结构的重要构成。文化唯物主义牢牢扎根于政治斗争策略,优先阐述当时英国社会所面临的文化问题,政治哲学之文化维度的理论和研究走入了这些研究者的注意中心。文化分析越来越和政治问题关联在了一起,这就意味着,文化不再是社会政治中不起眼的配角,而成为群体共享政治观念的"认识论工具"。

再次,文化实践作为构成社会结构的基础。文化唯物主义重新审视了结构与文化的关系,把结构看成是更深厚的文化现象,构建了文化概念的政治图式。他们提出,所有社会结构都具有文化含义的意义,文化深嵌于社会结构之中。威廉斯和汤普森从《1844年经济学哲学手稿》中,探索改变传统经济主义对社会结构的认识,即"经济基础—上层建筑"二元反映论的社会结构模式。汤普森强调,实践对社会历史发展进程作用的理解,认为"这是一种能动过程,人类据此过程得以创造历史"[1]。威廉斯并不否认政治决策和经济生活对社会结构的影响力,但与此同时,在他看来,"人类的创造因素是自身个性与外在社会的根源,它既不能被艺术所限制,也不能被政治决策和经济生活的系统所排斥"[2],是自身文化实践与社会外在整体因素的综合。霍尔也认为,文化唯物主义正在迅速改

---

[1] E. P. Thompson. The Long Revolution [J]. New Left Review, 1961 (9): 33.
[2] Raymond Williams. Culture and Society [M]. New York: Columbia University Press, 1958: 115.

变文化与政治之间简单互不干涉的境遇,探究"社会"与"文化"之间崭新的隐喻关系,构想着一种"文化政治学"①。文化唯物主义更加关注文化塑造人类行为的作用,从英国传统文学开始着手,揭示精英主义如何操纵作为权力运作资源的文化。诸如,威廉斯的《文化与社会》和《漫长的革命》,通过追溯 1780 年到 1950 年英国文学作品的持续性传统,从而奠定了英国文化批评的理论基调,提供了重写传统英国历史、文化和政治的理论框架。霍加特的《识字的用途》、伊格尔顿的《美学意识形态》和本尼特的《文学之外》正是对马克思主义文学批评功能和社会意义重要问题的关注和思考,为社会结构寻找到了文化意义上客观经验的现实依据。

二、"语言意义"投射政治批判

文化唯物主义在文化总体性的原则基础上,发展了结构主义的观点,而这种结构主义在很大程度上归因于马克思主义理论的语言哲学转向。他们通过语言哲学的棱镜考察社会政治问题,提出了折射社会关系的语言符码思想,将索绪尔处理语言构成关系中的意义单元重新放置于经济、社会和政治关系的框架中,用于解释语言折射现实或符号化现实的模式。

文化唯物主义以历史文化语义学诠释权力或政治能量的弥散性特征。正如福柯所言:"权力必须作为某种流传的东西来分析……它永远不会局限在这里或者那里,永不会停留在某个人的手中。……权力是通过一种网状的组织而被运用和行使的。个体之间不仅通过组织的连线传递权力,而且他们都置身在这样一种位置上,在这种位置上他们同时既忍受着又行使着这种权力。"②文化唯物主义从语义的流动性和多价性,探究权力的弥散性和不稳定性。正如劳伦斯·格罗斯伯格指出,文化研究追踪到处流浪的"游牧主体",这种"游牧主体"在流动的语境中,被塑型为一组"不断移形换位的向量"③。诸如,文化唯物主义对黑人、青

---

① Stuart Hall. For Allon White: Metaphor of Transformation. David Morley , Kuan – Hsing Chen ed. Stuart Hall: Critical Dialogue in Cultural Studies [M]. London & New York: Routledge, 2005: 287 – 288.

② Michel Foucault: Two Lectures from Power – Knowledge. In Leo Marshall, John Mepham Kate Soper, Colin Gordon (eds.) Power/Knowledge: Selected Interviews and Other Writings 1929 – 1977 [M]. New York: Pantheon Books, 1980: 98.

③ Lawrence Grossberg. The Formations of Cultural Studies: An American in Birmingham. Valda Blundell. ed., Relocating Cultural Studies [M]. London: Routledge, 1933: 40.

年亚文化、种族主义和女权主义多元主体的研究,消解了文化霸权式的参照系。在历史文化语义学流动的语境中,让意义在社会进程中得到充足的变化和演进。这种多元性和多层次性的文化发展促使社会组织原则多样性,从而使政治能量从高度聚集化的政体形式,分散成社会不同组织和文化群体间的政治能量单元。

文化唯物主义言语符码理论对政治权力结构的分析。他们经历了文化研究与结构主义、意义与符码相"接合"的理论革命。在霍尔看来,"这种变革的核心是意识形态、社会、语言的政治意义、符号和话语政治学的再发现"①。霍尔反对雅索普所持阶级结构对政治权力特权限定的主张,强调文化实践和社会互动关系对政治权力的作用力。安德森提出:"历史本身又怎么样呢?最初的绝对决定论竟令人不可思议地最终表现为回到最终的绝对偶然性上去,即最终表现为仿效语言与言语本身的两重性。"②他将语言理论与言语事实从虚假的二元对立融合为一体。文化唯物主义的言语符号理论包含了内容与形式的两重向度,内容即融入了政治的现实性和具体的政治活动,而形式则承载了政治锻造的模式,形成了一般性符号或形式架构的具体化过程,达成"格式塔"的结构主义与"实体论"的文化主义的嫁接。他们试图将政治权力结构溶解于流动的言语符码中,从集权式的政治霸权转向言语符码多层次性的权力政治结构的分析。文化唯物主义主要从以下三个方面对此做了分析:

其一,言语符码的两重向度窥探社会政治结构变化。他们从商品化的漂浮能指、符码的指涉意义和符码的社会进程,思考现代性社会语言符码中心化和碎片化的两种向度,揭示资本逻辑的非物质生产对真实世界语义的遮蔽、干扰和扭曲。霍加特对现代性文化两种视角的批判:精英主义的批判和相对主义的批判,一方面,精英主义将文化狭隘地束缚在形而上的追求中,文化与生俱来被赋予了超越意义,由此延续了语言层面的阶级分化;但与此同时,另一方面"执政党乘着相对主义的浪潮快速实现他们的政治目的,……他们借助特殊的欺诈诡计,实现相对主义与新形式的独裁主义、特权民粹主义的结合"③。文化唯物主义分析了大众文化市场背景之下,语言被编译成取悦大众的漂浮能指,进一步揭示了言

---

① Stuart Hall. The Rediscovery of "Ideology": Return of the Repressed in Media Studies. Michael Gurevitch ed. Culture, Society, and the Media [M]. London: Metheun, 1982: 89.
② 佩里·安德森. 当代西方马克思主义 [M]. 余文译. 北京: 东方出版社, 1989: 65.
③ Richard Hoggart. The Tyranny of Relativism [M]. London: Transaction Publishers, 1997: 4.

语符码商品化所隐喻的政治意义,即钝化和愚化普通人民的阶级意识,从而弱化普通人民的文化实践能力,达到更好加固资本主义政治权力的目的。

其二,以被操纵与控制的言语符码探究当下的政治形态。本尼特指出:"马克思主义批评者一直试图计算哪种政治效应归因于文学作品,相应地,赞同或反对来自既定政治立场的文学实践的不同类型。"① 霍加特的相对主义批判、伊格尔顿的意识形态理论、本尼特从美学到政治的马克思主义批评,探讨了撒切尔主义的当下政治形态对言语符码的操纵与控制。在他们看来,撒切尔主义的言语符码操纵是一种政治战术,是当下资产阶级对其在语言中至高无上地位的巩固和再生产。资产阶级为其自身社会结构的优先性,使用着与自身相符的言语符号,这种言语符码规则隐藏着以阶级为基础的不平等性。文化唯物主义认为,马克思主义理论进入了意识形态领域更加困难的阶段,在撒切尔主义主流意识形态操控的文化发展和文化商品化的驱动下,更加重了资本化言语符码的操纵与控制,言语符码牢牢地困于资产阶级意识形态的轨迹中。

其三,解码被变形现实语义的符码操作。霍尔认为:"这个世界也只是通过语言和符号化被给出意义的",而语言和符号则是"意义得以制造的方式"②。文化唯物主义试图解码被变形现实语义的符码操作,还原文化实践的本真意义,推动"文字真实"的理论发展,"文本运作和颠覆主流意识形态类别的能力似乎不是历史特定写作实践的产物,而是作为一个永远表现预先考虑和永远不变的文学本质"③。关注符号生产场域的霍加特、沉思现实语境符号化的霍尔、为语言形式赋予内容的本尼特,力图破解语言符码生产的可能性境构,提出符码操作的新组合方式。

三、"文化—结构"融合走向微观姿态的文化政治研究

与宏大政治学相比,文化唯物主义采取了"文化—结构"相融合的研究取向,在"文化实践"的意义上,结合阿尔都塞"意识形态的实践意义",提出了变革社会秩序和推动社会治理的文化政治学。他们认为,文化不是对社会物质基

---

①③ 托尼·本尼特. 形式主义和马克思主义 [M]. 曾军译. 郑州:河南大学出版社,2011:86 - 90.

② Stuart Hall. The Rediscovery of "Ideology": Return of the Repressed in Media Studies. Michael Gurevitch ed. Culture, Society, and the Media [M]. London: Metheun, 1982: 67.

础简单而苍白的反映,而是与自身所处物质条件和生产关系相联系的实践性活动。文化潜藏着原发的政治性力量,具有再造社会的功能。

第一,探究文化的社会治理性特质。通常文化被视为管理的对象或目标,但是在文化唯物主义看来,文化不仅是被建构的对象或目标,而且是管理的工具,作为社会治理干预和调节的手段。霍加特指出:文化具有价值标示的意义和作用,"它敏锐而诚实地探讨和再造社会的本质和人类的经验;它通过审视、抵抗原有社会秩序,或倾向性地提出新秩序,从而创建承载意义的自身价值秩序"①。威廉斯曾表达,应该在一个更现代意义上解读治理与文化。同样,本尼特认为:"应把文化看做一系列通过历史特定的制度形成的治理关系。"② 文化唯物主义试图挖掘文化的治理性特质,探究文化对现代性社会日益治理化过程的关系和作用。他们反对"自上而下"线性关系的国家统治,倡导多元化、网状结构和立体化的积极治理机制。在他们看来,文化的社会治理性特质囊括两个层面的内容:其一,文化实践生成的符号和仪式提供了社会认识和社会行为集体持有的意义系统;其二,这种建立起来的意义系统产生了对现实社会运行方式的反思,并力图达成具有建设性的政治追求和策略性的整体社会布局。他们所倡导的治理目的不在于控制和集中化权力,或固化某种常识和思想,而是不断地调节社会运行机制,产生新的措施和方法,调动新的力量,保护广大人民的生活,培育国家新动能。

第二,"文化—结构"的融合彰显微观政治学"内容"与"形式"的关联。在传统文化政治学中,权力与意识形态是其重要的两个关键词,权力代表着形式、结构和位置关系,意识形态则表达内容、观点和态度,权力与意识形态之间处于一种分离的状况。巴里巴尔提出了语言实践引发了矛盾本质上的升华的观点。文化唯物主义者认为,这种升华不仅使人们意识到主流意识形态背后所形成的巨大运转力和强大的操控力,更为重要的是,这种包孕着"文化—结构"相融合的语言实践,让普通实践者感受到与生俱来的自然语言习得与主流意识形态间的矛盾和冲突,并调动他们寻求突破两者间张力结构的途径。文化实践体现着文化结构与权力之间相互缠绕的关系。文化唯物主义追求当代文化政治学发展新取向,主张突破结构与文化的二元对立模式,平衡社会结构与文化影响的互动取

---

① Richard Hoggart. The Way We Live Now [M]. London: Chatto & Windus, 1995: 87.
② 托尼·本尼特. 文化、治理与社会 [M]. 王强, 强东红译. 北京: 中国出版集团, 2016: 210.

向。因为,一方面,纯粹的结构主义将政治学禁锢在人为的囚笼中,使政治被抽象化地剥离于现实生活;另一方面,浓厚经验色彩的文化主义缺乏对政治现象系统化、体系化的研究,两种模式都存在一定的局限。为此,他们辩证地对待两种模式并将其有效融合,推动文化政治学的理性与实践性的有机嫁接。

第三,文化政治学对公共政治形态的深描。公共政治体现着与权威政治中心或政府机构不同的运作方式,蕴含了历史的和批判的功能,是公众政治意见形成和连接的聚合。正如哈贝马斯所认为的那样:"谈到'公共领域',我们首先意味着某种社会生活领域,在其中能形成类似于公众意见的某种东西。每个公民都有享有权。公共领域的每一部分,是在私人个体得以集合形成的公众体系的每场对话中形成的。"① 文化唯物主义主张,文化的政治功能能够充分实现公共政治形态的力量。他们"把文化批判作为剖析现代社会深层矛盾的发端和利刃"②,从文化的视角展开对公共政治形态的有效开发,达至监管社会政府权威的作用。由文化结成的公共政治团体,并不依赖政府行政机构。

文化唯物主义对公共政治形态的深描主要表现为两个层面:其一,关涉非政府组织的文化群体,诸如青年亚文化、种族文化、移民问题和女权主义,通过对以上非政府群体的关注,打破传统单一方式的政府权威模式。在传统政治秩序中,不同阶级、群体之间有着界限明确的社会等级性,体现着不可通约的关系特征。在这种大秩序的政治规则下,政治主体被严格圈定在有限的范围之内,普通人民或微观文化实践者被排除在外。然而,文化唯物主义者所探究的由文化结成的公共政治团体,具有构建公共政治形态主体的意义和功能,蕴含着政治机体中主体型构、身份认同和社群组织形式的有机政治形式,构成了社会建构意义的"文化复合体"。其二,关注公共政治形态的核心问题。"整体生活方式的文化"③"整体斗争方式的文化"④ "实践活动的文化"⑤,这些思想成为推动文化公共政治思想和功能的有效催化剂。它有力地突破了完全机构化和权威化大写政治的主

---

① Jurgen Habermas. The Public Sphere. Mattelart, A. and Siegelaub, S. eds. Communication and Class Struggle: Capitalism, Imperialism [M]. New York: International General, 1979: 198.
② 马援. 英国新左派现代性文化批判的政治诉求 [J]. 哲学动态, 2017 (4): 44.
③ 雷蒙德·威廉斯. 文化与社会 [M]. 高晓玲译. 长春: 吉林出版集团有限责任公司, 2011.
④ E. P. 汤普森. 英国工人阶级的形成 [M]. 钱乘旦译. 南京: 译林出版社, 2001.
⑤ Cf. Richard Hoggart. The Uses of Literacy: Aspects of Working - class Life [M]. London: Chatto & Windus, 1967.

导范式,将包含着语言、意象、符号的文化公共政治学纳入政治学的视域中。以阶级问题、身份认同、民族文化、文化少数群体、多元文化、文化差异的研究为公共政治学提供了新的研究视域,为政治机体注入了自由、平等和公平易于敞开的协商机制,为思考政治体制、政治权威和政治治理提供了新方式。从文化对公共政治形态有意义的组建,获得多元政治实践的路径和方法,建构了社会政治秩序的新序曲。

第四,微观文化政治学的具体形态。文化唯物主义所涉及的微观文化政治学主要涉及了关于如何阅读政治、公共教育和电视媒体方面的内容。霍加特的"品质阅读"到"价值阅读"、霍尔的"编码/解码"理论、本尼特的"马克思主义文学批评"意图在于让更多普通人民获得政治鉴别能力,形成政治批判意识。同时,文化唯物主义者强调文化的教育功能,认为"在文化进行身份捍卫的所有公共领域内,教育的身影无处不在;它在协调知识、快乐和价值的关系方面发挥桥梁作用;它利用重要的和存疑的权威让特殊的社会实践、社团和权力形式得以合法化"[①]。文化的自反性、自省性推动了教育的道德实践和政治实践,使受教育大众获得政治批判能力的提升。电视媒体成为文化唯物主义另一个微观文化政治学建构的聚焦点。在面对现代媒体迅速发展的今天,他们解读现代媒体对文化空间侵占的特点,力图变革现代媒体的社会意义,寻求建构现代媒体治理的新方式。他们认为健康的大众媒体应承担公共舆论、社会凝聚力、文化变革的主要力量,主要表现为:其一,健康、良好的媒体秩序可以强化政府、权力机构对民主化进程的推动作用,加强为公众服务的责任意识;其二,媒体作为一个公众平台,对不同群体的文化价值和社会行为做出具有公众影响力的判断,为每个家庭,甚至整个社会提供文化传播的重要源泉;其三,媒体是映射社会文化变化的窗口,对社会礼仪、态度、习俗产生重要的影响。

在全球化多元发展的今天,我们很难用单一模式的传统政治方式解决新时代所遇见的问题、机遇与挑战。当代社会的政治发展同样不再拘泥于传统意义的政治形态,而呈现更加多维的样态。全球化推动了国家之间、区域之间和民族之间的更加丰富的交流形式和交流渠道,促成了政治、经济、文化的大熔炉发展期,

---

① 张亮,李媛媛. 理解斯图亚特·霍尔[M]. 高名凯译. 北京:北京师范大学出版社,2016:200.

使得三者之间的关联更为紧密并交织在一起共同发展。文化唯物主义洞察到了当代政治哲学发展的新变化，将文化作为"别样手段的政治"①，以及承担"改革家的科学"② 责任，为当代政治哲学的发展提供了全新的视角和思考方式，有效助推了社会民主化的进程。

　　文化唯物主义对于当代文化政治学的阐释，将我们引向了"文化分析"介入社会政治结构分析、"语言意义"的社会功能投射政治批判、"文化—结构"融合走入微观文化政治学，三重维度的取向研究。这一取向研究弥合了文化与政治分析的距离，从政治哲学内部的纵深度，唤起政治符号所无法回避的文化研究向度。他们结合当代政治文化哲学的现实语境，从文化塑造群体认知社会结构的想象，以及文化实践作为构成社会结构的基础，两个层面以认知论的视角，将政治研究转向认识论上的自觉行为，探究政治意义和政治知识的构成问题。在以文化视角看待认识论基础上的政治研究，文化唯物主义以语言意义的社会功能，提供了政治批判的新方向。他们从历史文化语义学，阐释了政治能量的弥撒性特征，为反霸权文化和强权政治找到了有效的突破口。与此同时，他们借助言语符码的特质窥探了当下的政治形态和社会政治结构的变化，揭示了资本逻辑和资本主义意识形态对言语符码的操纵和控制。更为重要的是，他们提出了解决言语符码被变形和操控的方式，以积极的语言实践开拓文化自主性和文化共鸣，扭转政治统一化和集权化所持有意义的统治，使微观文化实践者从言语实践中解读政治事件和制度的意义和权力，以实践者自身主张的文化架构，为政治和权力提供另一种理解方式。文化唯物主义以"文化—结构"融合走入微观姿态的文化政治学，把文化的社会治理性、微观政治"内容"与"形式"的关联、对公共政治的深描、具体的文化政治形态，对传统政治无法解释和解决的问题做出了应答。

　　文化唯物主义力图表明，文化不是社会实体的显现，而本身就是社会关系结构的有机构成。文化建构意义的体现不是社会一般意义的表象关系，而是文化在社会运行和社会关系中具体做了什么、承担怎样的作用及价值的问题。传统政治哲学求助的是一般的政治和社会的外在历史，而文化唯物主义深入到的是具体而现实社会历史的内部。因此，文化唯物主义不是将政治哲学置于统治关系和生产

---

　　① Stuart Hall. The Emergency of Cultural Studies and the Crisis of the Humanities [J]. October, 1991 (53): 12.

　　② Cf. Tony Bennett. Cultural – A Reformer's Science [M]. London: Sage, 1998.

关系去考察，而是破解传统宏观政治学的单一、线性模式，挖掘现实文化生活中包孕的微观政治学，以文化的平等、公平和正义，开启多元化和立体化的社会治理综合体。

第二节 达至文化共同体的话语实践路向

在具体实现语言文化变革直至社会变革的过程中，文化唯物主义借助语言实践生成思想，进一步实现对语言文化主体实践方式、思维方式与文化对象所指的变革，增进语言实践主体能力的提升，从而达至对原有社会秩序的改造，优化文化结构和社会结构，推进文化共同体的实现。

与消极意义的被语言亵渎感知主体形成对比，文化唯物主义搭建话语实践模式，把语言感知系统转向一系列积极的主体文化行为过程。霍加特开创的"品质阅读"向"价值阅读"的阅读实践、霍尔将葛兰西"实践哲学"内涵的市民社会文化革命理论与结构主义的话语观念相融汇、本尼特对意识形态、结构与实践之间张力结构的探究，展现了社会语境理论中话语实践关于意义斗争和意义共识隐含权力关系的建构作用。这种搭建话语模式的新构想，实现了对文化霸权主体大写化和后现代主义主体碎片化的破解，尝试着为建构文化共同体提供维护自我权利和参与社会的话语实践途径。

一、搭建文化共同体的话语实践模式

文化唯物主义的政治理想是在英国乃至全世界建立社会主义的社会。在他们看来，未来的社会主义社会，人与人应该是一种平等与合作的关系。社会主义的目标不是创造一个在剥削社会中的机会平等社会，而是一个真正平等的社会、一个合作的团体。社会主义是需要生产的，但生产的目标性前提条件是为了满足人们的消费，而不是为了满足自私的利益。

无论社会主义社会是落后还是发达，是贫穷还是富裕，它与资本主义社会的本质区别不在生产力的发展水平上，而在对产品的特定关系上，在于社会追求的目标和整体运转方式上。以利益为目的，为生产而生产的资本主义终将成为过去

式,取而代之的必将是以人为目的,一切活动都围绕人的美好生活而展开的社会主义。社会主义将使人与人之间的关系得到彻底改变,它将以维护人的自由、尊严和权利,重视人的价值和自由全面发展来代替尊重财产与金钱。

在文化唯物主义群体中,尤其是汤普森和霍布斯鲍姆,特别重视把社会主义看做合作共赢、互助友爱的一种社会制度,也特别重视工人阶级的团结和具有工人阶级品格的共同体的建设,形成强大的无产阶级的力量来改变资本主义的现实。在他们看来,无产阶级的力量只能来源于工人阶级在长期的生产过程和阶级斗争中形成的共同体的精神力量。历史学派善于把历史研究和现实分析紧密结合起来。他们抱着共产主义的政治信仰,时刻关注当代社会主义运动的发展进程和前进方向,直接参加现实的政治斗争。

工人阶级的共同体是真正社会主义的共同体,是人道主义的、互助友善的共同体,是追求人的自由和解放的共同体。那么,面对现实,在西方发达的资本主义体系中,尤其是英国,如何有效地开展社会主义共同体的建设,如何把共产主义的政治理想变为现实,即成了至关重要的问题,成了政治方向的根本问题。文化唯物主义历史学家相信:"一个正义而人道的未来社会的根源可以在英国过去的大众性民主斗争中发现。"① 因此,坚持"从下往上看"的批判维度,通过对过去英国下层民众活生生的经验材料的研究分析,找到现实政治斗争的动力和根据,也为马克思主义的群众史观提供了注解和证明。

汤普森所要实现的,正是人类能够迈步走向美好的未来社会,它并不是幻想的神话,而是一种自觉自愿的社会实践行动。"我坚持认为,人就站在史前史的终点和自觉历史的起点的交界处。我们只有鼓起全部勇气才能超越这个阈限。我并不认为这意味着人类的完美是一个乌托邦神话。因为无阶级对立的社会并不是一个任何社会摩擦都不存在的社会。莎士比亚了解的一切邪恶以及德行都将继续困扰人类的灵魂……如果人类能够做出明智的选择,那么,他们就可以开启一个丰富的新时代,设计出一种能够让德行大行其道、邪恶得到限制的社会制度。如果今天想要的证据似乎否定了这种希望,那么,我们依旧可以抗争,拒绝成为环境或我们自己的牺牲品。"②

---

① Edwin A. Roberts. From the History of Science to the Science of History: Scientists and Historians in the Shaping of British Marxist Theory [J]. Science and Society, 2005, 4 (10): 529 - 558.

② E. P. Thompson. Socialism and the Intellectuals [J]. University & Left Review, 1957 (1): 36.

第四章 文化唯物主义语言哲学理想社会新秩序的建构

在汤普森看来，近代人道主义思潮堪称人类思想史上的一次革命，具有历史的必然性和进步性。它高扬人的自由本性，批判封建教会的禁欲主义，肯定人拥有享受一切快乐的权利，崇尚人对自然的征服，追求个性解放和自由创造。但它对人的考察却是先验的和抽象的，把人看做是处在某种幻想的与世隔绝、离群索居状态的人。通过对费尔巴哈人本主义哲学的批判，马克思把认为人是"处在一定条件下进行的现实的、可以通过经验观察到的发展过程中的人"，抽象的人变成了在具体的社会生产关系中从事实践活动的人，从而完成了对人道主义形而上学的扬弃。

对人的命运，尤其对下层民众命运的格外关注，对人的自由，尤其对"生而自由的英国人"的自由、民主与激进传统的热情讴歌，以及对充满平等与合作，以人为目的的未来社会的热烈追求，这些都使汤普森的思想打上了人道主义印记。他延续了马克思对人道主义思想的继承：重视人的地位和价值，把每个人的自由全面发展作为人类解放的目标。同时，他也继承了马克思对形而上学人道主义的批判，着重突出实现人类解放这一政治理想所需要的前提条件：把抽象的人变为具体的人，并以此与形而上学人道主义划清了界线。在汤普森以及他所代表文化唯物主义历史学家的著作当中，始终把人当做在历史中行动的人去研究，人的经验活动永远被置于具体的历史条件之中，反对以当代人的标准评判历史。这一点在《英国工人阶级的形成》中得到了明确的表达。

在历史主体问题上，汤普森与法国结构主义哲学家阿尔都塞的观点形成鲜明对立。阿尔都塞提出，"历史是一个没有主体的过程"，强调社会发展是一个由不依人的意志为转移的客观规律支配的自然历史过程。在《理论的贫困》中，汤普森把阿尔都塞的这一观点标示为宿命论，并进行了全面批判。汤普森认为，人是历史主体，社会历史是由人，特别是由下层民众创造的，这才是社会历史的本真。为了突显对人的地位和价值的重视，同时与形而上学的人道主义相区别，汤普森把他所信奉的人道主义标示为"社会主义人道主义"。它代表着"向人的回归，从抽象概念和经院教条回到真正的人；从欺骗和虚构回到真正的历史"[1]。从而，它与把人抽象化的形而上学人道主义及用理论建构历史的大陆理性主义相

---

[1] E. P. Thompson. Socialist Humanism: An Epistle to the Philistines [J]. The New Reasoner, 1957 (1): 109.

区别,并从根本上否定了漠视人、把人作为可被操控的工具的斯大林主义。"共产主义对我们来说不是应当确立的状况,不是现实应当与之相适应的理想。我们所称为共产主义的是那种消灭现存状况的现实运动。"① 社会主义人道主义作为共产主义意识形态的组成部分,与无产阶级和劳动人民的阶级斗争紧密相连,同样表现为不断消灭现存的不合理状况的过程。只有在现实的社会主义运动中,"向人的回归""真正的人"才能得以实现,"真正的历史"才能得到真正的体现。

对于工人阶级共同体本质特征的思考,汤普森在《英国工人阶级的形成》强调传统、意识形态和社会组织形式的重要性,强调非经济方面在阶级形成过程中的重要作用,强调阶级在客观因素的作用下被形成时又主观地形成自己的过程②。

汤普森不同意列宁关于阶级的看法,即"所谓阶级,就是这样一些大的集团,这些集团在历史上一定社会生产体系中所处的地位不同,对生产资料的关系(这种关系大部分是在法律上明文规定了的)不同,在社会劳动组织中所起的作用不同,因而领得自己所分配的那份社会财富的方式和多寡也不同。所谓阶级,就是这样一些集团,由于它们在一定社会经济结构中所处的地位不同,其中一个集团能够占有另一个集团的劳动"③。在汤普森看来,马克思是强调经济条件的决定作用的,社会如果没有生产力的高度发展,就不能进步,然而,马克思并没有排除其他因素在阶级形成中的重要作用。汤普森要求人们回顾一下马克思在该问题上所做的论述。马克思在《路易·波拿巴的雾月十八日》一书中谈到19世纪法国的农民问题时曾说:"既然数百万家庭的经济条件使他们的生活方式、利益和教育程度与其他阶级的生活方式、利益和教育程度各不相同并互相敌对,所以他们就形成一个阶级。由于各个小农彼此间只存在地域的联系,由于他们利益的同一性并不使他们彼此间形成任何的共同关系,形成任何的全国性的联系,形成任何一种政治组织,所以他们就没有形成一个阶级。"④ 很显然,马克思认为阶级得以形成至少应具备以下要素:①"经济条件"是客观要素,也是决定阶

---

① 马克思恩格斯选集(第1卷)[M].北京:人民出版社,1995:87.
② E.P.汤普森.英国工人阶级的形成[M].钱乘旦译.南京:译林出版社,2001:4.
③ 列宁选集(第4卷)[M].北京:人民出版社,1995:11.
④ 马克思恩格斯选集(第1卷)[M].北京:人民出版社,1995:677.

级形成的决定性因素，但并不是唯一的因素；②"生活方式""教育程度"和"共同关系""政治组织"等要素是阶级形成的关键，而这些主观性因素并不具有独立的地位，经济条件仍然是其背后的决定因素；③与之"相互敌对"的另一个阶级的存在是阶级形成的又一个必备要素；④数量与规模也是不可忽视的一个要素。以上论述中的"数百万""全国性"这些词语提醒我们：要想形成一个阶级还必须在人数上达到相当规模。阶级形成的几种要素中，"经济条件"要素最为关键，是唯物主义原则在这一问题上最根本的体现。但其他三种要素也必不可少，这四种要素加在一起才使阶级形成成为可能。

汤普森认为，人们关于马克思的阶级思想给予了非常狭隘的理解，因而不能够正确理解阶级、阶级斗争等一系列关于无产阶级革命的重大主题，从而走向背离马克思主义的错误的道路上去。汤普森要求从工人阶级的历史中去真正理解阶级的意义，真正发掘社会主义人道主义的思想。他搜集了许多有关英国工人阶级个人经历的事例和材料：从组织到政治活动，从宗教情绪到文化娱乐方式。他认为，这些经历对于工人阶级的形成是有关键作用的，认为："当一批人从共同的经历中得出结论（不管这种经历是从前辈那里得来还是亲身体验的），感到并明确说出他们之间有共同利益，他们的利益与其他人不同（而且常常对立）时，阶级就产生了。"① 从中我们可以看出，人们的共同经历对于形成阶级是必不可少的。"阶级是人们在亲身经历自己的历史时确定其含义的，因而归根结底是它惟一的定义。"② 和马克思的四个要素大致对应，汤普森总结出了客观性的"经历"、主观性的"感到并明确说出他们之间的共同利益"、敌对性的"利益与其他人不同"以及数量性的"一批"这四个要素。可见汤普森的阶级形成理论基本上是对马克思观点的重复。

汤普森在《理论的贫困》中强调："阶级和阶级意识不能分离，不能认为它们是两个分开的实体，也不能认为阶级意识是在阶级出现以后产生的，必须把确定的经验和在观念上处理这种经验看成是同一的过程。"③ 汤普森认为，不可能存在没有阶级意识的阶级，这就批判了传统马克思主义的一个观点。在以往的马克思主义教科书中，工人运动分为"自发"和"自觉"两个阶段。在马克思主

---

① E. P. 汤普森. 英国工人阶级的形成 [M]. 钱乘旦译. 南京：译林出版社，2001：2.
② E. P. 汤普森. 英国工人阶级的形成 [M]. 钱乘旦译. 南京：译林出版社，2001：3-4.
③ E. P. Thompson. The Poverty of Theory and Other Essays [M]. London：Merlin Press，1978：109.

义理论诞生以前,由于缺乏正确的理论指导,工人运动处于自发阶段,他们还没有形成成熟的斗争理论和独立的阶级意识。而以马克思主义革命理论的传播作为分界,工人运动也由自发走向自觉。由于知识分子的号召和宣传,工人积极参与学习,就在工人中逐渐形成了成熟的阶级理论和阶级意识。列宁就非常强调当代政治斗争和先进知识分子的培养、灌输对工人的阶级意识形成所起的关键性作用。在《英国工人阶级的形成》一书中,汤普森重新考察了在工人阶级形成过程中一直被传统马克思主义所忽视的第二种要素,即阶级意识这一主观要素所起的作用。这也是该书的中心任务。在承认阶级经历客观性的同时,汤普森却把阶级觉悟和意识与这种经历进行了分离处理。他说:"阶级经历主要由生产关系所决定,人们在出生时就进入某种生产关系,或在以后被迫进入。阶级觉悟是把阶级经历用文化的方式加以处理,它体现在传统习惯、价值体系、思想观念和组织形式中。如果说经历是可以预先确定的,阶级意识却不然。我们可以说具有相似经历的相似职业集团对问题会做出合乎逻辑的相似反应,但决不能说这里面有'规律'。阶级觉悟在不同的时间和地点会以相同的方式出现,但决不会有完全相同的方式。"① 汤普森认为,阶级觉悟与阶级意识并不是阶级经历的反映,物质决定意识的"规律"在这儿并没有发挥多大作用,阶级觉悟和阶级意识主要通过传承他们前辈的文化得以产生。经过对英国工人阶级生活经历的一番考察,汤普森得出了一个结论:不是别的,而是以下几个因素在英国工人阶级意识的形成中起了关键作用:一是传统的清教非国教派激进思想;二是传统的下层民众集体的斗争意识;三是"生而自由的英国人"为"英国人与生俱有的权力"。作为阶级形成标志的阶级意识直接由这些文化传统而来,它已经摆脱了物质决定意识的规律。在这里,意识的相对独立性跃升为绝对独立性的趋势已经非常明显。"工人阶级在差不多被造就的时候也是自己造就了自己"已经变为了"工人阶级就是自己造就了自己"。所以汤普森说:"工人阶级并不像太阳那样在预定的时间升起,它出现在自己的形成中。"②

汤普森强调阶级的流变性,主张用历时性方法对其进行分析,反对把阶级放入静止的结构主义框架中进行共时性研究。他把阶级看做一种流动的现象,一种

---

① E.P.汤普森.英国工人阶级的形成[M].钱乘旦译.南京:译林出版社,2001:2.
② E.P.汤普森.英国工人阶级的形成[M].钱乘旦译.南京:译林出版社,2001:1.

第四章 文化唯物主义语言哲学理想社会新秩序的建构

关系，反对把它当成一件静止的物。他说："我强调阶级是一种历史现象，而不是把它看成种'结构'，更不是一个'范畴'。我把它看作是在人与人的相互关系中确实发生（而且可以证明已经发生）的某种东西。不仅如此，对阶级的看法还有赖于对历史关系的看法。如其他关系一样，历史关系是一股流，若企图让它在任何一个特定的时刻静止下来分析它的结构，那它就根本不可分析。最精密的社会学之网也织不出一幅纯正的阶级图形，正如它织不出'恭敬'与'爱慕'这些概念一样。"① 汤普森主张应该把阶级放置于其形成的历史过程中来考察，"阶级是人们在亲身经历自己的历史时确定其含义的，因而归根结底是它惟一的定义"②。同时，汤普森着重强调了阶级意识在阶级形成过程中所发挥的重要作用。阶级觉悟和阶级意识主要通过传承前辈的文化得以产生，而非通常所认为的外部灌输的结果。阶级意识的形成是一个漫长的过程，它在阶级斗争的历程中不断得以自我完善。由于阶级意识的形成决定了阶级的形成，所以，阶级意识的形成就成为阶级形成的标志。在对阶级问题的理解上，汤普森强调流动性与继承性，即历时性，并且注重主体意识的能动性，这些都是历史主义的研究方法具体运用的结果和表现。

对于霍布斯鲍姆来说，工人阶级共同体的思想意识主要体现在英国工人阶级的文化经历中，即体现在"前工业社会—工业化社会—工业社会"三个时期的社会变迁而形成。在这三个时期中，工人阶级在政治运动、阶级意识、宗教、娱乐形式、身体状况、妇女解放等方面的发展上是一个有机的整体。

在霍布斯鲍姆看来，"工人阶级"这个词出现在英国政治性语言中是在拿破仑战争（1799～1815）结束后的几年，以"劳工运动"显示出来，体现出工人阶级的阶级意识，而宪章运动（1838～1848），通过阶级意识的强力纽带集结起来，与选举化民主的需求一样，在第一次世界大战结束之前，比起任何其他的运动，都可能很好地调动了大部分工人的斗争热情，显示出"工业化革命"的特征，机械化的生产、工人阶级队伍的迅速壮大以及工人阶级为争取自己的权益而开展的斗争，取得了"工厂法案"的胜利。

工业化是城市成为中心，工人阶级的聚集性和通过改变农村和前工业城镇的

---

① E. P. 汤普森. 英国工人阶级的形成 [M]. 钱乘旦译. 南京：译林出版社，2001：1.
② E. P. 汤普森. 英国工人阶级的形成 [M]. 钱乘旦译. 南京：译林出版社，2001：3-4.

传统方式选择他们新的生活状况，罢工、行业联盟，互相援助和友好的传统开始形成。各种行业协会的兴起以及行会联盟的形成，成员彼此以兄弟相称，形成了工人阶级的特征性的生活形式、文化和革命运动。

霍布斯鲍姆认为，到1848年，追溯作为一个整体的工人阶级文化的特征性模式已有可能。工人阶级开始假设有一个工厂底层阶级的同种特征。工人阶级的文化表现出三个方面的特质：其一是使工人们认识到资本主义是民族性和在至少是可预见性的未来是永久的；其二是机器化工厂的工业化英国模式成为工人阶级的主要生活方式；其三是工人阶级特有的层化发展了。

工人阶级的文化在19世纪80年代得到快速的变化，反映了新的和充分工业化的经济，反映了一个成长的工人阶级的阶级意识以及工人阶级在国家的民族生活中作用的提升。

工人阶级文化的建立意味着英国工人并没有丢掉他们的地区性和本地性特征，到19世纪最后几十年，工人阶级生活和文化的模式已经定型，工人阶级生活的私有化也已经开始了，开始了新的消费物资、更好的住房和丰富的休闲生活。20世纪以来，尽管工人阶级的生活方式有了很大的变化，但在这个麻木的、持久的、苦修的和要求不高的世界，我们在哪儿能找到工人阶级的阶级意识呢？霍布斯鲍姆认为，到处都可以。英国工人的生活充满了这种意识，以至于他们每一个行动都能证明在"我们"和"他们"之间的差异和冲突。

霍布斯鲍姆认为，英国工人的阶级意识有三个方面的特征：手工劳工分离的深刻感，基于团结、公平、互相援助、协作的未系统阐述但很有力的道德准则和乐意为公正对待而战斗的精神。英国工人阶级的道德信念使他们确信，人们有权力去争取公平对待，为艰难的生活争取体面的工资以及公平分享的行为。工人们必须相互帮助来对抗资产阶级成为他们的基本品格。

霍布斯鲍姆认为，尽管在大多数情况下，帮助是小的、非正式的，通常也是很不充分的。但工人阶级生活在互相援助和法律的相当独立信任的网络中。他们知道，即使是弱势群体和老年人，也有权力去争取生活。没有约束力但互相信任的复杂系统运行得非常通畅。让人吃惊的是，工人阶级没有任何有组织的犯罪，就像工人阶级行动的更为组织化和政治化形式，它象征着阶级独立的一定意义，它超越了强有力的社会控制和财富，它的野心是很小的，但是它知道如何去限制他们的力量，通过正式斗争和非正式协作。

通过研究英国工人阶级成长的历史和现实，霍布斯鲍姆获得了许多对于理解工人阶级共同体非常重要的结论：

必须采取"从下往上看"的历史观来认识人类的发展和命运。从下往上看并不是要消解资产阶级或统治阶级的历史作用，推翻他们对社会进步所做的贡献，而是通过对底层历史的关注来揭开工人阶级对于人类文明的推动。对于底层阶级的工作、生活、意识并不是给予富有同情感的描述，而是力图阐释他们如何以自己的方式来影响社会结构。

底层群众是创造历史的真正动力。霍布斯鲍姆认为，过去的历史大多数是为统治者歌功颂德的，在所有时期甚至是革命时期，普通人成为与重大政治决定或事件的经常性因素时才会被传统史学撰写。霍布斯鲍姆断言，马克思主义有可能对人类做出巨大的贡献，其真正的进展到了20世纪50年代中期才开始，① 因为只是在这个时候，马克思主义才真正关心了社会生活的主体。霍布斯鲍姆认为，底层历史像古代的犁迹一样随着犁地的人的离开而杳无踪迹了，这是因为缺乏大量现成的资料。然而，通过一定的角度还是能够捕捉到它的影子，比如穷人的简单年鉴，即出生、婚姻和死亡、录音机的口述历史、电话号码簿的名字、宗教节日、集体娱乐、服装、休假等。以知识、经验、想象以及有条理的连续的行为和思想体系适宜地合并资料。在他看来，在任何社会都占绝大多数的普通百姓的生活和思想，才真正是社会生活的主体。

霍布斯鲍姆认为，资本家和工人并不是完全被游戏规则或他们的期望而组织的，工人最公开的工资刺激是：社会安全，工作得舒适、休闲。②

汤普森和霍布斯鲍姆对工人阶级共同体品格的历史的和现实的总结表明，工人阶级是人类财富真正的创造者，工人阶级在生产过程中形成的共同体的优良品格和阶级意识，构成未来社会主义人道主义的真正基础，与资本主义社会为利益而生产、争名夺利、尔虞我诈、剥削压迫鲜明对比，团结友善、互相帮助、共同争取美好生活才是符合人的本性，才是人类在实践过程中应该拥有的、应该发扬光大的，才是人类的真正希望所在。

霍加特立足于文化的实践维度，关注文化生成的内在特质，使得文化不仅作

---

① 艾瑞克·霍布斯鲍姆. 史学家——历史神话的终结者[M]. 马俊亚，郭英剑译. 上海：上海人民出版社，2003：235.

② Eric Hobsbawm. Labouring Men[M]. New York：Basic Books，1964：344.

为表征系统,更是作为承担社会实践的基本形式。在霍加特全新的文化生成系统中,打破原有精英主体的文化霸权地位,把普通人民的文化实践活动作为首要前提;不局限于特定文本编码模式,建立文本生成与文本阅读的双向互动过程;拒绝文化商业化的价值取向,回归文化价值的本质旨归,即人的解放。这样一来,使得文化不再是某种支配与强制的关系,而是一种生成过程,体现出文化发展进程中,精英与大众、传统与现代、价值多元与价值标示之间的张力结构和辩证关系。

霍加特认为,文化生成来源于文化实践。文化实践是指人们从使用文本到自主建构文本,最终达到改造社会和自我的目的。文化生成作为一个整体性的过程,包括文本编码和文本阅读等发展阶段,再返回到文本编码的原点,从而形成一个完整的生产机制。

在纷繁复杂的文本编码的社会,如何保持文化实践者清晰的文化判断力,如何实现微观文化主体自省、自觉、自主的文化实践能力,是现代性社会所面临的关键性问题。霍加特希望通过建构具有内在层次性的话语特征,推进微观文化实践者的话语实践能力。

霍加特根据话语表达的内容、用途、形式和风格按文本的形式进行了分类。他所指的文本具有丰富的意义和用途,不仅是通常所指的书面语言的表现形式,而且还包含了内在于日常生活之中的文化片段所构成的生活文本,以及经过市场化生产的加工文本。霍加特从广义话语文本的角度试图阐释文化生成的表征系统。

霍加特认为,文本编码是文化生成的起点。文本编码过程可以再造生活的即时性,是对过去或现在所有事物按照不同的次序一一呈现的过程,它体现了人类生活在一定历史和道德语境中发展的意义。文化编码的内容非常丰富和复杂,"它永远不可能纯粹地用来审美或抽象沉思"①,因为"文化媒介和语言是人们在各种日常生活中使用的,文化是一门邀请一切日常生活参入其中的混合物,它体现了一定的社会功能"②。作为起点,"文化的生成体现了人们对特定历史和经验

---

① Richard Hoggart. Speaking to Each Other:Volume Two:About Literature [M]. London:Penguin,1973:13.
② Richard Hoggart. The Way We Live Now [M]. London:Chatto & Windus,1995:75.

第四章 文化唯物主义语言哲学理想社会新秩序的建构

的关注，可以帮助我们为了一定的生活而在特定地点和时间做出相应的决定"①，"文化不仅能够追溯在物质生活和社会生活复杂关系下所产生的个人行为，而且在文化的生成中也建立了人与人彼此之间的关系，并且以文化的改变而改变着彼此"②。

文化生成不仅仅意味一部作品、一本书、一场电影的诞生，它还暗示着阐释社会别样的方式，由形式多样的社会文本或被编码的文本构成。在霍加特看来，文本编码承载着一定的价值秩序，体现为两个方面：一方面，文本自身创造着一定的秩序；另一方面，文本通过自身价值秩序反映或拒绝现存价值秩序，揭示现存文化的价值秩序是否合理，或提出新的秩序。霍加特进一步指出文化编码的内容丰富而复杂。他根据文本生成的来源，把文本分为"经典文本""生活文本""加工文本"。在这几种不同文本的划分中，表现出文化内在的张力结构和多重维度的文化空间，它们相互纠缠、斗争、并存。

经典文本是"社会健康的标志，是促进社会健康的养料"③。经典文本代表了文化的价值取向，赋予文化总体的指向和发展方向。尽管文化呈现出丰富而多样的姿态，但是，文化所崇尚的价值取向应当明确。文化具有价值标示的意义不能回避，"'伟大'文学作品极大地体现着文化的内涵；它敏锐而诚实地探讨和再造社会的本质和人类的经验；'伟大'作品通过审视、抵抗原有社会秩序，或倾向性地提出新秩序，从而创建承载意义的自身价值秩序；'伟大'作品有助于揭示社会价值秩序。因此，有表现力的艺术，尤其是文学，为社会所承载的价值内涵提供独一无二的导向作用"④。在霍加特看来，对于日益商业化的今天来讲，文化的价值内涵尤为重要。"好的文学可以用一种独特的方式向社会展示其自身。"⑤经典文学有助于确定那些所信仰的"东西"。只要具有一种展望生活的形式和力量的更好的观念，就有助于确定这种展望。

生活文本为不计其数的普通人提供文化平台。霍加特关注文化文本"生活特

---

① Richard Hoggart. Speaking to Each Other: Volume Two: About Literature [M]. London: Penguin, 1973: 20.
② Richard Hoggart. Speaking to Each Other: Volume Two: About Literature [M]. London: Penguin, 1973: 21.
③⑤ Richard Hoggart. Contemporary Cultural Studies: An Approach to the Study of Literature and Society [J]. Centre for Contemporary Cultural Studies, 1978 (6): 9.
④ Richard Hoggart. The Way We Live Now [M]. London: Chatto & Windus, 1995: 87.

质"或"生活肌质"的分析。"生活文本"具有人类学的意义,并非限于文字语言的形式,而更多萦绕在日常生活之中,甚至它的存在形式往往先于文字文本的出现。"生活文本"献给不计其数的普通人、平凡劳动者、分散的个人,他们为自己的生活和存在方式低声吟唱,而这种微弱的声音对于喧嚣的权威人物的话语体系微乎其微。普通人被精英主义者无情地排挤在文化圈定的范围之外,但是,"生活文本"赋予无名者表达自我文化的权利。"生活文化承认所有经验的多样性和特殊性。"① 霍加特以具体的工人阶级文化生活作为参考系,使理性化的文化自觉地回归生活世界,不再一味强调某一文化的重要性,或孤立地探究某类文化,而是把所有日常生活世界的文化、具体的文化事件作为文化实践的对象加以研究和审视。文化研究的对象延伸到生活世界的每个角落,并与具体的社会生活、现实语境相结合。霍加特认为:"真正文化的本质、独特性、品质在于再创造富有丰富经验的整体的生活,包括个体生活、社会生活、对象世界的生活、精神生活、真情实感的生活。文化创造出来的是相互结合、相互渗透的事物,因为这些事物存在于我们现实的生活之中。"② 文化是丰富的、具体的、现实的。

加工文本是商品时代的产物,使得文化主体失去行动张力。霍加特将日渐商业化的文化世界或"加工文本"称为"来自虚幻世界的诱惑""邀请来到棉花糖式的世界"③,认为普通人民原有的自给自足的文化与日俱增地受到了文化商业化的粗暴掠夺,并进一步加深了文化主体与文化客体之间深层断裂。"加工文本"的生成动力遵循资本逻辑的运转,使得文化主体失去行动张力,丧失文化的判断意识。因此,不仅文化成为一种商品的存在,而且文化主体也彻底沦为文化商业化的对象。

对于文化生成的表征系统而言,作为文化生成的实践系统代表着话语实践者的积极观照,是对现有文化接纳、适应、抵制、反抗的一种整合,并最终建立符合话语实践者的文化轨迹。但是,文化的实践系统并没有像文化的表征系统那样受到应有的重视,而更为深刻地体现着两者之间的不平等关系。

---

① Richard Hoggart. Speaking to Each Other: Volume Two: About Literature [M]. London: Penguin, 1973: 130.
② Richard Hoggart. Speaking to Each Other: Volume Two: About Literature [M]. London: Penguin, 1973: 20.
③ Richard Hoggart. The Uses of Literacy: Aspects of Working – class Life [M]. London: Chatto & Windus, 1967: 157.

文本编码与文本阅读之间的关系往往体现着一种不平等性，文本编码意味着文本的生成和创作，而文本阅读暗指消极的融入，即尽可能不留下任何读者印记地全然接受所阅读的文本。霍加特试图消解两者之间的不平等性，恢复文本阅读的可塑性。文本编码并不意味着文化生成的终结，文本阅读是文化生成内在机制中关键的实践环节。霍加特对文本编码与文本阅读之间的不平等性做出两方面的分析和揭示：

一方面，文本编码与文本阅读的不平等性由社会等级关系所限定。在精英主义者所把持的文化空间中，文本具有规定的"专属性"，文本与阅读者之间建立了一种既成体系的秩序。文本编码成为精英主义者的文化武器，用以确保他们在文化领域所享有的特权。文化的真正阐释者并不属于那些普通的阅读者。文化成为一种特权，恰如葛兰西所称的文化霸权。文本与阅读者之间的关系变得尤为复杂，阅读过程所建构的关系体现出一种社会等级关系，而不是简单的阐释关系，应该说，多数阅读者自始至终都被这种阐释关系所抛弃，但是，滑稽的是读者可在文化阅读的关系中进一步确证自己的社会地位。此时，文本阅读成为社会等级化的助手，而真正遮蔽了阅读实践的意义和价值。

另一方面，文本编码与文本阅读的不平等呈现单一维度的"生产与消费"关系。在商业化的热浪中体现出另一番景象，呈现出"生产—消费"的对应关系。当文化成为一种生产，散布在电视、网络、都市生活之中，文化空间结构变得更加拥挤、多变和极权化。霍加特将这样的文化世界描述为文化相对主义的暴政，文化全然成为商品的存在，"人们需要什么就给予什么"，为进一步加快文化商品的快速流通，用"廉价俗丽的标准冠之以尊重公众趣味的堂皇借口，来掩饰他们对商业利益的追求"①。

鉴于此，霍加特试图打破文本编码与文本阅读的不平等，强调文本使用的价值和意义，从文本阅读的可塑性和分层阅读两方面正视文本阅读的力量。

霍加特认为，文本阅读具有可塑性，代表了阅读者对文化的积极关照。文本阅读，或者广义上可称为文化实践，提供其他学科不能给予的洞察力。霍加特以文化实践为核心，引领人们再次走向日常生活文本，提供有效的文本阅读方式，

---

① Richard Hoggart. The Uses of Literacy: Aspects of Working - class Life [M]. London: Chatto & Windus, 1967: 156 - 157.

使得文化客体不再是亦真亦幻的虚拟世界,而指向了人们真实存在的现实生活,实现了文化主体与文化客体从精英文化和商业文化造成的二元对立局面,向主客体的统一和整体文化生成的转变。

霍加特坚持主张:"必须学会阅读自在和自为的文学作品,只有这样才能得知作品关于社会必须讲述的东西。"① 文本编码具有多样性和复杂性,文本编码"虚构与认识、'真实'之间的关系是难以置信地复杂"②。因此,霍加特认为,如果仅是"自在和自为的阅读",经典文本背后蕴含关于社会的内容难以被领悟,而预设某种"征兆"的通俗文本与社会之间的关系也会被处理得过于简单或被忽视。

霍加特把文本阅读分为不同层次,即向内的深入与向外的延伸。他认为,"文本本身的特殊品质"与"文本向外的运动"。他建议读者去"垂直"阅读,而不只是单向度的"水平"阅读。例如,他以诗歌分析为例,"水平"阅读诗歌只能获取诗歌表面的陈述或直观的意义,仅把诗歌中的语言特点简单归为修辞方式,而忽视其结构特征。在这样的阅读中,读者很难领悟诗歌究竟在讲述什么。"垂直"阅读在于从诗歌的整体、次序、形式、语言中提炼出某种意境和想象。霍加特强调语言使用的复杂性,"语言构成的文本是一种结构的,而不仅是装饰的"。他将阅读分为"品质阅读"和"价值阅读"两个阶段。"品质阅读"是从语言角度进行阅读,最大限度地把握文本的内涵。在阅读中关注语言中的各种要素,如重音和非重音、重复和省略、意象和含混等因素。在品质阅读中人们应特别关注审美因素、心理因素和文化因素,从而更好地实现品质阅读。通过有效的"品质阅读"才能达到文本的文化和社会功能,即"价值阅读"。"价值阅读"是从文本中汲取提升人的判断能力和道德修养的营养,从而形成良好的人格。"价值阅读"是尽可能敏锐而准确地发现文本所承载的价值,并从文本中汲取提升人的判断能力和道德修养的营养,从而形成良好的人格。从"品质阅读"到"价值阅读"是一个连续的、整体性的过程。在这样的阅读过程中,读者尝试尽可能从文本的阅读中,发现文本向读者所表达的观点态度,以及产生对这种观点态度

---

① Richard Hoggart. Contemporary Cultural Studies:An Approach to the Study of Literature and Society [J]. Centre for Contemporary Cultural Studies,1978(6):9-13.

② Richard Hoggart. Contemporary Cultural Studies:An Approach to the Study of Literature and Society [J]. Centre for Contemporary Cultural Studies,1978(6):9-16.

的认同或批判,从而实现价值阅读。

文本与阅读之间关系微妙而复杂,文本可以唤醒读者,但不能操纵读者;反过来,读者可以产生对文本自身的理解,但永远不可能完全成为文本的拥有者。文本阅读具有可塑性和分层性,阅读不是随心所欲的事情。巴特就饶有风趣地描述了三种阅读的行为:随意在某些词语处停下的阅读,直奔向结尾而"毫不等待"的阅读,以及收获写作的阅读。对于以上三种阅读来讲正失去了阅读的意义和价值。阅读不仅仅是眼睛的快速流动的过程,而是读者对文本内在化而又保持某种距离的文化实践过程。"品质阅读"和"价值阅读"正向人们提供了恰当阅读的途径和方法。

二、提升文化共同体的话语实践能力

霍加特寻求文化的真正救赎在于人民自主文化实践能力的提升。他认为工人阶级文化正在被大众文化侵蚀,而 20 世纪二三十年代工人阶级社区文化则是一种纯天然的文化,这一文化源自工人阶级自身的日常生活,并忠实于工人阶级文化生活,来自于工人阶级自主的选择和创作,没有过多统治阶级的操控。但霍加特并未一度陷入对昔日工人阶级文化的留恋中,而是强调批判话语实践的重要性,迫切要求识字的民主,认为"有效的识字可以帮助我们对现实状况提出不足,解除固定结构的捆绑。它习惯性地力求打破固定'存在'的二维框架,……让我们再次看到在一个恒定'变化'状态中的三维空间的人"①。

霍加特对那些只关注理论文本的行为进行了批判,认为理论文本已经成为一个封闭的话语系统,只研究有限的对象,并不给人们提供有效的参与途径。他提出在一些理论文本中,过度使用晦涩难懂的专业术语,使之仅限于少数人的讨论,并不给人民提供知情权和参与开放、民主的讨论权,反对用理论推演来替代复杂的调查研究。他认为,理论应当结合历史的特殊性,不是对某一社会问题表面上的理论推导,或把理论化作唯一的目的,而成为一种纯粹的文字游戏。他批判的不是某一种语言理论,而是反对那些为刻意证明某种理论的专业术语,因为这些晦涩难懂的专业术语不会对人们理解世界提供帮助,反而成为限制其他人理

---

① Richard Hoggart. Speaking to Each Other: Volume Two: About Literature [M]. London: Penguin, 1973: 16.

解和获取知识的枷锁，其目的在于巩固少数人的地位。与哈贝马斯交往行为理论"合作寻求真理"一样，霍加特要求文本要具有一般性的分析，要选择恰当的陈述性语言来描述事实，使不同读者之间共同分享和参与知识。文本要真诚地表达自己的意图，尽量结合阅读者认知的范围和阅读习惯，进而使文本与读者之间达成相互的理解和共识。

话语实践模式以由内向外、由表及里的方法关注特定的文化传统，深入到现实的人的生活，并植根于具体的社会历史之中。话语实践诠释的文本不仅是文学文本，而且是各类文化文本，例如，语言符号文本、日常生活文本、大众媒体文本。这些文本又构成了社会存在、人的存在的重要组成部分，是现实社会生活具体的组成部分。

话语实践模式从日常生活文本增进了主体的甄别能力。霍加特选取来自日常生活世界的文本，将文本指向更为宽广的日常生活世界，实现从经典文本阅读，到"二流、三流作品"分析，再到对大众流行文本解读的过程。但是在他看来，并非所有文本都具有同等价值，他将文本分为"传统文本""生活文本""通俗文本""商业化的文本"，并指明了相互之间的差别和价值。"传统文本强化现存的假定，并遵照现存看待世界的方式。但是，生活文本则不同，它会产生令人不安的情绪，并可能引发我们对生活态度的转变。"① 霍加特在《活的和死了的艺术》中，对通俗文本进行了形象的诠释，将其比喻成"甲壳虫的全盛时期"，虽然微小，甚至是弹指一挥间的生命，但却是一种活的力量。而相比之下，商业化、公式化的文本虽然会有令人惊叹的销售量，但是死的艺术，没有生命的力量。由此看出，霍加特感兴趣的文本是植根于生活的文本，因为源于日常生活真实而厚重的"文本"可以甄别、审视具有代表性的文本和被复杂编码的意象文本。

话语实践模式加强了主体对生活经验价值的关注。话语实践模式强调那些一直以来被忽视或被简化的生活经验的价值和意义。霍加特认为："好的文学再造生活的即时性——将过去和现在生活中所有的事物、所有不同秩序的事物，全部

---

① Richard Hoggart. Speaking to Each Other：Volume Two：About Literature［M］. London：Penguin，1973：12.

第四章　文化唯物主义语言哲学理想社会新秩序的建构

一次呈现出来。它体现了在历史和道德语境下人生活的意义。"① 但是，一直以来，受到理性化、科学化世界图景的影响，文本阅读整体处于专注文本内部的分析，仅以"为艺术而艺术"为唯一宗旨，尽量避免文本与其他外部联系的状态。在关注文本的内在品质的同时，同样不容忽视生活经验，甚至对于文本阅读来讲更为重要。霍加特关注读者生活经验对文本阐释的作用，"读者的头脑并不是白板一块"②。特别是面对商业化、公式化的文化产品，读者通过自身经验生活去伪存真。

话语实践模式实现了从"自在阅读"到"自为阅读"的转变。"自在阅读"意指在"给定的""既定的"文化秩序的作用下，阅读主体尚未经过有效文化分析和文化实践的阅读。这并不是说，"自在阅读"者的自我意识全然不在其中，而是说，阅读者的意识或自觉意向完全被一种固定秩序所牵制。"自为阅读"意指读者根据自主判断进行阅读，体现了读者在给定文本秩序中所达到的自由程度。话语实践模式正为我们提供了从"自在阅读"向"自为阅读"的深层跨越，实现阅读从一种外化、被动化的状态转向包括个人阅读实践在内的参与过程。从"自在阅读"向"自为阅读"跃进时，需要阅读主体与文本之间保持适当的距离，也就是"价值阅读"与"价值判断"之间的距离，这样有助于阅读主体对文本价值进行筛选、重构，至少对其重新阐释，随着"自为阅读"程度的深化，阅读主体越能够靠近自我生活的认识和表达，对任何文本保持清晰的自我辨识力，从而建构"自为的"类本质活动。自在阅读到自为阅读的过程，为阅读主体提升自主实践的能力，颠覆了"自在的"排他性和精英主义的特权。

霍加特试图通过话语实践模式，对人的存在、社会的存在进行深度思考和批判，试图变革现存文化世界和消除使人异化的文化现实状况，提升话语实践者的能力，建构阅读新主体与社会主义新主体的统一。

话语实践实现文化静与动的结合，一方面，语言文本凝集着稳定的文化成果；另一方面，文本阅读代表着文化实践者的文化运行方式，因此，话语实践既受到既定文化的制约，又试图创新和改善文化现有的状态。在人们不断地寻求话

---

① Richard Hoggart. Speaking to Each Other：Volume Two：About Literature ［M］. London：Penguin，1973：20 – 21.

② Richard Hoggart. A Sort of Clowning：1940 – 1959，in A Measured Life：The Times and Places of an Orphaned Intellectual ［M］. London：Chatto & Windus，1994：135.

语实践的过程中，真正保留下来的文化成果一定是符合人类文化发展进程和人类生存的需求的。

在对话语实践考察时，霍加特认为文化具有价值标示的意义不能回避。"简单来说，几乎有关任何艺术的讨论，以及任何我曾经踏足的英国文化的领域，都绕不开价值判断这一不可回避的问题。"① 有关霍加特对文化价值内涵的理解中包含着两个维度：维度一，强调文化的多元价值，例如，工人阶级文化、通俗文化的价值；维度二，凸显文化价值判断的意义，例如，经典文本、"伟大"文学的导向作用。这两个维度分别代表了人类对文化自由、平等的追求和文化价值判断的指引，从而建立一种双向维度的文化思考。

维度一：文化多元价值的维度。霍加特以普通人民具体的文化、生活的文化作为文化研究的对象，将捕捉日常生活文化作为文化实践的重要任务。在以自然经济为依托的传统社会中，文化拥有自发的规定体系，表现为分散化、地域性的特征。但是，随着现代化进程的深化，文化受到宏观的、中心化的权力支配和控制，文化的差异性、异质性、具体化逐渐被替代。现代性的文化抛开了文化细致的事实判断，而转向权威式的价值判断。但事实上，文化生成的路径并非唯一的，或是线性的必然结果，而是由充满着任意性、偶然性的文化事件构成的。霍加特认为，现代性的文化更多呈现出某一特定的态度或精神气质，表现出一种筛选化、简单化、专断性的选择，而忽略了文化的生活化的特征，应当将文化置于更为丰富的历史进程和多元差异的现实中。霍加特试图展示工人阶级的文化，打破原有大写、唯一性的文化秩序。在这一层面上，霍加特否定文化唯一性、统一性的概念，借助现实生活的多样性和丰富性的特征，集中于微观世界和微观逻辑的文化概念。可以看出，霍加特以一种人类学的方式强调不同文化的特质，而非局限于某一文化特定的结构中，珍视源于普通人民生活的文化价值。

维度二：霍加特强调文化作为一种意义和价值行为，而不仅仅是一种单纯的现实表征状态。霍加特并没有完全沉迷于对商业文化的批判中，而是试图寻找解救和恢复文化价值的途径和方法。他主张从文化实践中获得社会价值的指南，文化具有影响一个社会所把握的价值特性以及其把握方式的作用，例如，作家可以

---

① Richard Hoggart. An Imagined Life: Life and Times, Vol. Ⅲ: 1959 – 91 [M]. Oxford: OUP, 1992: 240.

净化语言、培养同辈人的情感等。同样,来自工人阶级的文化存在于"一个有限的、淳朴的世界,以几种公认并信奉已久的价值为基础。这里往往是一个幼稚而华美的世界,感情的迸发形成着巨大的激情"①。工人阶级的文化从根本上体现了工人阶级生命活动本身。工人阶级的文化并不在于刻意建构某种文化模式,而是以他们自身的生命历程记录和创造文化。

霍加特认为:"文化意义——只有通过直接体验作品以及通过作品的观察视角才能被理解。"② 这里再一次回到话语实践层面的意义上来。霍加特试图从人的生存寻找文化发展的根据,不再把文化看做"他律"的规定性进程,而是把文化的展开与生成看成一种开放性的价值活动,是分析、反思、批判、自我认同的实践过程。话语实践不仅在于展示而且创造了文化的意义和价值。霍加特深入探讨现代社会文化的价值内涵,以一种建设性的文化实践来优化文化结构,使得文化不仅作为一个解释系统,同时又作为一个实践系统,将"解释世界"与"改变世界"合二为一。

全球化的文化发展正强有力地威胁着语言多样性和差异性的存在,话语的实践性和中介性特征,以及微观文化主体话语实践的能力正在衰退,为此霍加特着重分析了话语实践性被遮蔽的现状及其成因,探究了语言中介性的特点,并试图通过分析几个关键性的语言中介因素,打开话语实践的窗口和恢复话语实践的用途。在审视被编码的文本世界中,霍加特建构了有效的话语实践"模型",搭建微观文化主体有效的文本阅读方法,促进微观文化主体实践能力的提升,从而加强微观文化主体正确的文化价值追求,并呼唤普通人民对文化进步的责任意识和担当意识。

话语特征是霍加特文化实践思想的微观缩影和具体再现。霍加特采用民族志的研究方法,记录着工人阶级口头话语的内容、特点和风格,这些工人阶级的口头话语盛宴真实展现着工人阶级日常生活的片段。从霍加特文化实践的话语特征,分析了微观文化实践主体如何在日常生活用他们喜闻乐见的口头话语表达他们的思想、情感、态度和行为。霍加特关注日常生活的口头陈述,因为这种方式

---

① Richard Hoggart. The Uses of Literacy:Aspects of Working – class Life [M]. London:Chatto & Windus,1967:93.

② Richard Hoggart. Contemporary Cultural Studies:An Approach to the Study of Literature and Society [J]. Centre for Contemporary Cultural Studies,1978(6):9 – 15.

真实地反映着普通文化实践者使用文化和创造文化的过程。为此，首先阐明了霍加特对话语实践本性遮蔽的批判，试图挖掘文化生产、传播、消费链条中关键性的中介因素，从而进一步恢复和开启话语实践的用途，给予话语实践性和中介性应该有的礼遇。其次，分析了日常文化的话语失语现象，着眼于源于生活的口头话语盛宴，强调霍加特文化实践思想对口头话语的重要价值和独特魅力的关注。最后，从审视文化的表征系统、搭建话语实践的模型、提升话语实践者的能力、实现文化表征与实践的统一四个层面构成了霍加特整体性话语特征的内在结构，以及话语实践对文化生成的作用，目的在于进一步阐明霍加特文化实践思想具体而关键的实践路径，实现文化主体与文化客体双向变革和实现"解释世界"与"改变世界"的内在统一的现实方法。

同时，霍加特文化实践思想的话语特征进一步探讨了文化实践的意义和价值，通过对话语实践的合理建构，为提升文化主体的能力、发挥人的主体意识、优化文化结构提供有效的途径和方法。可以说，话语特征是霍加特文化实践思想的内涵式的分析与体现，而下一章社会关联则是对其思想的进一步外延式的研究，探讨文化与生活、文化与权力、文化与社会之间的相互关系，有效推动文化变革达至整个社会变革的进程。

文化实践的话语特征犹如一个文化转换器或者中转站，通过建构合理的话语特征，文化主体在文化客体中灌注了自己的理解和认识，使之成为文化主体的文化客体；同时，文化客体进入文化主体，转化为文化主体认识世界所产生一般性的常识、概念、态度等因素的基础和依据，使文化主体成为文化客体的主体，最终将现存世界的文化主体和文化客体在人的文化实践活动中融为一体。

与消极意义的被语言亵渎感知主体形成对比，文化唯物主义搭建话语实践模式，把语言感知系统转向一系列积极的主体文化行为过程。他们对语言哲学的思考，体现着对语言生成生命意义的关怀，而话语实践正是其生命意义的具体展现。他们从普通文化实践者自身的言说艺术、陈述方式、阅读经历，展示微观文化主体对社会发展的理解和创造，努力破解权力关系、消费社会形成的复杂话语场。

具体而言，文化唯物主义的话语实践模式包括了审视被编码的文本、有效建构话语分析的文本阅读和提升话语实践者的主体能力三方面内容。首先，从微观文化主体的话语实践层面，对现代性的文本生产进行批判性的审视。现代性社会的文本生产围绕着特殊的权力关系、政治计划和一定的社会形态而生产,以特定的编码方式统治者普通人民的生活。英国新左派主张借助话语实践甄别表征系统、传播媒介和符号生产在现代性社会的变化本质。他们认为,现代性社会的话语体系设定了权威知识的先决条件,即特定知识的合法性和合理性,多数人只能成为这一体系被动的接受者。他们强调话语实践的重要性,通过关注微观话语实践者的力量,让普通人民从主体的视角批判性地审视社会,认清被现代性编码的文本生产。

其次,建立文本生成与文本阅读的双向互动过程。英国新左派指出,微观文化实践者在审视现代性社会的文本生产中,通过对话、批判、剔除、重叠、延伸、重建和创新,并在实际的现实生活和具体语境中得到确认,从而实现话语分析的有效建构。这种有效的阅读是微观文化实践者进一步获得主体资格的过程,是实现普通人民从使用文本到自主建构文本,最终达至以提升主体能力和改造社会为目的诉求。

最后,提升话语实践者的主体能力。文化唯物主义的话语实践模式不是在寻求一般意义上的政策或组织形式,而是以关注人类总体的生活状况为基础,以是否符合人的生存需要、是否符合社会的合理发展、是否能得到人的解放为根本诉求的治理。从人的实践性、从被组织起来的话语意义关系、从作为一种生活方式的话语实践中,提升话语实践者的主体能力,寻求达至人类社会的良性发展和社会公平有序的治理之路。霍加特、威廉斯注重大众教育、媒体研究和现实主义小说的分析,将精英主义文学分析的方法传授给普通人民,为普通人民具备自省、自觉、自主的话语实践能力提供重要途径。同样,霍尔关注公共教育的作用,探析了学习、主体与社会实践之间的关联,分析了微观话语实践者的特殊性与更广泛的质询和公共对话间的张力结构,从表征对话和伦理对话层面,强调文化的教育力量。

文化唯物主义搭建了由内而外、由表及里的话语实践模式,实现了文学文本向人的现实生活文本的深入。这里包含了对文学文本、日常生活文本、大众媒体文本、语言符号文本的话语实践阐释。它以语言生成的民主性,有效批判了被操纵的符号生产和被封闭的话语系统。霍加特指出,实现语言的民主可以让我们勇于向现实状况提出挑战,解除固定社会结构的捆绑,从而使我们习惯性地力求消散恒常的二维存在(给予—服从)模式,逐渐形成具有批判意识、不断反思、多维度思考的存在方式。文化唯物主义对搭建话语模式的新构想,实现了对文化霸权主体大写化和后现代主义主体碎片化的破解,具有民主性的话语实践模式尝试着为微观主体提供维护自我权利、参与社会的话语政治途径。他们通过对话语特征的分析,彰显话语实践对文化主体意识的传承,以及内在精神提升的意义和作用。

文化唯物主义否定了乔姆斯基的语言先验论、索绪尔的语言决定论和萨丕尔—沃尔夫假设的唯心主义语言观,反对语言结构是思维产生和实践活动的原因而非结果的观点,提出了具体的语言生成理论。

第一,基于实践唯物主义针对资本逻辑下的语言符码生产进行批判。被资本逻辑所操控的大众语言符码生产,习惯性地拼接、堆积一些没有实质性的语言符号,以形式或修辞学上的效果破坏或干扰日常的逻辑。商品化的语码失去了现实性意义,纯粹成为语言本身的狂欢。文化唯物主义试图分析语码的破裂、拼接和扭曲对当代社会政治结构的隐射。他们将索绪尔处理语言构成关系中的意义单元重新放置于经济、社会和政治关系的框架中,用于解释语言折射现实或符号化现实的模式。他们以现实社会发展的具体语境对语言符号生产进行了分析和批判,认为社会经济结构引发语言符码两种向度的发展。在他们看来,在资本驱使的语言生产中,呈现出了语言符码中心化与碎片化看似两种相互矛盾的生产。现代资本主义社会的意识形态永远不会丢弃对语言符码的操纵与控制,这是维护资产阶级文化的一个主战场。但是,资本逻辑下的非物质劳动为寻求资本利益最大化,驱使语言符码生产的碎片化和去中心化,以适应并占领世界范围内的文化市场。文化唯物主义从商品化的漂浮能指、符码的指涉意义和符码的社会进程,思考现代性社会语言符码中心化和碎片化的两种向度,认为资本市场碎片化的语言符码生产实际上是资本这只"看不见的手"做出了新的调整,产生了具有隐蔽性剥削关系的非物质劳动生产,以碎片化的语码生产削弱普通人民自觉自省的文化意识,这种生产方式成为加剧和深化资本主义剥削的新形式。

第二,构建马克思唯物史观语言生成理论。文化唯物主义使语言哲学从思想世界回到了现实世界,形成了实践唯物主义的语言生成理论,即现实的人通过语言实践,不断进行自我认识、自我发展和自我创造,有效处理文化装置的各要素,并形成有机的文化运作机制。这里的语言生成理论不是定位于提供准则和价值依据,而是定位于社会实践之中,通过产生于社会实践的结果来驱动语言生成。

第四章　文化唯物主义语言哲学理想社会新秩序的建构

霍尔指出："我们不得不去真正反思这种作为实践的'文化'：思考意指的物质条件及其必要。"① 同样，霍加特认为："真正文化的本质、独特性、品质在于再创造富有经验的整体生活，包括个体生活、社会生活、精神生活、真实情感的生活。文化创造出来的是彼此相互结合、相互渗透的事物，这些事物存在于我们现实的生活之中。"② 霍加特、威廉斯和霍尔对语言生成的探讨，都源自现实的具象化的生活，例如，霍加特对工人阶级语言特质的分析置于工人阶级家庭、学校、工厂等现实生活的语言场景中，从日常起居、风俗礼仪和衣食住行等林林总总的具体生活，动态而情景化地再现工人阶级真实的言语行为画面。霍尔对加勒比流散群体言语行为的考察，采用自传体形式重新参与加勒比移民的过程，勾勒了一种流散的叙事方式。在文化唯物主义者看来，语言生成是具体的、现实的和具象化的，是主体实践过程中具体语境化的重构。文化唯物主义科学地阐释了语言生成的来源与本质，创立了实践唯物主义的语言生成理论。

第三，关注社会言语互动的话语实践模式。与消极意义的被语言亵渎感知主体形成对比，文化唯物主义建构了语言结构与使用、言说者与倾听者、符号系统与语言实践之间的"对话式"关系，把语言感知系统转向一系列积极的主体文化行为过程，搭建了承载社会言语互动的话语实践模式。具体体现为三个方面：

首先，展开具有主体批判意识的话语实践。伊格尔顿指出："意识形态研究不仅是观念的某种社会学，更特殊的是，它试图表明观念是如何与现实物质条件相关联的。它往往通过遮蔽和掩饰它们、以其他术语替代它们，尤其是解决它们的冲突和矛盾并把这种状况变为显而易见是自然的、不可改变和普遍性的观念。"③ 这表明了资产阶级为实现某种政治性策略或达到某种经济目的，有意掩盖其真实语义，而产生虚假的意识形态，揭示了资本主义意识形态对真实世界语义的遮蔽、干扰和扭曲。霍加特在对精英主义批判和相对主义批判中，反对虚假意识对工人阶级主体意识的阻隔，倡导工人阶级主体意识回归生活，强调语言实践对意识形成的内力作用。同时，本尼特从美学到政治的马克思主义批评，探讨

---

① Stuart Hall. Cultural Studies and the Centre: Some Problematics and Problems. Culture, Media, Language: Working Paper in Cultural Studies (1972 – 1979) [M]. London: Hutchinson, 1980: 31.
② Richard Hoggart. Speaking to Each Other: Volume Two: About Literature [M]. London: Penguin, 1973: 20.
③ Terry Eagleton. Ideology [M]. New York: Longman, 1994: 6.

了政治权力结构引起语言符码的不平衡,批判了撒切尔主义等当下政治形态对语言符码的操纵与控制。

其次,解码被变形现实语义的符码操作。霍加特关注语言符号生产的真实场域,认为:"特别发人深省的话语深植于阶级情感。这句话是一种多重性质的表达,蕴含着一定的社会关系,显示着某种社会等级,包括出生、教育、职业和地位。这些有助于建立自我情感,让我们感受到来自自身的脉冲感。"① 这阐明了解码被变形语言符码需要回归现实的语言生成场域。按照霍尔的编码/解码理论,编码与解码之间并非对等性或同一性的,常常会出现意义的"扭曲"和"误解",其原因就在于编码者—生产者与解码者—接受者之间的不对称和结构差异所致。但是,霍尔认为"先天"视觉的符码或"自然化"的符码都是"文化—具象","揭示了使用中的符码的深度、习惯性及近似的普遍性。这些符码生产明显的'自然的'认识。这就产生了隐藏在场的编码实践的(意识形态的)效果"②。也就是说,先天的符码或自然化的符码是自然化感知和解码的关键之处,这种先天或自然化的符码生成源于解码者或接受者在日常生活中形成的"常识建构"。然而,"已然符码化的各种符号与文化的深层语义符码相互交叉的地方,呈现出附加的、更为活跃的意识形态之维"③。因此,解码是一个非常复杂的过程,真实语义通常被改造成更多的内涵层次或次序的符码,而往往这些次序的符码会与更广泛的意识形态领域相结合,由此就会产生编码与解码的不对称或不对等关系。从以上的分析可以看出,留存于文化深层语义的先天或自然化的符码,是产生和塑造解码者或接受者破解被变形现实语义符码操作的主导力量。

最后,以话语实践探寻语言生成的生命意义。霍尔在解码过程中提出三种假象,即主导—霸权的地位、协调的符码、对抗的符码,而最为理想的状态是对抗的符码,因为"一个重要的政治环节就开始对抗地解读以协调的方式进行正常指涉和解码事件的时刻。这时,'意义的政治策略'——话语的斗争——加入了进来"④。伊格尔顿分析了话语实践对主体产生技术功能的评价,暗含了使主体获得革命力量的方式,即主体自我形成过程的意义。他指出:"把文学看作一套特殊的技术实践,用来灌输人类主体的特定的价值、纪律、行为和反应。"⑤ 伊格

---

① Richard Hoggart. Everyday Language & Everyday Life [M]. London: Transaction Publishers, 2003.
②③④ 罗钢,刘象愚. 文化研究读本 [M]. 北京:中国社会科学出版社,2000:358 - 365.
⑤ Terry Eagleton. The Subject of Literature [J]. Cultural Critique, 1985, 6 (2):96 - 97.

尔顿用文学道德技术,关注主体自主形成的生存道德本身。同样,霍加特开创的阅读实践、霍尔将市民社会文化革命理论与结构主义的话语观念相融汇、本尼特对意识形态、结构与实践之间张力结构的探究,力图破解语言符码生产的可能性境构,提出符码操作的新组合方式,展现话语实践关于意义斗争和意义共识隐含权力关系的建构作用。文化唯物主义对话语实践的思考,融入了对话语内在规定和性多样性、话语的操纵性和自主性之间辩证意义的探寻。他们以话语实践蕴含语言生成的生命意义,用普通话语实践者的言说艺术、陈述方式和阅读经历展示他们对现实世界的理解和创造,力图打破话语霸权和同一性对普通实践者的限制和束缚。话语实践彰显了普通实践者共享表达对生活世界的理解,包括政治倾向、价值理念和观点态度,体现了语言生成作为共享认知地图的意义,使普通实践者"具有独立的人格,实现内在精神与外在形式的统一"①,为广大人民获得平等和争取自由提供了现实途径。

在语言实践中,文化唯物主义者强化了语言实践的用途,尝试通过人们使用的话语,探索和建构人类生活经验的意义与价值。

首先,话语实践实现对日常生活最贴切的观察。这里的话语形式既包括口头话语也包括书面话语。他认为,话语特别结合了日常生活,因为构成话语单位的词语不断地受到词语所在社会语境的影响而即时发生变化。正如苏联哲学家、语言学家巴赫金所述:"每个词语都带有一定的语境,这种语境是由社会生活填充的。"② 霍加特指出话语扮演和探讨最贴近生活的本质,包括话语的含糊性和矛盾性,虽然看似琐碎但具有实质性的意义。他认为,语言理论的过度强化和专业术语的频繁使用仅仅做的是文字游戏式的工作,并没有实质性的意义和价值。他反对将话语从生活中分离出来,而过分关注于话语一般性的结构,有意使话语与生活之间产生距离。他倡导回归话语的社会功能,认为"语言在思想上可以帮助我们建立人类本性的共同感受,如果没有语言,我们的世界将会变成荒原而深陷混乱"③。霍加特主张话语与生活、话语与社会之间相互关联,强调文化生产的

---

① 马援. 英国新左派现代性文化批判的政治诉求 [J]. 哲学动态,2017(4):49.
② Mikhail M. Bakhtin. Discourse in the Novel, Michael Holquist, ed. Austin [M], Texas: University of Texas, 1990: 293.
③ Richard Hoggart. Between Two Worlds: Politics, Anti-politics, and the Unpolitical [M]. New Brunswick: Transaction, 2002: 131.

目的应该尽量满足广大阅读者的知情权，使更多的普通人民参与到文化实践之中。霍加特进一步指明"语言尽管开始于个人的经验，但这并不意味着语言仅限于个人的经验，在渴望得到启示性建议的驱动下，采用细小的（语言）行为可以打开整个范围的意义和结果。语言把个人的（经验）转化成共享的资源"①。总之，话语不仅追溯物质关系和社会关系条件下产生的个体行为，而且建立了个体行为之间的关联，以话语的方式影响着彼此。

其次，独特的话语特征呈现文化生成的肌质感。霍加特转向话语多元性的发展，将话语置于栩栩如生的日常生活的语境之中，突出"生活特质"语言的重要性。霍加特强调文化的肌质感，在于阐明不同群体之间使用话语的独特性。霍加特试图从日常生活话语获取工人阶级文化的品质，恢复工人阶级文化原有的特质。他在对工人阶级话语饶有风趣的描述中写道：工人阶级的"声音嘶哑但又古道热肠"；"他们的声音来自于此时此刻内心的感受，而非对生活的幻想或悔恨"；"粗糙的工人阶级女孩特有一种强壮而有力的语调"；"'可敬的'工人阶级存在着一种'共同的'声音"②。另外，祖母是霍加特笔下典型工人阶级形象的代表，在他对祖母话语特征的表述中写道："她留有一种精神活力、语言活力、偶尔幽默的农民品质。"③霍加特以具体化的语言对工人阶级话语特征大篇幅地再现，其目的在于表达话语与日常生活、话语与阶级关系的紧密关联，而这种独特性表现在特定群体日常生活使用话语的频率和着重点与其他群体的不同。来自日常生活真情实感的话语可以尽显文化的独特魅力和内在品质。

再次，霍加特认为话语的肌质根植于我们所知所感的生活。在他看来，"特别受欢迎的话语深植于阶级情感。以上这句话是一种多重性质的表达方式，蕴含一定的社会关系，显示着一种社会等级，包括出生、教育、职业、所处的位置。它有助于建立自我情感，并让我们感受到来自身的脉冲感"④。霍加特列举了一个非常明显的例子，在表达生活"拮据"时，其他群体会用暗语或者隐喻的方

---

① Richard Hoggart. Speaking to Each Other：Volume Two：About Literature ［M］. London：Penguin, 1973：248.

② Richard Hoggart. The Uses of Literacy：Aspects of Working – class Life ［M］. London：Chatto & Windus, 1967：7.

③ Richard Hoggart. The Uses of Literacy：Aspects of Working – class Life ［M］. London：Chatto & Windus, 1967：10.

④ Richard Hoggart. Everyday Language & Everyday Life ［M］. London：Transaction Publishers, 2003.

第四章　文化唯物主义语言哲学理想社会新秩序的建构

式来表达这一层面的意思，但是工人阶级不会这样，如果他们这样做了就会表现得很奇怪，有悖于他们以往的生活状态，工人阶级日常生活的表述方式一贯很直接。

但是，霍加特认为大众媒体的世界是由零乱的"话语片断"构成的，缺乏生活的连续性。他强调语言特质的关键在于通过独特的"经验探索"，探究"真实"而"具体"的生活，从而达到有效地"诊断"人类生活品质的作用。"霍加特并没有简单地总结某种世界观，而是在多样性与生动性的世界中，收集特殊的话语行为，从而再现和揭示工人阶级的生活经历，这些经历形成于共同情感结构的背景之下，正如他将'非常单调的短语'与'音调特有的宽容感'相对比。他采用了捕捉细节的方式，因此，体现出一种辩证的方法：经验的动态流动性，而非对工人阶级生活进行某一客观化的概论。"① 霍加特在对工人阶级具体而独特话语的分析中，集中了许多密集的细节，而且在很大程度上是话语的细节：俗语、语调、绰号，从而揭示出工人阶级生活最为真实的一面。

从此，话语实践开启了文学批判和文化研究之间友善的关系。一直以来，文学理论家将"文学"作为一种意识形态的建构，试图营造"大"文学的氛围，并规定其研究的相关细则，目的在于远离现实生活而成为完全意义的纯文学。霍加特开创的文化研究尝试探索文学与日常生活之间的关系，促使文化分析和社会生活的交融，通过话语实践弥合文学批评和文化研究之间的距离。他强调文学阅读的重要性，认为"文学可以帮助我们获得人类经验的丰富感"②。他对文学的关注是实现其政治批判和社会批判的基础，提出科学的话语分析可以解释不同的话语现象，为此霍加特建构了话语分析的模型，力图提升普通人民话语实践的能力。霍加特式的文学分析并不等同于原初意义的文学分析，而是更大范围的话语实践，他渴望通过话语实践"增加对生活话语的尊重，对特殊经验的尊重"，③提高普通人民对生活经验整体性的认识，从而帮助普通人民树立具有整体价值观的生活。

---

① Bill Hughes. Literate Sociology：Richard Hoggart's dialectic of the particular and the general. Michael Bailey and Mary Eagleton ed. Richard Hoggart：Culture and Critique [M]. Nottingham：Critical, Cultural and Communications Press, 2011：212.

②③ Richard Hoggart. Speaking to Each Other：Volume Two：About Literature [M]. London：Penguin, 1973：234.

在话语实践中，霍加特既关注文本内部的分析，又注重对不同阶级文化的分析，包括不同阶级对文化产品不同诉求的研究，并由此扩大了文学研究的边界，设想了一个涵盖多学科的建设现代文化的总体图谱，实现了深层跨越的文化研究。在他看来，"我们过多倾向于大众文化的使用和滥用，可称得上是这一时代的'病症'，因为我们过于简单化它与社会的关系，以至于错误地认为它可以告诉我们有关文化的本质"①。因此，霍加特重视培养话语实践的能力，认为任何文化产品都需要读者进行紧密的情感阅读，即使是"循规蹈矩"的文化产品，其关键环节还在于读者对文化产品的辨识力，而非简单的文化生产的问题。在谋求文化资本利润扩大化的现代社会中，现代性的话语特征是一种相互断裂的关系：文化产品与文化使用者的断裂、文化生产的目的与普通人民文化诉求的断裂、商业化和市场化的话语形式与普通人民日常生活话语的断裂。霍加特的文化实践思想研究涉及作者与读者、作者与机构、文化产品与政治、权力、阶级、金钱之间错综复杂的文化关系，这些关系承载着社会运行的导向，因此，文化研究具有跨学科的意义，将文化与社会有机结合在一起。

最后，话语实践有助于揭示文化的价值秩序。语言具有真实、感性的特质，但20世纪的文化正日益趋向商品化，语言原本的意义和价值正在消失。霍加特对文化作为商品，作为交换价值的生产感到愤怒无比，认为健康的文化应当既不受大众文化机械地支配，也不由精英文学强加威胁，而应在话语实践的基础上建立有效的文化价值秩序。他强调话语实践的关键在于通过独特的"经验探索"，达到有效"诊断"人类现实生活状况的作用。霍加特认为以交换价值为目的价值秩序已经成为文化价值秩序的关键性阻力，主张"艺术是免费的，无偿的"②，反对文学、艺术为交换价值而进行的生产，重塑文化使用价值的重要性，倡导恢复文化的道德意义，恢复文化真正意义的价值理念和审美标准，使得文化与生活、生活与文化得到真正意义上的融合。

在话语实践学中，霍加特将阅读作为一种社会过程，在读者与文本之间建立相互作用的话语实践模式，包括文本编码价值、有效文本阅读、文本价值判断，进而形成整体性的文化生成过程。霍加特倡导的文化价值是一种品质，是包括工

---

① Richard Hoggart. Contemporary Cultural Studies: An Approach to the Study of Literature and Society [J]. Centre for Contemporary Cultural Studies, 1978 (6): 9.

② Richard Hoggart. The Way We Live Now [M]. London: Chatto & Windus, 1995: 80.

人阶级在内的可被理解的品质,而不只是一种知识。工人阶级需要保留自身文化,重视话语实践的作用,使得文化价值成为一种"内生的"价值秩序,而不受"外部的"商业化压力的束缚。

第三节 建立社会新秩序的话语实践变革力

文化唯物主义将文化作为政治理性选择的着力点,对传统政治哲学进行了实质性的再造,主要表现为:"语言分析"介入社会政治结构的研究、"语言意义"的社会功能投射政治批判、"文化—结构"融合走入微观姿态的文化政治学的取向研究,实现了结构与文化、文化与政治相结合的连续统,体现了当代西方政治哲学新的发展方向。

文化唯物主义将语言政治哲学作为他们改变现代性社会的突破口,作为实现其政治诉求的关键所在,其原因在于,现代性社会的存在方式和深层次的矛盾冲突集中体现为现代性的语言文化问题。为此,文化唯物主义从宏大政治学转向微观政治学,将语言哲学研究与微观政治深度融合,探寻真实的日常生活世界,并通过语言政治实践,变革现代性社会不合理的旧秩序,实现对社会组织机制进行优化,引发由内而外整个社会的变革。

一、话语实践作为变革社会秩序的积极力量

文化唯物主义试图在语言文化与国家统治相互缠绕之外,找到一个救赎现代性社会的方式,走出一条通向符合人的文化性和人类自身需求的社会治理之路。他们探究话语实践作为变革社会秩序的积极力量,创造性地为走出现代性社会的危机与困境提供了新的解决办法。他们认为,现代化的生产表现为经济生产向文化生产、实体生产向符号生产的转向,因此社会治理中的文化意识不再是社会治理体系中的末端环节或"副现象",通过对话语实践路向的开启,从而优化治理主体、治理方式和治理效果,以及解决现代性生产的生产、交换、分配、消费各环节合理性发展的问题,从而推动现代性生产方式的有效治理。

有效变革社会秩序是霍尔政治批判切入的主要维度。在他看来,在学术研究

领域文化问题已经成为现代社会炙手可热的焦点问题,究其原因不外乎主观和客观两个方面,客观上全球化以惊人的速度扩张,大众媒介与通信技术的日益发达不断地为文化在社会和经济生活中的重要性增添砝码。主观上文化在知识生产和分类中变得更加重要,文化的分析和记述功能对于社会学研究的意义也越来越重要。"文化渗入当代社会生活的每一角落,创造出一种次生环境的扩散,并调停一切事物的方法。"①汤普森以整体社会的"文化透视"来称呼对文化的这种态度转变,以至于霍尔用"文化转向"来描述英国社会中所出现的日趋发展的文化中心论观点。认为文化不仅仅是对社会秩序的简单反映,而是实际深入地参与了对社会秩序的构建,文化因此成为社会政治变革的积极力量和理解一切社会存在的基础条件。

霍尔认为,文化就是揭示社会实践中的联系与差异的本质的一种普遍的总体性的方式,是"一个集团或是社会的共享价值"②,是一个群体理解世界和解释世界的大致共通的方式,这种社会学倾向的理解更关注研究历史和历史背景中主体创造的意义。霍尔特别强调文化共享意义中的多样性以及多样性中所体现的差异与对抗的因素,文化进而被看做意义被创造和体验的场域,意义建构的过程也被看做文化生产的核心。霍尔的文化解读承接了威廉斯的理解,认为威廉斯对"文化"所进行的讨论是具有开创性意义的,指出正是威廉斯改变了对文化进行论述的道德话语模式,转向更多地关注对文化的总体性和日常性理解。

霍尔认为,他的工作是将文化理论的学术研究和政治实践保持在一种"永远也不能解决但又永远存在的张力之中"③,因为他的文化政治批判的目的不在于获得确定的理论结局,而是要始终保持理论和社会政治之间的彼此干预和刺激。

尽管霍尔一直把生产有机知识分子看做是文化研究的任务之一,但他也清醒地认识到他们所做的工作主要是理论研究的工作,虽然这些工作与政治实践密切

---

① 张亮. 英国新左派思想家 [M]. 南京:江苏人民出版社,2010:38.
② 斯图亚特·霍尔. 表征:文化表象与意指实践 [M]. 徐亮,陆兴华译. 北京:商务印书馆,2013:3.
③ Stuart Hall. Cultural studies and its theoretical legacies. David Morley, Kuan – Hsing Chen eds. Stuart Hall: Critical Dialogues in Cultural Studies [M]. London:Routledge,1996:270.

相关，但是这并不意味着他们是"有组织的意欲领导这种或那种谋划"①，因为他们不是一个有严密组织和纪律的政党。文化研究既要留意那种将文化研究当做体制化的教学机构，也要防止把文化研究当做政治运动或政治组织来看待，在他看来，文化研究始终是从政治的维度思考文化，是具有政治批判性质的研究和教学工程。

无疑，霍尔的批判是从文化批判切入的政治批判，20世纪50年代末，威廉斯围绕文化和社会展开的讨论在英国文化领域形成了的影响深远的思想传统。他认为文化这个无比复杂的概念将和英国社会迅速发展的民主化新形势交融在一起。他和霍加特、汤普森一道展开的文化辩论与创作都深深地嵌入了权力与政治的标签。霍尔在牛津上大学期间就深受威廉斯的影响，之后的新左派传统以及成人教育的经历都为霍尔的文化理论刻上了政治的印记。

霍尔的文化政治批判一向以内容庞杂而著称，不仅包括青年亚文化、种族、阶级、性别、国家认同等问题，在语言、媒体以及后现代、后殖民问题上都多有参与。尽管会有诸多疏漏，尽管许多内容彼此交叉，但笔者认为霍尔的文化政治批判内容不外乎政治国家批判和大众文化批判，所有的内容似乎都可以在这两者之中和之间寻到安身之所，或者说它们原本就是一个具有复杂结构的统一体。这种统一突出地体现在对大众文化的定位上，文化政治批判的精英主义路径是以法兰克福为代表的把大众文化看做是文化工业的产物、是被意识形态控制并赋予意义的观点。结构主义也持有类似的态度，都是首先确定做主体位置，然后被赋予意义。文化政治批判的主体能动性的批判路径是英国文化主义的观点，认为大众文化是本真的人民的文化，是由工人阶级自发生成的具有劳动人民的创造性的文化。这种精英和大众的对立、结构和能动性的对立在霍尔的文化政治批判中得到了调和。

一方面，霍尔并不否认主导意识形态通过大众媒体的编码灌输等形式的文化控制实践，也试图揭示其中意识形态的运作机制。认为意识形态作为对大众心理的掌控方式是一种物质的力量，指的是不同的阶级或是历史集团用以理解、定义、厘清社会运作方式的心理构架，其中包括语言、概念、范畴、思考意向、表述体系。无论是种族殖民主义还是媒体表征都是与文化政治与意识形态直接相关

---

① 陶东风.文化研究精粹读本［M］.北京：中国人民大学出版社，2006：93.

的问题。大众媒体职能的实现以及机制的运转就是为占统治地位的阶级的意识形态的生产、表征以及获得认同而服务的,因此,针对媒体对种族的本质主义的建构的批判性干预介入事实上就是对主导阶级的文化意识形态的批判。另一方面,霍尔的文化政治批判真正关注的不只是主导意识形态是如何通过意识形态编码所给定的意义,让他更为关注的是意义的最终归属。那种通过国家政治权力所输出的文化意义,即法兰克福学派意义上的文化商品或是结构主义的主导意识形态在文化消费过程中被最终理解的方式或接受程度才是霍尔最为关注的。青年亚文化批判就是通过青年对各种文化产品的消费实践中意义的挪用和拼贴来揭示其中内涵的抵抗性因素。

霍尔的文化政治批判将文化意义的生产和消费实践联系起来思考,辩证理解各自的相对独立性,用"接合"的理论来解释两个环节之间的非必然性承接,指出文化意义传递过程中的不可控性。对大众文化给出了新的定位,认为是一个斗争的场域,是作为政治权力的文化与人民大众自己的文化创造的协商过程,是控制与抵抗的场所,是社会主义得以建立的场所。在这里占主导地位的文化意识形态通过大众喜闻乐见的方式展现,大众不是无辜的受害者。霍尔始终承认文化生产过程中资本结构以及编码机制当中有操纵性的权力存在,但同时也强调大众文化消费和接受过程中的复杂性和能动性。

霍尔尤其学术研究强调扎根于社会现实,而不是简单地追随任意一种理论范式,反对陷入任何一种理论的极端,坚持在政治实践中不断理论化。正是在实践不断理论化的过程中,形成了自己独特的文化政治批判理论。正像伯明翰中心成立之初的遭遇一样,对于霍尔的文化政治批判也存在着各种不同的批评的声音,正统的社会学家认为霍尔的理论缺乏认识论的基础,理论使用以及理论分析不够准确。对于这一点霍尔认为自己是一个理论的运用者,而不是生产者,他声称,你要让理论为你所用。他的理论的吸收、引进与批判性改造都建立在实用的基础之上,是根据他的经验研究的需要而不断变化的。霍尔不是任何特定的理论传统的忠实追随者,相反,他是一个理论上的策略家。认为面对不断变化的社会现实并不存在一种一劳永逸的永远正确适用的理论,随着变化的研究对象自觉地进行理论和方法上的调整,根据理论任务的需要寻找可以解决问题的方法和理论支持。

霍尔的文化政治批判保持了学术研究的批判性特征,做到了理论研究可以带给政治实践复杂性的引导和干预。正如霍尔所说:"他明白学术工作的政治与用学术工作来替代政治是两个迥然不同的概念。"① 他的理论是理论的政治,不是期望探索真理的元理论,也不愿将自己的理论局限于体制之内,认为理论研究的目的是和政治事件、政治实践相关联并以理论争论的方式干预实践并产生效果。

威利斯在利用马克思对劳动力的经典分析,论述了资本主义生产的不平等,"用有限的资金购买了无限的能力"②。资本的生产依靠劳动力被解放出来的那一部分生产力,这种生产力不是劳动的数量,而是劳动的能力。在工人阶级青年的眼里,所有的工作、所有的体力劳动都是一样的,做油漆工和木匠没有任何区别,他们的劳动是以时间计算的,所有的工作都是为了在周末领到一个棕色的信封。在这里,体力劳动的共性和职业指导的多样性形成了鲜明的对比,他们对于工作的产品都不关心,也都认为所有的工作除了领到工资以外毫无意义。工人阶级青年发现,尽管劳动可以在市场上自由买卖,但它却与其他商品不同,认识到他们创造的价值远远大于工厂付给他们的工资。

在威利斯看来,工人阶级认为体力劳动毫无意义的深层原因可以用马克思对抽象劳动的分析来解释,并认为"抽象劳动是所有周薪制劳动的共通之处"③。时间金钱通过抽象劳动联系起来,这种关系在资本家的逻辑里是很明确的,因而所有的体力劳动都是抽象劳动,而这种共性从劳动者的角度却不那么清晰。工人阶级青年对工作的无意义性和普遍相似性的看法,恰恰体现了他们对抽象劳动和资本主义不平等交换的洞察。这种洞察力是他们实现自身目标、发展群体文化的先决条件。

威利斯通过马克思对商品本质的描述,运用马克思商品拜物教的理论首先分析了商品的异化和文化商品中的拜物教现象,对比了文化商品与一般商品的本质区别,进而分析了文化商品与拜物教之间的矛盾、辩证的关系;其次,考察了文化商品在日常情境中文化商品中被创造和运用的过程;进而又分析了这些过程对社会结构、社会再生产的作用,以及其中包含的对统治阶级抵制的可能性。此外,威利斯在马克思对资本主义商品生产过程描述的启发下,深入分析了文化商

---

① Stuart Hall. Cultural studies and its theoretical legacies. David Morley, Kuan-Hsing Chen eds. Stuart Hall: Critical Dialogues in Cultural Studies [M]. London: Routledge, 1996: 274.
② 保罗·威利斯. 学做工 [M]. 秘舒,凌旻华译. 南京:译林出版社,2013: 173.
③ 保罗·威利斯. 学做工 [M]. 秘舒,凌旻华译. 南京:译林出版社,2013: 176.

品的生产过程。

英国文化研究的早期历史可以被看做威廉斯和汤普森等人作品中表现出来的"文化与社会传统",它们是英国社会文化思想中的一个重要组成部分。威廉斯是一系列文化争论的发起人和主要贡献者,这尤其体现在他早期的两本著作《文化与社会》和《漫长的革命》中,这些文化争论帮助威利斯对文化传统进行了重新定义和重新表达,首先是对内容的重新定义,其次是对文化的社会象征形式和地位的重新表达。而且,后者对威利斯来说是更加至关重要的,并且促进了威利斯对"文化与社会传统"的民族志研究。在"文化与社会传统"中,威利斯发现必须将生活经验的直接实践和象征性的材料当诗来对待。这就意味着要在情境中仔细观察它们潜在的复杂含义,而且,以隐喻、间接的方式表达出来的含义,通常比通过字面或理性表达的含义更为重要。

威利斯认为,英国文化与社会传统的这两个转变为文化研究逐步走向民族志的想象提供了路径和历史背景。即使这个传统中包含着与真正民族志相去甚远的元素,即使威廉斯、汤普森等人都不是民族志者,威利斯还是将他们看做了民族志研究的奠基者。因为,威廉斯在所有的作品中都一直强调作为"生活方式"的文化,而不是文本研究的文化。他在《漫长的革命》中指出,工会运动应该被视为工人阶级的艺术形式。汤普森也同样自始至终在强调大众风俗习惯、传统,以及生活文化在自我生成过程中的理性和创造性意义。

马克思曾经说过:"每一个社会生产过程,从经常的联系和它不断更新来看,同时也就是再生产过程。" 威利斯在对亚文化团体的研究中发现,这些团体尽管以自己的方式表达了对社会制度和自我地位的不满,但是最终仍无法摆脱工人阶级的地位,无法影响社会的再生产过程,他从以下几个方面探讨了社会的再生产问题:

威利斯的再生产理论主要关注文化、教育与再生产的关系。威利斯之前的再生产理论大都强调,经济机构决定了社会的再生产,教育不是为了促进公平,而是为了继续再生产不公平。在威利斯看来,如果教育的目的就是再生产,那么"家伙们"和工人阶级所反对的正是这种教育,可结果仍然是阶级的再生产。因此他认为,经济和结构的决定因素并不能强迫人们遵循这些因素;相反,工人阶

---

① 马克思恩格斯全集(第23卷)[M]. 北京:人民出版社,1960:621.

级的选择都是自愿做出的,"家伙们"对教育和学校的逃离也是求之不得的。所以,《学做工》的目的就是要和悲观的、结构闭合的再生产理论划清界限,强调所有社会能动者的命运都是由他们自己通过不同的手段集体塑造的。这个塑造的过程并不是阿普尔描述的教育的"黑箱",而是某种意识形态、习惯和话语使人们做出了"自缚式"的选择,这种选择几乎是无意识的。那么,这种过程究竟是怎样进行的?结构性决定因素是怎样发挥实际作用的?在威利斯看来,宏观的结构决定因素只有通过文化才能从根本上实现再生产。

从威利斯强调话语实践在再生产中的作用可以看出,他继承了布迪厄文化再生产的理论,但是与布迪厄不同的是,威利斯没有将语言仅仅看做被动的、霸权的象征。在他那里,文化虽然是社会再生产中必不可少的一部分,但文化具有相对的自主性,"在社会再生产和文化再生产之间,存在着根深蒂固的裂痕和巨大的张力"①,作为社会行动者的工人阶级不是被动地承载着意识形态模式积极地占有着意识形态。结构性的决定因素能够发挥作用的原因,并不是由于它直接和无意识的影响,而是通过文化层面的干预实现的。"正是在文化层面上,结构性决定因素特有的关系成为了各种形式的解释所指向的主题。"②

在阿普尔那里,国家通过意识形态再生产了社会阶级,这样看来,阿普尔的观点是:国家的目的就是再生产,并通过教育来实现这一目的,国家完全成为了资产阶级意志的工具。威利斯考察了民主国家的制度,认为阿普尔的理论过于绝对化和简单化,他认为资本主义会想方设法将国家制度和机器转化为自身的优势,但国家不会成为他们意志或赤裸裸统治的直接表现。关于再生产与国家制度的关系,威利斯还指出了两点:

第一,特定类型的再生产,例如资本主义社会中的阶级再生产不可能完全整齐划一地在不同的、分离的制度中实现。反过来,相同的制度有可能在不同类型的再生产中表现出完全不同的作用。因为制度不是一成不变的,当制度与地方性的非正式文化和各种社会关系相遇时,或远高于产生非预期的结果,这种结果通常是隐蔽的。所以,制度在再生产过程中的作用并不像看起来那么直接和有效。从威利斯的研究中我们也可以看出,使"家伙们"最终进入工厂,实现阶级再

---

① 保罗·威利斯. 学做工 [M]. 秘舒, 凌旻华译. 南京: 译林出版社, 2013: 225.
② 保罗·威利斯. 学做工 [M]. 秘舒, 凌旻华译. 南京: 译林出版社, 2013: 224.

生产的并不是制度本身,而是他们自己的文化、习惯和选择,当然这个过程是相当复杂的。

第二,威利斯认为,我们不能将制度看做简单的个体,他把制度划分为三个层面的含义:"官方的层面、实用主义的层面和文化的层面",并具体分析了这三个层面的制度。首先,在正式的官方层面,制度的目标会得到官方的说明,它会对社会主要结构和组织特征做出规定性的说明,并对二者之间的关系进行规定。但是,如果认为国家机构,如学校为了维护统治阶级的利益而推行两种完全不同的意识形态以实现再生产,并以相当明显的方式进行这个过程化,就太过绝对了。自由国家对平等的宣言也是一种制度的表现,但不管自由国家的制度的干涉程度有多大,阶级社会的再生产仍在继续。所以可以看出,国家制度的现实功能与它所声称的某些目标实际上是相悖的。同时,所有的人也不可能自愿地接受同样的意识形态和标准,这是国家制度必须面对的现实,官方意志和反抗文化是同时并存的。在威利斯看来,"在很多制度中,官方意识形态的成功,或者是与之作用相同的反抗文化再生产的消亡,对于社会再生产来说都是灾难性的"①。威利斯认为,趋同已经成为国家值得主导的官方取向。

第三,国家制度的代理人对制度的理解是实用主义的,公务员和制度代理人是官方意识形态传递的中介。这些人在面对官方意识形态的基本原则时,更关心他们自己面临的指导和控制问题,以及他们在这种制度中的生存压力问题。官方意识形态会受到他们实用主义的审视,只有当国家制度和意识形态能够为他们提供真正的、实用的帮助时,他们才会采纳和承认这种意识形态,否则,即使这种意识形态被证明具有广泛的合理性,他们也不会接受。制度代理人们的这种实用主义视角,在一定程度上解释了国家制度的实用性,以及意识形态作为统治阶级工具的原因,但是这种视角也阻碍了制度代理人们对社会中正在发生的实际状况的无视。

第四,第三个层面的制度存在于正式和实用主义制度之下,他是人民或制度委托人对制度的改写。当制度的要求和人民的文化相遇时,就会产生文化层面的制度解读。它是一种对抗性的非正式文化,就像"家伙们"对学校规则和教师的规定会有自己不同的解读一样。实际上,在很多情况下,即使官方政策制度的

---

① 保罗·威利斯. 学做工 [M]. 秘舒,凌旻华译. 南京:译林出版社,2013:229.

第四章　文化唯物主义语言哲学理想社会新秩序的建构

目的是努力设法改变或阻止社会再生产,但经过人民和制度委托人文化层面的解读后,却会促进并实现更大规模的再生产。制度的文化解读可能会引起非预期的、矛盾的结果,就像威利斯的研究中显示的那样,工人阶级子弟对制度和教育独特的文化分析导致了他们的"自我诅咒","自愿地"走上了父辈的老路。他们对制度和教育的抵制并不会引起解决制度的危机,反而会造成真正的危机;他们对社会再生产的抵制反而会维持再生产的进行,这便是抵制的悖论。

在威利斯看来,文化商品是造成当代人困惑和文化迅速变革的重要驱动因素。当然,并不是我们周围的所有"事物"都商品化了;但大多数都已经商品化,尤其是那些与意义创造有关的事物。因此,威利斯认为有必要对文化商品的特征和本质进行深入的分析。威利斯对文化商品本质的分析主要包括:

在探究文化商品的本质之前,威利斯首先分析了商品的一般形式。商品的范畴是马克思主义探索资本主义体系内部运转的核心概念。资本主义劳动过程中产生的商品,作为一种待售的对象,赤裸裸地出现在市场上。在它光鲜的外表下,看不到它背后剥削性社会关系的迹象,也看不到其中包含的、赋予它市场交换价值的劳动时间,就好像它是凭空出现的一样。商品生产中普遍包含的劳动力以及与此有关的一切意义都被忘记了,每个物体似乎都是相互不同的、完全独立的,只有在被未来潜在的使用者使用时才具有意义。但事实上,商品是在非常具体、确定的历史环境中,通过各种关系和技能产生的,它并不是凭空出现的。所以商品的矛盾在于:一方面,商品中包含着更广泛的社会关系和劳动力,因为它只是社会关系和劳动力的产物;另一方面,商品又同时否定了这层关系。

马克思在《1844年政治经济学手稿》中论述了劳动异化的四个特征,在威利斯看来,商品的异化也表现为四个特征:商品与商品之间的异化、商品与其类本质的异化、商品与人类劳动的异化及商品与人类关系的异化。

威利斯深入挖掘了文化商品的本质特征,尤其是商品拜物教的特征。在马克思看来,商品拜物教是资本主义制度稳定的思想核心,因此,文化中的商品拜物教也应当受到重视。文化商品只有在对消费者有意义的情况下,才能表现为"使用价值"。有意义的交流是文化商品的首要目的,这正是它与一般商品最大的差异。在拜物教的影响下,一般形式的商品拒绝一切交流,隐瞒了包含在商品中的社会关系和劳动力,而这些因素正是文化商品进行交流的必要内容。所以,威利斯总结到,文化商品与一般商品的不同之处就在于:在文化商品的交换过程中需要体现包含在商品中的劳动力和社会关系,而这两点在一般商品形式中却是被掩盖的。因此,威利斯试图从两个不同的层面来分析文化商品,第一个层面是它的商品形式,第二个层面是文化形式。

任何文化商品的"文化形式"都必须与消费者进行交流,以使潜在于文化商品中的使用价值被更多的消费者理解,创造消费者与信息生产者之间的社会联系,引起集体的共鸣,好像他们都是某种实践和意义共同体的成员。这一点与商品拜物教切断社会关系的特征形成鲜明的对比。但是,由于文化商品的商品性质,它又必须受到商品拜物教的影响。所以在文化商品中就会表现出一方面受拜物教的影响,另一方面都极力摆脱拜物教的矛盾。

威利斯认为,文化商品决定性的特性在于:它的文化效用不仅必须与拜物教共存,而且还不断受到拜物教的转化和强调。其他任何商品中都不存在这种效用与拜物教的联合与反抗。拜物教与去拜物教因素不断地相互斗争,在文化商品中形成了一种动荡的稳定。

文化唯物主义坚持实践唯物主义的基本观点,强调语言文化所具有的实践性,在立足于现实社会问题的基础上,力图改变不平等的既定社会秩序,寻求建构理想社会的动力源泉,即通过微观文化主体的文化实践共筑未来美好社会。因此,对现实社会的批判和理想社会主义社会的建构是文化唯物主义哲学的内在结构与理论基点。文化唯物主义立足于马克思主义的基本立场,即关注最广大人民的文化实践活动,力图挖掘文化的社会和政治功能,强调由语言文化变革引发的社会变革是基于普通人民文化生活的多向度思考,从而达至整个社会的全面治理。文化唯物主义语言哲学思想为普通文化实践者提供了砥砺前行的动力支援,凝聚着微观文化实践者共同进步的磅礴力量,揭示了由语言文化变革引发社会变革的现实基础不是简单的机构改革或体制改革,而是始于微观文化主体文化实践的改革。

二、话语实践在社会治理中的作用

关于社会治理的语言哲学研究散见于诸多文献中,直到目前为止,对于社会治理中的语言文化意识思想没有得到应有的重视,对其研究也没有进行整体性的分析与概括,这样很容易遮蔽社会治理综合体中关键的组成部分。只有全面认识社会治理中的文化意识,将其所涉及的政治、经济、文化、生态领域进行对话、

第四章 文化唯物主义语言哲学理想社会新秩序的建构

反思、观照，才能进一步厘清社会治理的思想，由此挖掘社会治理的本真意义所在。文化唯物主义深度挖掘话语实践在社会治理中的作用和功能。

"治理"一词首度用于政治发展研究是在概括1989年非洲"治理危机"语境下出现的。它作为一个新的政治概念，其意义在于与"统治"的对照与区分。发端于20世纪80年代的治理研究形成于政治学领域。90年代，治理问题不仅成为政治学关注的热点，而且它逐步渗入到经济学和社会学之中。以整个20世纪全球发展的总体趋势来讲，"治理"进一步成为人类政治发展的核心。21世纪的发展更是如此，"少一些统治，多一些治理"成为主要国家政治思想的主旋律。

随着全球化时代的到来，政治、经济、文化之间泾渭分明的界限变得不那么明显，文化逐渐渗透到了社会发展的各个领域，对经济、政治、社会发展起着重要作用。文化研究中的许多理论和思想为社会治理的文化意识研究提供了理论依据，主要有以下几个方面：

关于文化是对社会历史进程起重要影响的研究。建立在唯物史观基础上的马克思和恩格斯的文化理论，批判了线性的历史决定论，指出了人类历史发展道路的多样性，论述了文化精神生活对历史进程的重要影响和推动作用。19世纪中叶以后，以泰勒、马林诺夫斯基、博厄斯、本尼斯克特等人为代表从文化学、人类学、民俗学、民族学、文化人类学的不同视角，阐明了文化作为社会历史进程中最深层的因素。

关于文化是对现代性社会批判的研究。卢卡奇的"物化理论"、葛兰西的"文化霸权"、马尔库塞的"单向度的人"、列菲伏尔的"日常生活批判"等思想，都是从文化视角对现代性社会做出批判和剖析。

关于文化是社会生活方式总体性的研究。泰勒将文化归纳为"整个生活方式的总和"、斯宾格勒把文化看成一种活生生的有机体、威廉斯的文化是"整体生活方式"的文化观、霍加特的"文化实践"思想，都是关于文化是社会生活方式总体性的研究。

关于文化是推动社会变革起关键作用的研究。葛兰西和科尔施的"工人委员会"设想、列菲伏尔的"自治社会主义"、高兹等人的"劳工战略"、马尔库塞的"现代乌托邦革命"、威廉斯和霍加特的"文化话语革新"等，都集中将文化变革作为改变现代性社会的突破口，并提出了社会民主化和人类解放的一些具体途径。

文化唯物主义语言哲学思想研究

关于文化是社会治理中重要组成部分的研究。列宁对马克思主义文化理论实践维度的思考、威廉斯和霍加特等人的文化实践思想、本尼特有关文化政策的思考,都体现了对文化与治理之间问题的论述。

马克思主义作为社会历史理论重要组成部分的文化理论。在理解马克思论述文化与经济基础关系的基础上,正确认识文化在人类社会发展中的地位和作用,特别是文化对经济运行和社会发展的推动作用,从而更好地把握社会治理中文化意识的作用。法兰克福学派文化批判理论。在分析法兰克福学派技术理性批判、意识形态批判、商业文化批判中,探究社会治理中经济、技术与文化之间的关系。文化唯物主义关于语言哲学的研究中,探究文化生成的内涵,强调文化实践的意义和价值,关注社会发展中微观主体的力量,彰显文化实践与社会发展的稳定性、文化实践与社会治理的持续性之间的关联。后现代马克思主义具有微观政治学批判特征的文化理论。在辨析后现代马克思主义以多元化文化力量抵御宏观政治权力的微观政治思想中,挖掘多元化的社会格局中多层次的社会治理方式。

在对社会治理综合体的研究中,人们往往过多停留于政治和经济层面的研究,社会治理中的话语实践研究并没有得到应有的重视。然而,文化的治理性特质在解决社会治理的危机和提供新的社会治理实践路径中发挥着越来越重要的作用。聚焦于具有典型代表性的作为承载社会治理改革者的文化唯物主义语言政治哲学研究,从以人的文化性为着眼点的社会治理内涵、作为社会治理改革者的实践表征、对社会治理三因素的改造,三个方面寻绎语言政治哲学对社会治理理论与实践的意义,探究语言文化对社会治理困境的积极贡献,进一步阐释语言文化在社会治理中的地位和在社会治理运行中的作用。

关于建构合理有效的社会治理问题已然成为整个现当代世界社会发展的核心问题,成为21世纪马克思主义哲学发展的重要主题。"社会治理"提出的意义就在于与追求一般意义、宏大模式、线性方式之下"自上而下"的"国家统治"或"国家管理"相区别,呈现出具体化、多层次性、复杂张力结构"自下而上"的治理体系。社会治理体系是一个囊括政治、经济、社会、文化、生态等领域的综合系统。在传统社会治理的意义上,社会治理往往过多停留于一般意义上的政治、经济领域,然而,社会治理中的文化领域没有得到有效的关注。这样造成的结果不但会影响文化对整个社会发展的积极作用,而且会使"社会治理"失去其原有的价值和意义。文化唯物主义语言政治哲学探究社会治理中被忽视的语言文化作用，彰显承担社会治理改革者文化研究的用途，从而解决现实社会存在的治理问题，进一步推动和完善社会治理体系的建构。

文化唯物主义作为现当代马克思主义发展的重要学术流派，在寻求社会主义的道路中采取了非同"国家统治"或"国家管理"的一般方式，趋向从"国家治理"或更广泛意义上的"社会治理"层面，建构理想社会主义国家和社会。他们对"社会治理"的理解和实践着眼于"人的文化性"的探索，将社会治理的语言政治哲学研究作为达至理想社会的关键所在。

第一，以人的文化性救赎现代社会的危机，唤醒人们对"人民真实世界"①的探寻。马克思预设理想社会的本质目标就在于构建符合人的本性，彰显人的文化性的社会。马克思将资本主义国家称为"虚幻的共同体"和"不过是管理整个资产阶级的共同事务的委员会"②，其原因在于资本主义国家的运行方式使"资本具有独立性和个性，而活动着的个人却没有独立性和个性"③。资本主义国家的形成与发展抹杀了人的本质性和人的文化性的特质，人成为物的支配对象，成为被物统治下的人。在这样一个"被颠倒"的人的关系和人的世界中，马克思力图改变由资本关系所造成的异化世界，通过人的实践活动，"把人们的全部注意力集中到自己身上"④，关注人的解放，在人的自由而全面发展的意义上重建世界。

文化唯物主义关注承担社会治理改革者的语言政治研究，是整个世界发展作用的结果，是时代发展的必然趋势。冷战爆发和一系列政治事件的发生，使得文化唯物主义思想家从当时绝大多数人对社会主义的普遍质疑、不满，甚至绝望的哀怨中摆脱出来，开始重新思考社会主义的出路和前景。在文化唯物主义看来，第二国际所奉行的社会主义道路，以及"大政府"对经济干预的社会主义是对社会主义理解和认识的极大误导。再加上，"无阶级"社会的幻象和大众消费的兴起，使得占有剩余价值的经典资本主义形式仿佛一下子消失了。实际上，一种资本主义更为深刻的剥削形式在这样的情景之下隐蔽起来。霍加特作为文化唯物

---

① Richard Hoggart. The Uses of Literacy：Aspects of Working - class Life [M]. London：Chatto & Windus, 1967：72.
② 马克思恩格斯选集（第1卷）[M]. 北京：人民出版社, 1995：274.
③ 马克思恩格斯选集（第1卷）[M]. 北京：人民出版社, 1995：287.
④ 马克思恩格斯全集（第2卷）[M]. 北京：人民出版社, 1960：161 - 162.

主义的经典代表,拒绝用"英雄式的无产阶级"图景或"浪漫主义的工人阶级"笔调描述工人阶级的生活,而是以民族志的研究方法深入工人阶级真实的文化生活,为工人阶级走出"相对主义"和"无阶级感"的迷雾找到了方向,重塑了"典型工人阶级"①的形象,力图实现民主化政治与文化意识树立的有效连接。正是在这样的情景之下,文化唯物主义一方面试图解弊新时期资本主义新的剥削方式;另一方面积极开拓新时期社会主义的存在方式。文化唯物主义思想家在探寻社会主义实践的道路上,开辟了一条结合本土特色和时代需求的社会治理之路,是马克思社会主义理论的新成果。

第二,以人的文化性摆脱语言文本"自律"论、经济决定论对文化社会功能的束缚。英国新马克思主义面对现代性社会发展的新景象,即文化的存在方式成为现代社会存在的主要方式,赋予文化新的社会组织位置,以人的文化性为着眼点,力图建构社会治理的内涵。他们分析了语言文化与社会长期割裂思考的状况,主要表现为两个方面:一方面,精英主义主导的文化"自律"论作为语言文本研究的唯一原则,仅关注文本自身内部的发展;另一方面,第二国际奉行的经济决定论把文化作为经济的附属物,忽视文化的能动作用。文化唯物主义反对将文化作为社会关系的副现象,聚焦文化的社会意义,审视文化特有的社会组织建构力量,推行文化的民主功能。文化唯物主义以人的文化性为着眼点的社会治理思想,冲破了精英主义者对文化狭隘而片面的强调,使文化从一种虚无的、形而上学的存在迈向了现实的、生活世界的存在,同时,也改变了第二国际奉行的经济决定论,将文化从作为经济的附属物转向了文化的社会建构功能。文化此时不再是经济关系之下的衍生物,而是变革社会的关键力量。文化唯物主义强调了文化的物质属性和精神属性的并存关系,发挥语言文化主体的能动作用,使人与物、人与人之间单一的经济关系转变成人与生活、人与文化、人与社会整体而多样性的文化关系。

第三,以人的文化性思考社会运行方式,改变了社会不依赖文化作用而存在的思想,为文化塑造新的社会功能。威廉斯认为:"重要的是能够意识到,无论对于工会、合作运动,还是政党而言,文化代表着集体民主制。"② 对于威廉斯

---

① Richard Hoggart. Everyday Language & Everyday Life [M]. London:Transaction Publishers, 2003:102.

② Raymond Williams. Culture and Society [M]. New York:Columbia University Press, 1958:313.

第四章 文化唯物主义语言哲学理想社会新秩序的建构

而言，文化不等同于"艺术作品"，文化作为"整体的生活方式"嵌入人的日常经验和实践活动中。他对 20 世纪 50 年代工人阶级结构进行了调查，将注意力持续聚焦于工人阶级的意识问题，通过对人的文化性追求，实现社会民主化的变革和深化，加深文化与政治、文化与社会治理的融合。形成于 20 世纪七八十年代的第二代文化唯物主义者延续了第一代学者社会治理路径，即始于人的文化性的社会变革和治理之路。他们创作了一批关键性的文本，如霍尔主编的《有仪式的抵抗：青年亚文化在战后英国》（1976）、保罗·威利斯的《学会劳动：工人阶级的孩子如何获得工人阶级的工作》（1977）、迪克·赫布迪奇的《亚文化：风格的意义》（1979）、大卫·莫利的《"全国范围内的"听众》（1980），以文化与资本相结盟的现代性社会批判为背景，通过对工人阶级文化、青年亚文化表征效果的分析，为工人阶级语言文化意识的建构寻求到了新的依靠力量。

文化唯物主义以人的文化性为着眼点，力图达至社会治理的本真内涵，即不是在于寻求一般意义上的政策或组织形式，而是以关注人类总体的生活状况为基础，以是否符合人的生存需要，是否符合社会的合理发展，是否能得到人的解放为根本诉求的治理。这远远超越了传统意义上以政府为中心政治权力的统治，而是从人的文化性、从作为一种生活方式的文化、从被组织起来的文化意义关系中，寻求达至人类社会的良性发展和社会公平有序的治理之路。

语言文化现象的意识形态机制具有复杂性，意指在社会制度、历史演进和话语场域的诸多因素影响下，所形成的社会化组织的表征方式。在现代性社会的发展中，以文化为代表的非物质劳动生产，作为一种新的生产方式孕育而生，文化与经济、文化与社会、文化与政治之间的关系更为密切，语言文化的治理性表征更为突出，主要表现在以下三个方面：

第一，文化唯物主义语言政治哲学的治理性呈现出微观政治学批判的特征。福柯在文化理论中提出要砍下国王的头颅，就是要力图改变"从上到下"的权力运作方式。在文化唯物主义者看来，一个社会健康有序的发展，一个国家真正实现民有民享的存在，不是自上而下的国家权力机构对国家或社会的支配性控制，而是自下而上由微观文化主体共同参与的国家治理机制的有效推进。他们借助文化的治理性，探索工人阶级文化的本真价值和意义，真实再现微观文化主体的利益诉求，力图打破固化和等级化的文化结构，从而推动整个社会体制的变革。威廉斯在《漫长的革命》中，从审美、意识形态、人类学三个相互关联的

· 179 ·

维度，梳理了"生活的""记录的""选择性的"文化概念。其中，"有选择的传统"代表着脱离普通人民实际生活、掌控在文化精英主义者手中"人类最完美的爱"的文化概念。这种固化的、阶级化的文化谱系学构造成为长期横亘在人民心上的精神枷锁。为此，文化唯物主义者试图改变高/低文化的二元对立状态，提出文化作为与政治、经济制度一样重要的阶级斗争核心构成的思想。他们从文化研究的角度，对大众教育、大众媒体、现实主义小说和大众阅读进了批判性反思，点亮了改造文化传统结构的路径。精英主义的文化结构是文化与统治之间的联合或压迫关系，而文化唯物主义强调文化的治理性则是从普通人民参与社会实践的层面，聚集微观文化运动力量的过程。

第二，文化唯物主义语言政治哲学的治理性体现出社会建构的特征。霍尔认为，"在理解和分析所有的社会关系和制度时"，文化已经发挥着"一种决定性和建构性的作用"①。文化是"对一种社会生活状况的不断构建，而不是一个依附的变量"②。文化唯物主义思想家深刻记录了文化领域与资本主义经济发展之间的新变化，探究了现代性社会簇拥之下文化与资本结盟的新社会状况，认为"相对主义的"现代性社会正在驱使工人阶级产生"无阶级感"，工人阶级的政治立场有被同质化的危险。在此情景下，他们"把对文化的关切作为政治问题的核心，彰显出与传统政治学的差别，强调政治在社会运动和变化中发挥阶级意识的斗争作用"③。威廉斯提出："如果人的存在能够达至不断学习、创造和交流的状态，唯有这个社会组织能够给人们提供民主的、共同参与社会的方式。"④ 文化唯物主义者关注物质生产与意识形态之间辩证关系的合力对社会改革的作用，强调文化是通向更加民主化的社会革命的重要构成部分。他们将文化的治理性作为社会再分配的重要手段，作为工人阶级维护自身存在合理性和拥有权利合法性的途径，成为达至构建具有充分参与度的社会秩序的关键因素。文化的重新组织和建立秩序意味着社会建构内容的变革，从精英主义的文化排序方式转变成包括工人阶级文化在内的整体生活方式的文化新秩序、人的存在方式和社会运行方式

---

① Stuart Hall. The Centrality of Culture: Notes on the Cultural Revolution of Our Time. K. Thompson ed. Media and Cultural Regulation [M]. London: Sage, 1997: 223.
② Stuart Hall. The Centrality of Culture: Notes on the Cultural Revolution of Our Time. K. Thompson ed. Media and Cultural Regulation [M]. London: Sage, 1997: 200.
③ 马援. 英国新左派现代性文化批判的政治诉求 [J]. 哲学动态, 2017 (4): 44.
④ Raymond William. The Long Revolution [M]. London: Chatto and Windus, 1961: 118.

随之发生一系列具有联动效应的变革。

第三，构建"共同体"语言文化实现优化社会治理体系的特征。文化唯物主义更加关注地方或区域化的治理，特别包括了社区在内的治理问题，涵盖了各个社会群体和阶级整体生活方式的文化共同体的建构模式，开辟了非政府直接干预的多层次社会治理体系。他们所倡导的文化共同体愿景，与阿诺德为代表的文化精英主义将文化作为"一种人类完善的状态"大相径庭，批判人类完善的绝对文化价值。他们用一种对大写文化的解析学，把大写的文化分解成具有现实语境和具体生活情境的小写文化，生成不同文化主体自主实践的文化共同体，而非刻意筹划的理性活动。文化共同体对社会治理的优化主要表现为四个方面：其一，文化共同体的建构实现了治理主体多元化，优化了治理主体的成员构成。其二，文化共同体的建构形成于现实的人的文化生活，遵循人的实际生活规律，彰显普通人民的共同诉求，体现出自主性的治理方式。其三，文化共同体的建构打破了统治权力的运行逻辑，实现了社会权力的再分配。其四，文化共同体的建构着眼于社会公共领域的治理问题，拓宽了治理的边界。因此，文化共同体的建构以多元化的治理主体、自主性的治理方式、自下而上的权力运行方式和公共领域为基础的治理范围，这四个方面有助于社会治理体系的优化升级。

文化唯物主义的文化研究从社会治理的三因素，即治理主体、治理方式和治理效果三个层面对社会治理体系进行改造。

首先，文化唯物主义语言政治哲学研究对治理主体的改造。英国新马克思主义强调社会治理主体不是一种单向度的国家政权对国家和社会的支配性控制，而是包括普通人民在内的微观文化主体对社会运行体制的参与和贡献。文化研究在社会治理主体的形成方面具有重要作用。在经济决定论的影响下，人的文化性被狭隘禁锢在物的附属之下，导致了人成为简单的物化主体，漠视了人的文化属性的意义。

文化唯物主义强调语言的实践性，以人的语言实践活动为轴心理解和构建社会。在他们看来，普通劳动者不仅是劳动生产的主体，而且是文化生成的主体，并且，只有成为文化生成的主体，才能真正成为历史的主体。在社会主体的形成中，汤普森指出，"阶级是一种文化的和社会的形成"[①]，揭示文化与社会阶级结

---

① E. P. Thompson. The Poverty of Theory and Other Essays [M]. London: Merlin Press, 1978: 295.

构的关系问题。为此,文化唯物主义"颠覆了教条主义马克思主义的经济还原幻象,证明现实的社会是实践基础上生产出来的文化整体,无法截然分割所谓的经济基础与上层建筑,并开辟了文化研究的社会主义左派新方向"①。

语言政治哲学形成了治理主体观察事物和理解事物的方法。威廉斯提倡"扩展学习积极性过程的愿望"本身是大有裨益的,应该"摆脱工具主义/功利主义的动机","社会应该向所有普通人民,而不仅是有限的群体提供文学和其他进步的交流技能"。②霍加特用一种"扬弃"的方式,批判性地继承了利维斯"文本细读"方法,并提出了"品质阅读"和"价值阅读"的对普通人民有效的阅读方法,为普通人民认识和理解社会植入关键性的方法。文化唯物主义者在为普通人民有效参与社会提供方法和途径,通过治理主体自主、自省、自觉实践力量的聚集,使治理主体的能力得到显著提升。社会治理的主体不只是社会法规的制定者和审判者,社会治理的过程同样也不是某一项政策、法规的制定,社会治理是一个囊括普通人民在内的社会实践的栖息地。文化研究促使普通人民成为社会治理主体的关键构成,成为担负社会前进发展的重要动力来源。

文化唯物主义语言政治哲学解决如何推进治理体制民主化和提高治理主体素质的问题。社会治理的文化意识思想在于推行民主化的治理进程,通过教育民主、知识话语民主和公共权力民主,从而达至民主化的社会发展。有效的文化实践是推进治理体制民主化和提高治理主体素质的关键因素,在有关威廉斯积极建构不同文化之间的关系问题、霍加特的文化生成思想、霍尔的编码/解码理论中,都彰显了把文化实践作为塑造微观实践治理主体和提升治理主体素质途径的思想。

其次,文化唯物主义语言政治哲学研究对治理方式的改造。文化唯物主义强化社会治理的文化意识,关涉整体的文化生成过程,包括文化的生产、流通、传播、消费、文化与经济发展、文化与权力关系、文化与社会生活、文化与价值判断之间复杂的张力结构,摒弃单纯的政府对社会的管理体系,突破单一的社会发展模式,形成了具有开放性、动态性、积极性的多元社会治理方式,力图达至整体生活方式变革的社会治理思想。

---

① 张一兵. 当代国外马克思主义哲学思潮[M]. 南京:江苏人民出版社,2011:420.
② Raymond William. The Long Revolution[M]. London:Chatto and Windus,1961:11.

第四章 文化唯物主义语言哲学理想社会新秩序的建构

文化唯物主义者依据现代性社会的发展状况，面对商业化簇拥之下的大众文化，例如，出版业、广播、电影、电视等现代媒体的语言新形式，深度思考现代媒体的语言文化传播方式，反思现代媒体的语言文化传播与现实文化生活，以及现代媒体打造的文化景观与文化价值秩序之间的关联，将文化实践作为治理社会的利器，力图建构健康、合理的文化新秩序。霍加特指出媒体重要的不是让公众受到细枝末节事物的缠绕，而应深入了解公众具体的现实生活。他认为良好的媒体秩序应该"超越工业化系统的束缚"，实现潜在推动"社会艺术"的使命。霍加特强调，"广播系统不能停止对社会的审视"，有责任重新审视公共事务，并相信它将会拓宽公众对整个世界更大范围的了解和认识，更重要的是，"如果它能够肩负这种责任，广播公司将最终成为'社会的发酵剂'和'积极变革的活性剂'"①。霍尔的《流行艺术》坚持从大众文化本身出发，理解和考察大众与流行文化之间的关系，认为青年文化变得越来越有意义，"成为一种能创造的少数派，在超越深深根植于英国资产阶级道德的清教禁锢，朝着一种我们认为更人道、更文明的行为方式走在整个社会的最前列"②。他将符号学与马克思的生产理论进行了综合，产生了编码/解码理论，认为尽管传播信息的生产或"编码"与观众的接受或"解码"存在着"依附于主导结构"不对称的权力关系，但是受众者有能力以自己的方式对这些信息进行解读，在接受媒体信息的过程中扮演了一个积极的角色。

语言文化产品和语言文化类型伴随科学技术不断更被重新组织化，进一步产生了文化参与者与新文化样态之间新的作用和新的介入方式，这种新作用和介入方式要使普通人民成为重新组织化的最大受益者，需要社会治理体制的革新。威廉斯认为，如果对媒体进行适当监管，它可以真正丰富我们的生活和服务我们的社会。霍加特始终主张大众媒体应承担公共舆论、社会凝聚力、文化变革的主要力量，主要表现为以下三个方面的原因：其一，健康、良好的媒体秩序可以强化政府、权力机构对民主化进程的推动作用，加强为公众服务的责任意识；其二，媒体作为一个公众平台，对不同群体的文化价值和社会行为做出具有公众影响力的判断，为每个家庭，甚至整个社会提供文化传播的重要源泉；其三，媒体是映

---

① Richard Hoggart. Only Connect: On Culture and Communication [M]. London: Chatto & Windus, 1972: 83–84.
② Stuart Hall, Paddy Whannel. The Popular Arts [M]. London: Beacon Press, 1964: 273.

射社会文化变化的窗口，对社会礼仪、态度、习俗产生重要的影响。文化唯物主义者积极思考如何在符合人类良性发展和生成微观文化实践者自我发展主体意识的语境下，进行文化政策的研究，推动建构和运用科学化的社会治理机制。他们集中研究文化技术、文化组织在现代社会治理方式所发挥的作用，以及两者共同承担建构文化意识责任的意义，从而建立一整套激发人类文化创造性和社会参与度的社会机制，形成微观实践者自我治理的主体意识。

文化唯物主义从语言文化的复杂性和语言文化的"多元决定"关系中，以文化与社会关系的角度，通过审视文化的表征系统，理解当代社会发展状况，搭建文本生产与读者双向互动的阅读模型，使微观文化实践者读懂"那些晦暗的文字、隐晦的语气、内容的省略"① 背后的意义，获得真正读写能力的提高，从而推动文化表征与实践的统一，实现整体性社会治理的优化。文化唯物主义关注由普通文化实践者形成的社会群体，注重社会生活结成群体成员文化能力的提升，特别是对大众媒体的解读能力。他们指出，媒体解读能力是在不同语境下，作为介入、理解、创造和交流的能力，包含了多元化的"解读能力"，如"信息解读""数据解读""电影解读""电视解读"。随着互动媒体平台越来越广泛的应用，文化实践成为解读大众媒体最为有效的方式之一，并经过引导、协商、沟通、参与的治理方式，有效分析和组织除国家治理重要支点的经济组织、政治组织以外的大量社会生活形成的社会组织，从而实现多元化的治理方式。

最后，文化唯物主义语言政治哲学研究对治理效果的评价。文化唯物主义倡导社会治理的文化研究，在于达至真正符合人类社会发展的社会治理之路，达至符合人类本性和良性社会发展的秩序。具有文化意识的社会治理的治理效果，应当具有"善本、善念、善治"的特征，消除异化、实现人的全面自由的解放即为善本，建立自由、平等的社会主义可谓善念，建筑互惠性共同体文化即是善治，是实现人的全面发展与社会合理建构的有机统一。

社会治理的效果评价是衡量治理组织、机构经过实施活动所达到的预定目标和实现程度，对社会治理成果的价值做出科学的判断。文化唯物主义从文化研究的视阈审视社会治理的成效，以普通人民的诉求、以社会整体的运行、以国家公

---

① Richard Hoggart. Between Two Worlds: Politics, Anti‐politics, and the Unpolitical [M]. New Brunswick: Transaction, 2002: 195.

第四章 文化唯物主义语言哲学理想社会新秩序的建构

平正义的发展为前提，可持续建构政治、经济、文化、生态的社会治理综合体。主要表现为以下几个突破：

突破之一：批判现代性社会危机的语言政治哲学研究。现代性社会正竭尽全力遵循着资本逻辑的发展，最为明显的特征就是"一刻不间断的生产过程"和"工人阶级必须跟上机械系统的节奏"。事实上，现代性社会的发展正像连续不断生产的机械一样，盲目地、疲惫不堪地运行着，为谋求一时经济利益的最大化，不惜对地球资源过度开发，致使资源枯竭、生态失衡，同时，经济的单向度发展越来越侵吞着人类身体和精神的一切自由活动。文化唯物主义批判现代性社会资本逻辑的运作秩序，揭示了文化与资本结盟下的现代危机，以始于文化谱系学的变革，变革治理主体观察和理解社会的方式，从盲目追求利润驱使狭隘、短期的社会效益，转向符合人类文化属性的长效、有机的社会发展。

突破之二：审视社会治理发展的价值标示。文化唯物主义关注语言文化对人的现实生活反映的作用，强调文化的治理性对社会发展的意义和价值，从人的文化性上解读社会治理的内涵，以符合人的实际生活、符合人的真正需求，符合社会的长远发展作为衡量社会治理效果的评价标准。文化唯物主义在关涉促进社会公平的发展，强调社会变革中微观主体的力量，变革文化生成的内涵和意义，以及强调文化实践的意义和价值的内容中，都彰显出了正义与社会发展的稳定性、正义与社会治理的持续性、正义与现代政治生活的基本价值、正义与人类理想社会的目标之间的关联，从而形成了文化唯物主义以正义为前提的社会治理新图景。

突破之三：搭建人类命运共同体的理想社会。承担社会治理改革者的文化研究包孕文化唯物主义对"社会主义新战略""社会主义革命的新主体"和"未来社会主义设想"的思想，以文化研究搭建了关于社会主义的整体论述。他们面临马克思主义发展过程中曾经遭遇的问题，从人的本质、主体方面去理解对象和改造现实社会。文化唯物主义在探索文化研究的道路上，为社会治理的理论和实践开辟了巨大的空间，使社会治理具有了宽容的特质，和而不同，共建人类美好家园，求同存异搭建人类命运共同体。

面对全球化不断深化的今天，人类面临的问题是具有共性的，如何面对治理危机、如何完善国家的职能、如何开创人类社会的未来是急需解决的问题。在这一问题上，党的十八届三中全会将"完善和发展中国特色社会主义制度，推进国家治理体系和治理能力现代化"列为全面深化改革的总目标,作为新时期深化改革的执政理念和治国方略。在探究国家治理的问题时,可以根据我国的现实发展状况,积极借鉴、批判、扬弃其他国家对国家治理的思想,从而为建构具有中国特色的国家治理体系,并走出一条适合中国社会发展的国家治理之路提供一定的思路。分析文化唯物主义对社会治理思想的研究,对于我国正在推进"社会治理""治理现代化"的实现具有一定的借鉴意义。

文化唯物主义承担社会治理改革者的语言政治哲学研究渗透着马克思实践唯物主义的思想,揭示出语言文化在社会综合发展中所起的作用,通过对语言文化治理性的研究抵抗商业化对语言文化发展的侵蚀,进一步充实社会治理体系的发展。文化唯物主义将作为社会治理的改革者文化研究赋予崭新的思维方式,从人的文化性为着眼点的社会治理内涵、语言文化治理性的实践表征、对社会治理三因素的重要作用三个层面呈现出社会治理的新图景。

三、话语实践对现代化治理系统机制的优化

随着现代化治理系统的展开,语言文化越来越成为优化这一综合体的关键维度。文化唯物主义探究语言文化维度对现代化治理系统的环境机制、认知机制和关系机制的优化,彰显文化的结构性和组织性对社会治理系统的建构意义。

现代化治理系统是一个囊括政治、经济、社会、文化和生态诸多领域的综合体。其中,语言文化组织是建构和实现这一系统的关键构成。文化唯物主义强调对事物进行有机复杂系统的探究。在构建现代化治理的过程中,他们运用系统哲学的研究范式,可以有效发挥文化在这一综合系统中的功能,体现现代化治理系统的整体性、结构性和层次性。健康合理的文化组织可为群体共享社会治理观念提供认识工具,并有助于促成现代化社会治理系统的实践路径。文化的组织性彰显现代化治理系统的环境机制。

关于建构合理有效的现代化治理方式已然成为现代世界社会发展的核心,同样,成为新时代中国特色社会主义制度完善和发展的目标。"国家治理及其现代化"提出的意义就在于,它作为一个有机系统,与追求一般意义、宏大模式、线性方式之下"自上而下"的"国家统治"或"国家管理"相区别,呈现具体化、多层次性、复杂张力结构"自下而上"的治理综合系统,改变了以往传统管理方式的环境机制。传统社会管理理论把文化视为边缘性问题,强调结构对文化的

影响力，认为文化是结构不起眼的配角。然而，随着当代社会非物质劳动生产方式的剧增，引发整个社会生产方式和生活方式的变化，使得文化成为体现和构成作为明确社会建构或社会产品的文化。如果不能清晰地分析文化的构成、社会影响和新途径，就不能理解当代社会结构。现代化治理系统的环境机制体现出对现代社会发展状况和趋势的整体分析和预判。作为组织的文化不再是经济政治的附属物，而是社会结构中原因而非结果的力量，并在现代化治理系统中占据重要的地位。文化的组织性凸显了现代化治理体系环境机制的优势。

  文化唯物主义对文化组织性的关注，体现现代化治理系统对现代社会生存方式变化的聚焦。现代化社会治理关注现代性社会发展的新景象。这种新景象主要表现为文化的存在方式体现为现代社会存在的主要方式。现代生产表现为经济生产向文化生产、实体生产向符号生产的转向。现代生产离不开以文化为核心的组织生产，在一定社会文化生活的需求下形成文化的制造物。区别于一般意义物质产品的文化制造物，蕴含着生产主体与消费主体的自主文化实践作用于客观世界，并形成两者关系在场的生产过程。这一过程的生产隐含了文化的组织性，不再是通常的技术决定论或经济决定论单向度的生产链条，而构成技术与文化、工具理性与审美判断的融合。文化组织实践"参与客观化于制度之中的历史，去实践性地利用它们，并因而使它们发挥作用，不断地将它们从僵死的状态中拯救出来，使沉积于它们之中的意义恢复生机，但同时也将恢复活力所必然包含的修改和变革强加于它们"①。文化组织已经隐含于历史性的世界构造之中，使社会世界与物质世界共同结构化得以连接。威廉姆·斯威尔就把社会结构看成"深厚的文化现象"②。这就是说，文化不是社会关系的副现象，而处于社会组织关系和社会结构中重要的位置。文化不仅承载表达的意义和经验的内容，而且潜在于一定的组织过程中，处在内容与形式的交融中。文化本身的结构性和组织性，深刻再现部分特定社会形式，提供理解社会关系的渠道。

  文化唯物主义对文化组织性的研究，呈现现代化治理系统不同于传统管理理论的功能优势。传统管理理论往往停留于一般意义上的政治、经济领域，对社会生活之文化领域没有应有的关注。其原因在于传统管理理论将文化与理性、规律

---

① Pierre Bourdieu. The Logic of Practice [M]. Stanford: CA Stanford University Press, 1990: 141.

② William·H. Sewell. A theory of Structure: duality, agency and transformation [J]. American Journal of Sociology, 1992 (98): 1-29.

和法制相割裂，寻求非文化的理论原则。如工具理性观点就强调高度抽象的理性主义组织理论，试图编织先验的理性法则，打造如自然世界客观规律一般的理论，拒斥组织中的文化性因素。然而，当先验法则支配的公式化、程式化和普遍性的组织理论越靠近完满的理性目标时，看似完善的管理理论其生存的空间反而越发狭窄。因为现代社会的发展不是单线条和程式化的，而是充满了丰富的多样性和偶变性，所以组织内部理性主义的传统假设不能摆脱现实的文化语境，需要关注现实的文化组织环境。正如《一般系统论》所指的那样，"系统是处于一定相互联系中的与环境发生关系的各组成成分的总体"①。现代化治理系统弥散着强大的文化组织环境，对多元化世界发展趋势的分析、对不同区域文化社会差异的比较和对特定组织结构的探索，都体现了这一系统对文化情境的重视。它在关注系统内部组成要素间相互关系的同时，通过整体思维，强化与系统外部环境的关联，从而优化系统思维方式。现代化治理不再拘泥于全然工具理性的束缚，而逐渐展开了自身的边界，开始聚焦于具体化组织内部与外部之间的文化因素。这就意味着，文化组织作为现代化治理的有机构成，正是现代化治理系统思维优于一般管理理论的意义。文化的组织性越来越与现代化治理问题关联在一起，文化不再是社会建构中不起眼的配角。

文化唯物主义以文化图式深化现代化治理系统的认知机制。语言文化图式是人们对文化知识经验的网路结构，包含了对文化意义、文化生成和文化实践系列的知识结构。现代化治理认识机制包孕自身概念和边界的确立。语言文化图式的建立有助于现代化治理系统认知机制的形成和完善。

他们从文化意义探究现代化治理系统，有助于深化治理概念的本真内涵。他们从文化意义对现代化治理形态的深描，对文化结成公共团体组织结构的研究，包括以民族文化、普通人民的文化、多元文化和少数人的文化为研究对象，探究文化对公共政治形态有意义的组建。这样一种以文化意义对社会治理系统的研究，为公共政治学提供了新的研究视阈，为政治机体注入了自由、平等和公平易于敞开的协商机制，为思考社会治理研究提供了新方式。文化意义对社会治理概念的探讨，改变了文化与治理之间的逻辑序列。通常文化被视为管理的对象或者目标，但是文化维度的社会治理意义，将文化作为社会治理干预和调节的工具。

---

① 贝塔朗菲. 一般系统论 [J]. 自然科学哲学问题丛刊，1979（1）：2.

它以文化的治理特质,探究文化对现代性社会治理过程,主要囊括两个层面:其一,以文化主体的文化实践活动,形成集体对社会认知和社会行为持有的意义系统。其二,在集体意义系统产生之后,对现实社会运行方式进行有效的反思,并力图达成具有建设性和策略性的整体社会布局。

这远远超越了传统意义上以政府为中心政治权力的统治,而是从人的文化性、从作为一种生活方式的文化、从被组织起来的文化意义关系中,寻求达至人类社会的良性发展和社会公平有序的治理之路。以人的文化性思考社会运行方式,改变了社会不依赖文化作用而存在的思想,为文化塑造新的社会功能。文化维度的现代化治理系统,以文化是如何被建构入手,分析文化被社会构造而又构造社会的双向作用力。它关注普通人民文化的本真意义和价值,真实再现微观主体的利益诉求。现代化治理以人的文化性为着眼点,力图达至社会治理的本真内涵,即不是在于寻求一般意义上的政策或组织形式,而是以关注人类总体的生活状况为基础,以是否符合人的生存需要、是否符合社会的合理发展、是否能得到人的解放为根本诉求的治理。

文化唯物主义以文化实践搭建现代化治理系统的路径。文化实践影响着群体持有社会秩序的想象,并形塑群体关于政治理念的表达和仪式活动,成为构成群体政治主张和政治价值观的重要因素。按照群体共享的经验、价值、传统和仪式,将渗透于所有社会实践之中的文化,作为提供考察社会内在结构的重要构成,为群体共享治理观念提供现实途径。

文化唯物主义以文化生成的棱镜审视现代社会的困境。资本驱动下的现代社会如不断生产的机械一般,疲惫不堪地盲目运行,只能带来狭隘和短期的社会效益。现代化治理系统追求的社会生产是一种长远的生产,它彰显人类社会历史发展的脉络和传承人类民族文化发展的轨迹。现代化治理系统遵循文化生成的发展规律,因为人的存在方式更是一种文化的存在方式。同样,文化生成不是一种简单的生产功能主义,它关注社会文化的内在特质,以其自身运作机制反思现代性社会的总体发展状况。现代化治理系统以文化生成的棱镜批判现代性社会资本逻辑的运作秩序,揭示文化与资本结盟下的现代危机。它以始于文化谱系学的变革,转向符合人类文化属性的长效、有机的社会发展,变革治理主体观察和理解社会的方式。现代化治理的文化生成思想,将语言构成关系中的意义单元重新放置于经济、社会和政治关系的框架中,用于解释语言折射现实或符号化现实的模式。

　　文化生成从语义的流动性和多价性,在历史文化语义学流动的语境中,让意义在社会进程中得到充足的变化和演进。这种多元性和多层次性的文化生成,促使社会组织原则多样性,从而使政治能量从高度聚集化的政体形式分散成社会不同组织和文化群体间的政治能量单元。其中,言语符码对政治权力结构的分析,"是意识形态、社会、语言的政治意义、符号和话语政治学的再发现"①。文化生成强调文化实践和社会互动关系对社会治理的作用力。在社会治理的文化生成中,包含了语言符号内容与形式的两重向度,内容即融入了政治的现实性和具体的政治活动,而形式则承载了政治锻造的模式,形成了一般性符号或形式架构的具体化过程,达成"格式塔"的结构主义与"实体论"的文化主义的嫁接。现代化治理系统对文化生成意义的探究,将单一社会结构溶解于流动的言语符码,从线性的政治权力关系转向言语符码多层次性的社会治理分析。

　　现代性社会的文化景观主要呈现了两种趋势:一是"欧洲中心论"的文化扩张;二是全球资本逻辑下非物质劳动的生产。这产生出两种效应:文化霸权和文化高度碎片化。文化唯物主义者认为,这两种趋势看似是两个不同的方向,但实质上是资本主义发展的新衍生形态,为此,文化唯物主义从商品化的漂浮能指、意义与权力关系、意义的社会进程的思考,包括霍加特的相对主义批判、霍尔的葛兰西理论重构、伊格尔顿的意识形态理论、本尼特从美学到政治的马克思主义批评,探讨了撒切尔主义、文化霸权、凯恩斯主义和新自由主义当下的政治问题,并提出了话语理论新组合、微观话语主体型构、多元文化和社会治理的思想,实现了政治图景多维化的理解和语言政治哲学的建构。

---

① Stuart Hall. The Rediscovery of "Ideology": Return of the Repressed in Media Studies. Michael Gurevitch ed. Culture, Society, and the Media [M]. London: Metheun, 1982: 89.

第五章 文化唯物主义语言哲学思想的价值意蕴

第一节 对语言哲学研究当代嬗变的意义

"结构主义—文化主义"的融合范式呈现了当代马克思主义语言哲学研究的最新发展方向,并由此聚集了当代马克思主义哲学研究诸多新的成果。这一范式是指,将语言置于结构式理解与主体(间)理解之中,把"格式塔"的结构主义与"实体论"的文化主义进行嫁接,使其社会结构和文化作为语言哲学互为补充的解释因素。这一研究范式的关键在于,认识到了片面强调感觉经验的狭隘,以及过度倾向社会变迁宏观结构的局限,力图突破悬隔科学理性的文化主义与轻视人文历史的结构主义之间的对垒,强调社会结构与历史文化的不可分割性,体现社会结构对人生活经验的形塑与人生活经验对社会形塑的双向互动力量。

"语言转向"是20世纪西方思想发展史上的一场哥白尼式的革命,也是人类思维方式的一次重大变革。语言哲学对于马克思主义哲学的当代发展同样具有重要的意义和价值。作为20世纪西方马克思主义哲学发展史上具有典型代表性和学术活力的文化唯物主义,其思想包孕了马克思主义哲学与当代语言哲学的互动问题,成为探究当代马克思主义语言哲学思想的重要聚点。本成果就是围绕这一具有当代马克思主义语言哲学重要标示的文化唯物主义语言哲学展开研究的。

文化唯物主义语言哲学不同于逻辑实证主义的语言哲学。文化唯物主义语言哲学的理论前提在于,语言哲学研究不能脱离现实社会。他们批判纯粹逻辑或结构的语言研究，反对将语言抽象化地剥离于现实生活。为此，他们在探讨语言哲学问题时，并非徘徊于内部语义、句法逻辑之类语言本体论的论证，而是将语言置于文化、社会、历史、政治更为广泛的现实场景中，追溯语言生成的复杂历史过程。

文化唯物主义语言哲学呈现出当代语言哲学发展嬗变的重要特征和最新研究取向。当代语言哲学越来越关注语言哲学的现实性和社会功能。文化唯物主义探究了语言与文化、语言与社会和语言与政治之间的语言社会属性，发展了语言哲学的现实指向和现实功能。同时，文化唯物主义走出了"文化主义—结构主义"融合范式的语言哲学研究，突破了结构主义与文化主义二元对立的语言哲学发展模式，代表了当代语言哲学研究最新研究取向。

作为迈向现当代哲学重要标志的语言哲学正不断地进行着嬗变，从对语义、语用、真理、句法逻辑的语言内部分析，逐渐深入到语言与文化、语言与思维、语言与社会生活之间实践学科的转变，这使得语言哲学彰显出作为认识世界、理解世界，甚至是变革世界的重要功能。文化唯物主义思想体系中包孕了当代语言哲学嬗变的重要特征，即语言与文化、语言与思维、语言与社会之间，关于语言非本体论和非认识论的思想。文化唯物主义语言哲学是当代马克思主义语言哲学不可或缺的重要构成。它建立在语言哲学理论与马克思主义哲学互动问题的基础上，体现了语言哲学对马克思主义哲学的当代发展所具有的重要意义和价值。

相比于语言内部本体论的研究而言，对语言哲学现实功能的探究更为重要，因为这为解决现实历史困境和建构理想社会提供了一种新的思考方式。文化唯物主义关于语言哲学的研究，就是在针对现实社会发展的历史困境、解释人类生活和社会运行方式的过程中，逐步形成和发展而成的。他们在探讨语言哲学问题时，并非徘徊于内部语义、句法逻辑之类语言本体论的论证，而是将语言置于文化、社会、历史、政治更为广泛的现实场景中，追溯语言生成的复杂历史过程，以语言的实践性替代语言的抽象语法规则，拓宽了语言哲学的研究视域和现实功能。

第五章 文化唯物主义语言哲学思想的价值意蕴

第二节 对当代马克思主义哲学发展的拓展

在对马克思主义哲学当代形态和当代意义的研究中，对于当代马克思主义语言哲学的研究是其中一个重要的学术聚焦点。它不仅代表了语言哲学继逻辑实证主义发展之后语言哲学新的发展走向，而且探究了马克思主义哲学与语言哲学交互的问题，对马克思主义哲学当代形态的研究具有重要的意义和价值。

文化唯物主义产生的学术影响是具有拓扑性的，它引发了对文化固定属性的认知，对文化政治哲学、物质实践思想和马克思主义语言哲学有着深刻影响。

（一）文化唯物主义对文化政治哲学的影响

文化唯物主义自出现以来就带有浓厚的社会政治诉求，它围绕着现实社会的深层矛盾、运作方式和价值取向，用一种文化透视法审视现当代社会的总体发展状况，并提出了建构社会新秩序的有意义思考。

文化唯物主义探讨权力与文化之间的复杂关系，包括阶级、种族、性别和殖民主义多样的权力形式。文化唯物主义学者最为努力的工作之一就是将大写文化的样态变革成小写的和复数的文化书写形式。威廉斯"文化是普通平凡"的观点，就力图破解利维斯式"少数人""形式而上""最完美"的单一化文化概念，恢复文化表述人类经验状态的本真内涵。他强调文化的生活方式意义，包括生产组织、家庭结构、表达且统治社会关系的制度结构和社会成员的典型交流形式。霍加特复原20世纪20~30年代英国工人阶级的文化生活，以民族志的研究方式，解读文化作为表征礼仪、习俗、价值观念的意义，"自内而外"彰显文化的意义。汤普森对阶级概念的探源就并入了文化层面的分析。他认为："阶级是一种社会和文化的形成。"早期文化唯物主义者对文化的解读，包含着权力关系之下文化不平等关系的批判。文化唯物主义者没有陷入权力与文化既定秩序的悲哀中，而是看到了文化内部的可变因素，以及文化内部的自身力量。他们调动文化特定组织内部和社会阶层的文化模式，用底层人民的文化表征形式和他们所向往的文化愿景，力图改变权力关系之下文化既定秩序。

第二代文化唯物主义者在此基础上，对文化样态进行了更为细致的划分，涉及种族、性别、青年亚文化和殖民主义不同群体的文化研究。在霍尔对多元文化的探究中，涉及都市生活叙事问题。他认为，都市或城市正按照一种强劲的经济逻辑发展，对身份形成和权力资源进行重新匹配组合，但这样的发展抹杀了民族国家的特质、公共领域的多样性和文化的差异性。为此，霍尔强调文化的多元化，挑战金科玉律的强势文化和商业化的同质文化。苏醒殖民主义、帝国和镇压原住民中被掩盖起来的移民问题、边缘文化和民族文化，展现差异、地域性和少数文化的价值和意义。

文化唯物主义深刻影响了后现代主义对文化政治学的研究。后现代主义继承了文化唯物主义对文化物质实践形式自身领域探究的思想，不再纠结于文化与决定和生产它们的政治经济基础的简单关联。他们以文化现代性的表征为研究对象，探究符号、表征、形象和非物质劳动的生产方式，并分析思考这些新文化表征背后的权力运作关系，由此生发出文化政治学的新发展。他们摆脱传统意义的宏观政治关系中的权力意义，关注局部、特殊和微观中的差异和斗争。他们涉及对种族、性别、绿党政治和动物权力的问题，而文化作为处理这些问题的关键因素而处于文化政治学的核心。这种微观姿态的文化权力关系是一种包孕中心和边缘、局部和整体、外部和内部的文化空间结构。这一文化地图紧密或松散地记录全球化的文化呈现方式，显现着全球的政治关系。在这种由文化唯物主义引发的后现代思潮中，后现代文化政治学对青年文化、亚文化和民族文化研究出现了极大热情，因为这些亚文化当中暗含着边缘性与中心地位的对抗和抵制。异质性、流动性和差异性克服大规模化和固定化的权力。

新文化唯物主义将文化与权力关系视为解读文化文本的重要语境。为此，他们在当代权力关系的背景下探索文学文本。他们对传统文学在当代社会语境中的呈现方式进行了探究。文学文本在当代社会和政治形态中以被编码的方式运行。对于新文化唯物主义而言，20世纪80年代撒切尔主义右翼政治的整体环境是他们重新审视莎士比亚、韦伯斯特、华兹华斯、狄更斯和战后英国文学的诠释背景。新文化唯物主义艾伦·辛菲尔德在《战后英国文学》（1989），认为撒切尔主义对20世纪50年代旧秩序的保守观点抑制了文化文本阅读的差异性和多样性的发展。朱利安·沃尔夫雷斯在《英语中的文化唯物主义解构形式》中同样认为，撒切尔试图对维多利亚时期的复原作为对英格兰怀旧的缩影，将一种具有英语感的物质结构带入阅读维多利亚时期的文本中。在文化唯物主义者看来，对规范文本或精英文本当代呈现方式的解读，可以用来审视当代政治与文化传统之间的关系，以及对当代政治倾向的分析。因此，他们着力分析了当代文化生产与传统文学结合的隐喻关系，例如，印有狄更斯头像的10英镑，以及莎士比亚和奥斯丁一直以来作为英国教育课程的首选人物，促使他们对文学文本与当代政治文化的反思。他们认为，保守主义的"当代文化生产重要后果是对原有秩序的复制"①，这样一来，会干扰文化多元化的发展，致使文化民主化难以得到实现。因此，文化唯物主义试图改变文化实践的方式，强化普通人民的文化实践能力，并将其作为有力抵抗主导秩序的主要力量。他们试图借助文化系统中存在的裂缝和矛盾来抵抗这些主导的干预。文化与社会结构之间的张力关系，成为新文化唯物主义探究权力与颠覆关系的重要研究视阈。他们通过文化实践，如对文学文本的"典型"策略的研究和批评实践的方法，展示出文学文本与当代政治权力之间的映射关系。

新文化唯物主义探究了特定历史时期内不同文本之间有意义的对话。其中，包括了行动指南、刑事文件、杂记和游记等不同文学样式。这种结合不同类型文本的对话方式，不是在于澄清某一文本的写作意图和意义，而是将不同文学文本的比较分析作为强调文本平等观点的主张，从而更加详细地描述和审视当代语言、文化、社会和政治的关系结构。这样多元化文本交互的方式使得文学文本置于一种无特权的文化批评实践之中。另外，文化唯物主义作为分析意识形态以物质存在方式的审视方法。在当代文化唯物主义看来，意识形态在语言和语言结构中起作用，但更为重要的是，它还通过教会、学校、剧院、大学和博物馆等以物质形式存在。他们热衷于表明文化是意识形态竞争和斗争的领域，没有超越这种政治意识形态领域的文化艺术或文化实践的存在。

（二）文化唯物主义对物质实践思想的丰富

文化唯物主义以当代社会生活的文化分析作为理论坐标系，分析现代社会文化与现代科技资源结合而成的物质文化的生产、分配和消费的过程。他们认为，文化进入了更大范围的社会建构系统，良性的物质文化秩序可以维持、组织和改善人造环境的生产。

---

① Jonathan Dollimore, Alan Sinfield. Political Shakespeare: Essays in Cultural Materialism [M]. Manchester: Manchester University Press, 1994: 155.

文化唯物主义在反对正统马克思主义经济决定论的基础上，将文化主义与唯物主义进行有效嫁接，使得文化从作为抽象分析范畴的文化指向与"物质"并列起来作为社会生活范畴的文化，从而进一步研究文化问题和社会问题。在文化唯物主义的奠基者威廉斯看来，文化唯物主义是一种研究文化的（社会和物质）生产过程的理论，一种研究作为社会物质生产手段的特定实践和艺术的理论。威廉斯指出，除非认定文化形式本身就是物质的，是有组织物质生产过程的产品，否则就不可能将其置于现实社会关系中来思考。文化唯物主义坚持马克思历史唯物主义理论，强调文化活动是物质生产形式的思想，由此强化物质活动与意识之间不可分割的关系。文化唯物主义对历史唯物主义、马克思主义哲学的发展具有一定的推动作用。自文化唯物主义形成后，彻底改变了传统理解文化的思考方式，从精英式的文化、经济决定论意义的文化转向了人民大众的文化、实践意义的文化。现实生活也越来越清晰地证明，文化成为与政治、经济不可分割的存在。文化唯物主义作为一种重要的理论和方法，最早运用于文化理论研究，它进一步完善和丰富了马克思主义的文化理论。但文化唯物主义思想的意义不仅止于此，更重要的是它开创了关于人类社会思维方式的新模式，打破了经济决定论的捆绑，把文化从作为经济的附属物转向强调文化的社会功能。

文化唯物主义打破了物质与文化意义之间的分离。在威廉斯看来，文化生产一方面承载着文化的意义系统，另一方面它以物质的形式可进行再生产。文化形成和塑造在时空延伸性的物质关系和社会关系。威廉斯、霍加特认识到"经济基础—上层建筑"线性模式关系中，文化受制于经济的被动状态，主张文化的物质性和实践性。威廉斯提出了"实践的可变距离"，认为经济设定了文化表达和实践的限度，但并不能一对一确定文化实践的意义。他认为文化实践活动距离中心的经济关系越远，文化实践的能动性就越强。在霍加特研究的文化视阈中，文化存在于具体家庭生活的陈设、工人阶级的工厂、俱乐部和学校等现实生活的物质化场景中。文化不能脱离于生活，不能脱离于现实社会。在他们对文化物质化的主张中，探讨了物质文化对形成社会群体生活模式和价值理念积淀的意义。霍尔在此意义上，进一步强调了文化的相对自主性，关注不同层次实践的特殊性，提出了"复杂和不均衡发展"的思想。具体表现在：不协调话语因素的临时结合、不同因素在一定条件下形成统一连接方式、表征和象征之间的关系问题。他将对社会作为不同层次关系和意义独特、历史具体的、暂时的稳定系统。为此，他进

第五章 文化唯物主义语言哲学思想的价值意蕴

一步提出文化生产过程中"表达""认同""生产""消费""监管"相互接合的文化回路，探究不同时刻文化生产流程中的衔接。

新文化唯物主义主要强调文化的物质性特征被现代性社会操纵的过程。他们认为，资本主义社会政治和意识形态系统利用传统文化文本和图像服务于现在他们试图实现的利益。他们用新文本阅读方式解读传统文化文本和图像在当代被重新建构或组合而产生的意义。当代文化唯物主义感兴趣于当代文化对以往的文化体系的新用途，探究历史文化差异与当代文化新表征，如后殖民主义、女权主义和种族主义之间所强调文化差异之间的结构相似性。他们形成了从历史差异开始，接近审查种族、阶级、性别和国籍差异的分析，引发物质关系与文化差异之间关联的探析。他们探究了具体生产方式和生产关系当中，经济关系主体地位的差异对种族、阶级、性别和国籍等文化身份的影响。同时，他们反观文化身份关系的层次结构分析总体社会关系和等级制度。

（三）文化唯物主义对马克思主义语言哲学的新发展

文化唯物主义在探究文化的物质性和实践性的过程中，进一步朝着语言分析的方向发展，形成了具有自身特质的当代马克思主义语言哲学的新发展。不同于逻辑实证主义的语言哲学研究，文化唯物主义所关注的语言是包裹在文化、社会和历史情境之中的，与人的现实生活和社会总体发展状况密切相连。

在谈及文化唯物主义时，往往会产生一种错误的理解，那就是，文化唯物主义展开的是文化物质性的思考，如果要谈论文化与语言的问题就会陷入纯思维的范畴。实际上，这种理解是错误的，或者说这种说法是狭隘的，它一方面把语言哲学固定在语言内部逻辑的囚笼中，另一方面也狭隘地将唯物主义圈定在纯粹机械的物质世界中。在当代语言哲学的发展中，也越来越倾向于语言哲学外部和延伸性问题的探讨，关注语言与现实问题的结合，并由此产生了语用学和社会语言学等跨学科、多向度的发展。与此同时，在当代马克思主义结构主义和后结构主义的发展中，语言符号、话语和霸权同样是其研究的关键性问题。文化唯物主义也体现了当代马克思主义对语言哲学问题的思考，而这种思考是基于对语言、文化和社会政治之间现实关系映射的研究。

文化唯物主义为马克思主义语言哲学研究提供了一种新尝试。传统语言哲学围困于语言哲学内部逻辑和语言形式的分析，忽视了语言的社会属性和现实意义。而文化唯物主义不同于传统语言哲学的研究，它更注重语言的现实意义和社会意义，形成了自身特质的文化语言哲学。文化唯物主义对语言哲学的研究是一种基于社会生活和现实矛盾的探究，以语言表征现实和作用于现实的功能，彰显语言哲学的现实意义。文化唯物主义对语言的分析有其自身发展的逻辑性，它是在面向具体的现实社会生活探讨语言哲学的相关问题。威廉斯、霍加特和汤普森对历史文化语言学的探究源自对日常生活实践经验的分析。他们用历史文化语义学，寻觅"文化""民主""工人阶级"和"工业"不同历史阶段所形成的语义变迁，由此探究现代性社会的内在结构，并作为他们变革社会的重要突破口。

　　文化唯物主义做出了一种逆向性思考，即借助语言构成意义，反思所指对象世界和社会历史发展变化之间的关联。威廉斯在接受 V. N. 诺夫的启发后，试图建构马克思主义语言的概念，突出语言历史性和实践性的意义。他在《马克思主义与文学》指出，在思考关于语言的发展中，应该回到马克思主义，首先强调作为活动的语言，其次强调作为历史的语言，这是解决这一问题的关键时刻。同样，霍加特反对文字游戏式的语言理论或使用故弄玄虚的专业术语，认为这样一来就使得语言从现实生活中强制性地剥离开来，使之语料与现实生活之间产生遥不可及的距离感，失去了语言本真的价值与意义。他提出，语言永远不可用来纯粹审美或抽象沉思，就本质而言，我们每个人都在现实生活中使用语言，重申了语言用途的意义和价值。霍尔为结构主义获得了文化研究的范式地位，实现了"文化主义范式"与"结构主义范式"的"两种范式"的嫁接。他认为，通过生成浓缩了一系列不同内涵的话语，不同社会集团的分散的实践条件可以有效地将这些社会力量聚合起来……从而能够成为一种干预性的历史力量。这体现了社会历史条件与语言生成之间的关联，以及语言用途的社会功能的思想。

　　在文化唯物主义看来，语言的生成不仅需要根据语法、句法和语义的内在规定性，而且必然受到社会群体公共意义的限制。对当代社会生活的语言分析显示出了一定的价值和意义：一方面，观照社会生活的语言分析有助于理清语言的历史变化，如语言变体、隐喻变化等；另一方面，通过语言分析可以追溯社会历史的发展变化规律，为建构人类社会发展提供一定依据。这体现出了一种双向互动的过程。文化唯物主义从群体社会语义的产生和公众对话探究语言的生成，并以历史社会的视角，思考思维、语言与人类意识发展之间的关联。霍尔探究了意识形态话语记录着不同和具体的社会关系，在这些不同"意识形态框架中，通过使用不同的'表征系统'得到表达。那里有'市场'话语、'生产'话语和'流通'话语:每一种都生产一套不同界定的系统。同样,每一种话语都把我们定位成不同的身份:工人……。因而,每一种话语都在这个过程的具体关系中,把我们定位成社会角色或者某个社会团体成员,并且给我们规定了明确的社会身份"①。意识形态话语映射着一定的社会生产关系,定位每个人的社会身份。因此,他们讨论或找寻的不是先决条件的语言内在关系,而是社会历史变化系列反应的过程。他们进一步思考了话语理论问题,认为社会关系体现了话语关系,而话语关系承载着意义关系。同时以一种逆向思考,从意义的流动性和可变性理解结构的不稳定性和不确定性,从而探究当下变化的社会关系结构。

文化唯物主义者在对马克思主义语言哲学的研究中,思考了传统语言学、结构主义意义上的语言问题、形式主义意义上的语言问题三者在何种意义上谈论语言。首先,他们分析了以索绪尔为代表的传统语言学范畴,并认为索绪尔语言哲学是一种语言内部系统的解剖学,将语言肢解成语音、音位、词素的语言单位。本尼特就认为,"索绪尔方法论的中心在于感知给定语言单位的价值和功能,某一语言单位的意义依赖于它与语言系统内部其他单位的意义"②。文化唯物主义认为索绪尔在区别语言与言语的问题时,其关键是在为他的科学语言学做基础。在索绪尔的语言学体系中应该关注的对象只有语言。他们指出,索绪尔语言学的语义生成依赖于语言内部系统,是一种纯粹语言内部材料或要素的分析。其次,他们探究了形式主义的语言观。特别是,本尼特分析了雅各布森领导的莫斯科语言学小组的语言学方法,并汲取了形式主义关于词语言外之意和文学背后由特殊符号学组织起来的意义。他赞成形式主义将语言学的技巧运用于文学研究中,尤其是对诗歌的分析,作为特殊语言学运用的显示。然而,本尼特并不认为形式主义与索绪尔的语言学有什么本质性的不同,索绪尔试图打造一个完满的科学语言系统,而形式主义试图通过语言科学建构科学性的文学研究体系,以真空的环境考察文学文本。所以他们都是在针对语言内部或形式的研究,将语言学或文学研究形成一种固定的和独立的学科体系。最后,他们分析阿尔都塞结构主义者对语言问题的探究,批判了阿尔都塞对结构的抽象强调,对主体的能动性和自主性的忽视。

---

① Stuart Hall. The Problem of Ideology – Marxism without guarantees. Mattews Betty ed. Marx 100 Years [M]. London:Lawrence & Wishart, 1994:76 – 77.
② 托尼·本尼特. 形式主义和马克思主义[M]. 曾军译. 郑州:河南大学出版社,2011:37.

文化唯物主义语言哲学思想研究

文化唯物主义的话语实践模式包括了审视被编码的文本、有效建构话语分析的文本阅读和提升话语实践者的主体能力三方面内容。首先，从微观文化主体的话语实践层面，对现代性的文本生产进行批判性的审视。现代性社会的文本生产围绕着特殊的权力关系、政治计划和一定的社会形态而生产，以特定的编码方式统治着普通人民的生活。文化唯物主义主张借助话语实践甄别表征系统、传播媒介和符号生产在现代性社会的变化本质。他们认为，现代性社会的话语体系设定了权威知识的先决条件，即特定知识的合法性和合理性，多数人只能成为这一体系被动的接受者。他们强调话语实践的重要性，通过关注微观话语实践者的力量，让普通人民从主体的视角批判性地审视社会，认清被现代性编码的文本生产。

其次，建立文本生成与文本阅读的双向互动过程。文化唯物主义指出，微观文化实践者在审视现代性社会的文本生产中，通过对话、批判、剔除、重叠、延伸、重建和创新，并在实际的现实生活和具体语境中得到确认，从而实现话语分析的有效建构。这种有效的阅读是微观文化实践者进一步获得主体资格的过程，是实现普通人民从使用文本到自主建构文本，最终达至以提升主体能力和改造社会为目的的诉求。

最后，提升话语实践者的主体能力。文化唯物主义的话语实践模式不是在寻求一般意义上的政策或组织形式，而是以关注人类总体的生活状况为基础，以是否符合人的生存需要、是否符合社会的合理发展、是否能得到人的解放为根本诉求的治理。从人的实践性、从被组织起来的话语意义关系、从作为一种生活方式的话语实践中，提升话语实践者的主体能力，寻求达至人类社会的良性发展和社会公平有序的治理之路。霍加特、威廉斯注重大众教育、媒体研究和现实主义小说的分析，将精英主义文学分析的方法传授给普通人民，为普通人民具备自省、自觉、自主的话语实践能力提供重要途径。同样，霍尔关注公共教育的作用，探析了学习、主体与社会实践之间的关联，分析了微观话语实践者的特殊性与更广泛的质询和公共对话间的张力结构，从表征对话和伦理对话层面，强调文化的教育力量。

文化唯物主义搭建了由内而外、由表及里的话语实践模式，实现了文学文本向人的现实生活文本的深入。这里包含了对文学文本、日常生活文本、大众媒体文本、语言符号文本的话语实践阐释。它以语言生成的民主性有效批判了被操纵的符号生产和被封闭的话语系统。霍加特指出，实现语言的民主可以让我们勇于向现实社会状况提出挑战，解除固定社会结构的捆绑，从而使我们习惯性地力求消散恒常的二维存在（给予—服从）模式，逐渐形成具有批判意识、不断反思、多维度思考的存在方式。文化唯物主义对搭建话语模式的新构想，实现了对文化霸权主体大写化和后现代主义主体碎片化的破解，具有民主性的话语实践模式尝试着为微观主体提供维护自我权利、参与社会的话语政治途径。他们通过对话语特征的分析，彰显话语实践对文化主体意识的传承，以及内在精神提升的意义和作用。

文化唯物主义在考察传统语言学的发展过程中，看到了传统语言哲学分析的局限性，即他们单纯探究语言纯粹形式的属性或内在特性，从而规避与其他学科或现实世界的关联，而一味追求形式化的科学系统。在文化唯物主义看来，语言的使用比语言内部技巧的探究更重要。即便看似诗歌和话剧等一系列文艺作品试图在陌生化现实，试图产生与现实世界隔离的效应。但是，在文化唯物主义者看来，这种"陌生化"现实也是对现实另一种形式的再现。例如，本尼特对"现实"问题饶有趣味地表述："文学文本想要陌生化的'现实'，并不是假定原始未经处理的外在现实概念，而是调和其他认知形式范畴的'现实'。……文学引起了双重的感知转变。显得新奇的不仅仅是那些远离于习惯的表现模式的'现实'，也包括习惯的表现模式本身。"① 不存在脱离于现实的语言，也不存在脱离于现实的文学。

（四）文化唯物主义对其他思想的影响作用

文化唯物主义对文艺理论、现代传媒和其他学术流派具有一定的影响，并在当代社会现实的话语空间发挥着一定的作用。

威廉斯在对文化的诸多定义中，将文化作为"一种被实现的表意系统"，就蕴含着两个层面的意思：一方面，文化作为意义呈现和分享的形态，是一种由内而外的文化表达和传递过程；另一方面，文化在由内而外呈现和分享的同时，又受到外部或他者文化影响，产生对自我文化的干扰、认同或接合的过程。因此，文化就呈现为两种力量的混合：一种是分享的过程；另一种是争夺的过程。文化唯物主义一直在审视这种力量关系，他们将文化作为整体的生活方式，就是要呈

---

① 托尼·本尼特. 形式主义和马克思主义 [M]. 曾军译. 郑州：河南大学出版社，2011：45.

现文化主体对表意的能动力量，特别是将工人阶级作为这种力量的施动者。同时，他们认识到文化的斗争性，也就是葛兰西的文化霸权，主流意识形态对文化的操控力。对于文化唯物主义者而言，他们更加注重文化实践的能动性，将其作为反霸权的突破口。

文化唯物主义对文艺理论产生了一系列重要的影响。威廉斯在《马克思主义与文学》中，探究了马克思主义和文学之间的关系，提出了以文学新方法从新审视被定型的和众所周知的马克思主义模式。霍加特批判了利维斯等精英主义的文本自律论，提出了"审美阅读到价值阅读"的文本实践方式。伊格尔顿在《批评与意识形态》中，研究了文学与历史的关系，认为文学作品通过意指意识形态的方式间接意指历史，并进一步阐释了文学文本、意识形态与历史之间的意指环。本尼特探究了"文学之外"的文学存在空间。他主张卸掉占绝对优势审美文学观的包袱，试图组织新文学观和与之相应的新实践观，推动一系列文学之外位置的形成。本尼特更加强调文学历史地和制度化地产生、使用和组织过程。

文化唯物主义者对技术决定论持批判态度，他们并不否认科学技术对文化带来推动作用，但是他们审视了技术对文化的目的性和意向性力量，同时更加注重文化与技术之间的张力结构。威廉斯将电视媒体作为含有新信息的文化形式，并指出，电视流的随意性掩饰着它深层的感觉结构。他引入结构主义模式对电视媒体进行分析，主要有：第一，对任何给定时间内使用编程序列的审查；第二，检查序列中项目之间的连续性；第三，考察项目中文字与图像的相互作用。霍加特依据现代性社会的发展状况，面对商业化簇拥之下的大众文化，如出版业、广播、电影、电视等现代媒体的新形式，深度思考现代媒体的文化传播方式，反思现代媒体的文化传播与现实文化生活，以及现代媒体打造的文化景观与文化价值秩序之间的关联，将文化实践作为治理大众媒体的利器，力图建构健康、合理的文化新秩序。霍尔他们在探究嵌入个体和群体生活的文化表达方式的同时，结合现代新媒体的文化形式，深入分析了超个体的符码和文本。霍尔探究文化与技术之间的张力结构，从文化层面理解技术背后的社会结构关系，同时又将文化新技术的呈现方式理解为权力关系调控的结果。文化唯物主义辩证地看待这种权力关系，正如 E. P. 汤普森所理解的动态平衡的斗争，也就是在对抗、斗争和重复调适的过程中确立和消解。

总体而言，文化唯物主义引发了文学理论、文化研究、政治哲学和历史哲学

第五章 文化唯物主义语言哲学思想的价值意蕴

多向度的思考。它作为文化研究的重要思想,激发人们对文化元认知的探寻,改变文化形而上的存在模式,回归文化作为人类整体生活方式的样态。它作为政治多维度和多元化的新思考模式,为改写大政治和权威政治提供微观化和多元化的政治抵抗形式,为普通人民通过文化实践获得自身政治权利提供具体解决路径。它作为物质实践的重要思考向度,为文化获得了当代社会的现实意义和社会意义,使人们认识到文化的物质性对现实社会的影响作用,一方面认识到文化物质性的积极一面;另一方面审视按照资本逻辑运行之下,文化与资本结盟生产的负面作用。它作为与当代马克思主义语言哲学结合重要的理论意义,为当代语言哲学的发展以及马克思主义语言哲学发展具有重要的推动作用,为思考文化、语言和符号实践打开了新通道,并成为人们共享认识地图,形塑群体关于世界如何运行创造了新方法。它具有的跨学科意义,对文化哲学、语言哲学、历史学、政治学和社会学都有一定的启发意义,使人们关注到了文化与语言、文化与文学、文化与政治和文化与社会之间相互联系和彼此关联的作用,启发我们对某一问题思考的联动性。

就目前学界而言,对马克思主义语言哲学的研究正在不断得到学界关注。19世纪末,语言学转向对当代哲学发展有着重大影响。语言学转向以及伴随而来的解释范式的变革,产生了种种不同的哲学研究成果。其中,语言学转向所产生的一个影响就是对20世纪马克思主义哲学发展的影响,尤其是对马克思主义文化哲学研究的影响,包括法兰克福学派、英国文化马克思主义和东欧马克思主义对语言文化问题研究的聚焦。

文化唯物主义就是其中最具代表性的学术团体。他们活跃在20世纪50~60年代以来英国马克思主义发展史上,形成了既具有各自理论风格,又存在相互争锋、相互关联的思想理论。他们对马克思经典文本的坚守,批判第二国际的机械唯物主义,以"文化研究"作为对"经济基础—上层建筑"还原论的批判焦点,形成了具有代表性的文化唯物主义思想。文化唯物主义语言哲学是马克思主义哲学当代形态的重要组成部分。"语言哲学对于马克思主义哲学的当代发展具有重要的意义和价值。"①

在当代马克思主义语言哲学研究的理论频谱中,目前学界对文化唯物主义语

---

① 尹树广. 语言哲学——国外马克思主义、现代西方哲学[M]. 北京:人民出版社,2016:1.

言哲学的系统认识还比较缺乏,然而,文化唯物主义语言哲学却是当代马克思主义语言哲学不可或缺的重要组成部分。在当代马克思主义语言哲学呈现出三种基本研究模式——结构主义、文化主义、结构主义—文化主义相融合的马克思主义语言哲学中,文化唯物主义对语言哲学的研究,更加符合当代马克思主义语言哲学的第三种研究取向,主张突破结构主义和文化主义的二元对立模式,平衡社会结构和文化影响的互动关系。文化唯物主义语言哲学追求当代马克思主义语言哲学发展的新形式,一方面,纯粹结构的语言哲学将人类的语言行为全然禁锢在人为的语言牢笼中,使语言被抽象化地剥离于现实生活;另一方面,浓厚经验色彩的文化主义语言哲学虽打破了先天语言学的神话,但缺乏对语言系统化、体系化的论证,两种研究模式都存在一定的局限性。为此,他们辩证地对待两种模式并将其有效融合,推动语言哲学的科学性与实践性有机嫁接。

为此,文化唯物主义语言哲学具有方法论的新突破。第一,语言整体论:历史文化语义学。文化唯物主义力图摆脱索绪尔构建自然主义的语言巴别塔境界,主张语义变体与社会历史条件的相关性,强调语言生成蕴含社会性、文化性和历史性的语言整体论。威廉斯对记录现代性社会发展变迁"关键词"的语义追踪、霍加特对工人阶级两代人语言变体的考察、汤普森以历史文化学对工人阶级语言特质的寻觅、霍尔对多元文化主义语码转化的思考,都彰显了文化唯物主义对恒定、封闭语言体系研究范式的拒斥,强调语言整体论研究。

第二,语言辩证法:历时性与共时性、文化主义与结构主义、感性与理性辩证关系。文化唯物主义要克服历时性与共时性、文化主义与结构主义、感性与理性(经验性和科学性)的二元分野,将"形式就是内容"或"格式塔"的结构主义与"经验论"和"实体论"的文化主义进行嫁接,使得语言体系与言语行为有机联系。

第三,语言民族志研究:文化唯物主义采取民族志的语言研究路径,从实际文化生活的内部探究使用语言、方言、语码和语域的具体语言形式。作为民族志文化研究开创者的霍加特、沉思现实语境符号化的霍尔、为语言形式赋予内容的本尼特,他们思想的深处突破了语言形式的抽象类型学,以民族志研究思考社会历史环境对语言的可能性境构。

第四,语言分析法:文化唯物主义将语言分析与马克思实践唯物主义理论相结合,形成了对马克思主义理论的科学阐释。柯亨对马克思实践唯物主义思想的语言哲学分析、科琴对马克思实践哲学的语言分析，都试图借助语言分析法探究马克思思想的哲学内涵，彰显出语言哲学对马克思主义理论研究方法论的重要意义。

第三节 研究文化唯物主义语言哲学的中国意义

文化唯物主义在中国的传播：国内有关"文化唯物主义"的研究较早出现在文艺理论的研究视阈中。2000年之后，国内对"文化唯物主义"的研究逐渐趋于高涨，它引发了关于马克思主义哲学、大众媒体研究和文化研究的众多国内学者的关注，并成为当代马克思主义哲学研究的重要主题。根据中国知网对"文化唯物主义"关键词的索引显示文献总数593篇，以其为主题词的著作也颇为丰富。总体上，根据现有国内相关的研究内容和发表时间，对文化唯物主义在中国的传播情况大致可分为以下几个部分：

一、总体上对"文化唯物主义"思想形成的分析

文化唯物主义对文化哲学元（meta）研究的启发。威廉斯建构文化唯物主义思想的前提就是对"文化"本真内涵的追问。他在《文化与社会》一书中，考究了18世纪以来"文化"语义学的演进过程，分析得出了四种类型的文化概念。其中，第四种对文化的界定，即"一种由物质、知识和精神构成起来的整体生活方式"，彰显了文化唯物主义思想的基本雏形。这一文化概念的提出不仅引起了国外学者对"文化"概念的新认识，同样引发了国内马克思主义文化哲学研究者对文化思想的新思考。这一思想启发国内学者对文化哲学研究意义的寻思，即文化哲学不是在于对文化规定性或法则的预判，而是对文化"元"研究的展开，也就是文化现象背后所形成的整体生活方式所表征意义和价值的探究。例如，强乃社在《文化哲学与历史唯物主义的规范维度》一文中，认为中国文化哲学已经取得了一定的成就，但是关于文化哲学的定位问题，需要从社会批判理论和历史唯物主义范式性维度对这一问题做出进一步思考。隽鸿飞在《文化哲学的生成论解读》一文，提出了文化哲学研究的意义，文化哲学致力于探讨作为人生存的

基本方式与社会运行内在机理地、历史地凝结成的自觉或不自觉的文化模式或文化精神，是从文化的视角出发对人之生成的内在机理阐释。文化唯物主义对文化日常生活性的诠释正是对这些思想的触发。乔瑞金《英国的新马克思主义》一书，从第一代英国新马克思主义学者，如威廉斯、汤普森对"文化唯物主义"概念的阐释，到第二代英国新马克思主义学者，如伊格尔顿进一步从历史唯物主义理论和词源学等方面对文化唯物主义的深化，通过这种对代际学者之间对此问题的比较分析，加深了对"文化唯物主义"内涵意义的阐发，促进对马克思主义文化哲学的深入研究。张亮的《汤普森文化唯物主义的理论与范式》一文，以历史学的研究方式探讨了以汤普森为代表的"文化唯物主义"理论与范式的形成和演变过程。

　　国内众多学者从介入当代社会分析的"文化唯物主义"进行研究。主要有：乔瑞金对英国新马克思主义的理论来源、时代背景、研究范式、典型人物进行了系统而具体的论述，为国内研究英国新马克思主义奠定了坚实的基础，包括专著《英国的新马克思主义》《马克思思想研究的新话语：技术与文化批判的英国新马克思主义》，全面深入地评介了英国新马克思主义的重要人物及其学术思想。乔瑞金的《英国新左派的社会主义政治至善思想》《英国新马克思主义文化批判的致思路径》《我们为什么需要研究英国的新马克思主义?》《论英国新马克思主义的思想特征》《英国新马克思主义历史学派的政治意识》《英国新马克思主义对文化概念的哲学分析》《英国新马克思主义对现代性合法性的批判》《马克思主义是社会历史的整体视界——英国新马克思主义的"事实"与"理论"之争及启示》等为研究英国新马克思主义思想提供了丰富的理论源泉和方法论贡献。南京大学张亮的《从苏联马克思主义到文化马克思主义——英国马克思主义理论传统的战后形成》《"英国马克思主义"的"文化唯物主义"及当代评价》《英国马克思主义理论传统的兴起》《英国马克思主义的研究模式及方法》为英国马克思主义的研究提供了充足的思想资源。中国人民大学段忠桥的《转向英美、超越哲学、关注"正统"——推进当前我国国外马克思主义研究的三点意见》《20世纪70年代以来英美的马克思主义研究》《转向政治哲学与坚持辩证法——当代英美马克思主义研究的两个方向》《对安德森"扩大"西方马克思主义的说法的质疑》《科亨的政治哲学转向及其启示》对英国马克思主义进行了深度研究。这些学者从哲学的维度探讨了英国新马克思主义的理论体系、批判视角和研究主题,对于深入理解英国新马克思主义在20世纪马克思主义体系中的理论地位和思想价值具有重要贡献。许继红的《雷蒙德·威廉斯技术解释学思想研究》、舒开智的《雷蒙德·威廉斯文化唯物主义理论研究》、段吉方的《文化唯物主义与现代美学问题》等对"文化唯物主义"的理论缘起和核心思想进行了重要论述。

国内学者以英国现实社会分析"文化唯物主义"思想的渊源。乔瑞金有关英国新马克思主义思想的代表著作《英国的新马克思主义》和系列学术文章,包括:《英国新马克思主义的发展历程及其思想》《英国新马克思主义的思维变革》《英国新马克思主义文化批判的致思路径》,在对英国新马克思主义思潮产生的综合分析中,囊括了对"文化唯物主义"产生的探究,即在面对英国现实的历史境遇,并结合英国自身的文化传统,由此揭示了文化的物质属性,从而形成一种整体文化的研究范式。此外,乔瑞金还从伯明翰学派的发端对"文化唯物主义"的发展脉络进行了分析,认为伯明翰学派以文化批判为利器,以民族志为方法,反对经济决定论,强调文化和意识形态的相对独立性,形成了文化唯物主义的研究理论。欧阳谦的《"文化唯物主义"的辨析》一文,从总体性范畴、社会构成论阐释、社会主体理论三层面辨析了"文化唯物主义"的产生、内涵和意义,认为威廉斯从文化实践的角度推进了马克思主义的社会主体学说,深化了历史唯物主义的社会发展理论。马援的《文化内涵的辩证法解读——论霍加特文化实践思想》,从霍加特对文化内涵的辨析,探究了文化唯物主义对文化的普遍性与特殊性、文化多样性与文化内在规定性、文化主体与文化对象之间辩证关系的思考,体现了文化唯物主义对文化哲学元认识的意义,即消解孤立、特权的文化和抵制文化的平均化和同质化,强调内在于生活的文化,并突出文化实践的建构意义。赵国新的《英国文化唯物主义的思想源流》一文,从对F. R. 利维斯的"细绎派"形式主义和蒂里亚德的历史主义的批判与继承,以及得益于西方马克思主义的塑造,路易·阿尔都塞的意识形态理论、安东尼奥·葛兰西的文化霸权理论以及雷蒙德·威廉斯的文化理论,探究了文化唯物主义形成缘起。可以看出,国内学者从思想内涵的释义、不同理论视角的诠释和理论外延式的分析对"文化唯物主义"进行了多维度的研究,丰富了文化哲学的进一步研究。

二、对文化唯物主义政治诉求的探究

威廉斯、霍加特和汤普森对文化的理解,是一种反精英主义的模式,开启了一整套以日常生活方式为核心的文化思想。他们强调形成于工人阶级经验的日常文化构建，使得文化与政治有效结合，推动文化政治的民主化发展。借此，这一思想为国内学者从文化研究维度探究政治哲学问题打开了新视野。诸如，乔瑞金的《英国新左派的社会主义政治至善思想》一文，从英国新左派社会主义思想，彰显了他们对马克思实践唯物主义的秉承，以及对"文化唯物主义"的发展。乔瑞金、李文艳在《英国新左派的思想革命与政治诉求——以斯图亚特·霍尔的分析为中心》一文中指出，"新左派的政治诉求是克服狭隘的政治观，批判改良主义、工党主义和资本主义，聚集更大的社会力量，扩大社会冲突的地盘；发动激进的社会革命，组织更广大的群众参加革命，尤其是吸引'非生产线'上的人参加进来，目标是要推动实现'经典社会主义的纲领'"。马援在《英国新左派文化批判的政治诉求》一文中认为，"英国新左派从宏大政治学转向微观政治学，将文化批判与微观政治深度融合"。文化唯物主义探究文化意义是如何影响政治结果和过程的。文化唯物主义从文化维度对政治哲学的思考，改变了传统政治哲学单一化、大写化的书写样态。这种文化多元化的探究促使国内学者辩证看待"经济基础—上层建筑"的关系，并认识到了"文化"自身独立的社会结构形式和具有的政治功能。在从文化唯物主义探究文化政治学的研究中，国内不少学者还关注到了霍尔的差异政治学理论和伊格尔顿多元文化的问题，关注到了全球化和现代化进程中文化身份的问题。例如，张谡认为，霍尔"认同转向"的文化政治是一种思考和建构新的英国文化、欧洲大陆文化与非洲文化关系的一种重要的后殖民主义文化理论。这对于国内学者探究后殖民主义问题有所裨益。吴之昕、袁久红探究了伊格尔顿从文化观念的视角批判了后现代多元文化论与"文化主义"，揭示了导致后现代社会文化矛盾和文化危机的根源。

三、对文化唯物主义思想中文化物质性的阐释

这一思想使得国内学者反思现代性社会文化生产与文化生成之间的逻辑关系，由此形成了一系列的学术思考。在国内对这一主题的思考也体现了一定的研究成果。李永新的《具有物质性特点的语言——论雷蒙德·威廉斯的文化唯物主义理论》一文指出，文学根本不是一个意义固定而抽象的概念，而是借助具有物质性特点的语言在表征各种利益关系的同时，通过复杂的冲突与碰撞建构而成的。从文化活动是物质生产形式、文化即生活、文化是知识和想象力的载体以及

第五章 文化唯物主义语言哲学思想的价值意蕴

大众文化是民主社会的表现等方面进行阐述,从而揭示出其唯物主义文化观的思想内涵与特征。以代表人物"文化唯物主义"思想产生的分析。乔瑞金、马援的《试论霍加特文化生成的辩证法思想》一文,客观分析了文化生成的内在特质,批判了商业化的文化生产,强调文化实践活动的重要价值。他们系统分析了霍加特以文化唯物主义为基础,探究了作为社会实践基本形式的文化的内涵以及文化生成的内在特质,并指出,文化生成源于文化实践,包括人们使用文本到自主建构文本,最终达到改造社会和自我的目的。张亮的《E. P. 汤普森"文化唯物主义"视野中的文化概念》一文,指出汤普森提出了自己的文化概念,并试图回到马克思的实践唯物主义立场,从人的实践活动出发来理解文化。在文化唯物主义者看来,文化应当通过日常生活生产的物质条件进行阐释和实践,需要关注文化生产的物质手段和文化形式之间的相互关系。

这一思想对马克思历史唯物主义有一定的贡献。乔瑞金的《论英国新马克思主义的思想特征》一文,指出英国新马克思主义对诸如社会结构、社会主体及阶级斗争等概念进行了深入探讨,而这些概念在历史唯物主义中起到了至关重要的作用。张亮的《"英国马克思主义"的"文化唯物主义"及其当代评价》一文,认为文化唯物主义是第一代英国新左派探索马克思主义基本原理与英国实际相结合的理论思索的思想结晶,为坚持和发展历史唯物主义做出了应有的贡献。张彤的《从文化唯物主义的视角重新审视历史唯物主义》一文,认为文化唯物主义不仅为我们在新时期发展历史唯物主义提供了一种重要的建构性理论资源,而且凸显出历史唯物主义的鲜活生命力与巨大现实价值。乔瑞金的《英国新马克思主义的哲学探索》一文,提出英国的新马克思主义是经典马克思主义、西方马克思主义内在逻辑的延伸和发展。欧阳谦的《"文化唯物主义"的理论建构及其意义》一文,将通过具体探讨英国新左派理论家雷蒙德·威廉斯的文化唯物主义,对于这种旨在调整和完善历史唯物主义的理论建构及其意义进行一番梳理。

国内学界对新文化唯物主义的文化物质性研究也有一定的研究成果。例如,在周海玲对贾斯丁·奥康诺翻译的一篇名为《"新唯物主义"是什么样的唯物主义?——兼论新自由资本主义的文化逻辑》的文章中指出,最近的文化研究出现了继霍加特、威廉斯"文化唯物主义"之后的"新唯物主义",它并不是简单地重复文化的物质性实践含义,而是反思文化研究在理想主义阶段过于概念化和理论化的激进批判却无力介入现实的情形。对作者而言,即使"新唯物主义"文化研究背负了实用主义和经验性研究等骂名,但它仍有着更特殊的用法和意义——面对当下社会的意义危机、研讨评论等交流活动的散漫困境、意识形态争辩和为现实赋予意义和价值的困难,"物质性"对当下文化研究具有三层启发性的含义。第一,物质性文化实践从社会科学或者方法论意义来使用经验概念,经验的物质性表明了人和事物在特定社会型构中错综复杂的相互作用;第二,作为文化的物质性载体的"身体"让渡于"感受",身体通过大脑神经线路而不是意识系统来生产"意义";第三,在行动者—网格理论和神经—生物学的研究中,民众的身体需要被解读为是具有动物性和物质性的,我们与构成我们身体的物质,以及与外在于我们身体但与我们不断发生相互作用的物质是紧密联系的。杨林贵在《"后学"之后的文学批评与莎士比亚研究的转向》一文中,探究了后语境学看待莎士比亚及早期现代文本的方式,从文本细读转向文本生产的内外话语分析。

四、对文化唯物主义语言哲学视角的挖掘

国内从语言哲学视角对"文化唯物主义"的诠释主要包括以下内容。马援的《语言哲学的现实功能——以英国新左派语言哲学四重奏特质为例》一文,以历史文化语义学窥探现实社会深层矛盾、政治语言哲学洞见文化社会权力、语言实践生成理论折射社会总体性和搭建话语实践模式提升微观主体能力,即其思想四重奏的特质,试图呈现语言哲学的现实功能。她认为,英国新左派学者从投射在社会实践总体性基础上的语言研究,力图系统思考语言科学的意义和价值,彰显了文化唯物主义的语言观。李永新的《具有物质性特点的语言——论雷蒙德·威廉斯的文化唯物主义理论》一文认为,文化唯物主义通过语言的物质性特点,将经济基础与上层建筑两个具有空间隐喻特点的领域有机结合,厘清了文学与社会、权力与日常经验之间的关系。王斌的《斯图亚特·霍尔的马克思主义语言哲学及其文化研究》一文,分析了霍尔的语言哲学观。他认为,霍尔的语言学不属于传统语言学的范畴,而是一种社会语言学,或者是以语言研究为核心的马克思主义文化人类学。马援在《"马克思主义哲学意识理论与心灵哲学"学术研讨会综述》一文中系统分析了国内对马克思主义语言哲学的研究状况,认为马克思主义语言哲学、心灵哲学和意识理论是当代马克思主义有待进一步展开的新命题。

五、从文艺理论视角对"文化唯物主义"的诠释

有关"文化唯物主义"的研究首先就较早出现在文艺理论的研究中。王一川（1993）在《外国文学评论》上发表的《后结构历史主义诗学——新历史主义和文化唯物主义述评》一文中，将"文化唯物主义"作为20世纪西方语言论诗学的一部分。陆扬、王曦、竺莉莉的《文化马克思主义——英法美马克思主义美学研究》一书，主要从马克思主义文艺理论研究的视角，探究了文化唯物主义的美学价值。他们认为，"文化主义、结构主义、葛兰西霸权理论，以及霍尔的'连接'理论，可视为文化研究历经的影响最为深广的四种马克思主义范式转换。它们分别连接的不但有政治和意识形态，同样还有美学"。而这本书所探讨的美学研究，也是基于马克思主义、文化与美学三重视角的交互论述，对马克思主义美学发展概貌研究具有一定的参考价值。张朋从文学与新闻传播的视角探究了文化唯物主义的重要人物托尼·本内特的文化理论。他认为，本内特对马克思主义文论理论进行了重新反思，发现马克思主义的重要分支——西方马克思主义美学，因其唯心主义简约论、尴尬的多元决定论和对文学价值的片面推断等观点严重违背了马克思主义的历史唯物主义主张，沾染上浓厚的唯心主义色彩。另外，还有一系列相关的学术论文。段吉方的《"感觉结构"与"文化唯物主义"的理论踪迹——雷蒙德·威廉斯文化唯物主义美学的理论细读》一文，探讨了"感觉结构"与"文化唯物主义"的美学思想，提出"文化唯物主义"为马克思主义美学视野提供了一种文化理论与审美经验有效呼应研究方式的观点。威廉斯对马克思主义文学批判的研究引发国内学者的思考。在文吉昌、冉清文看来，威廉斯对马克思主义文学批判思维逻辑的归纳，突出了"'意识形态''霸权''公正''知识分子'等元素在文学批判中的重要作用"。文化分析的目的在于探究和分析某一特定时间和地点记录的文化。李兆前用威廉斯文学批判的方式探究了《边界乡村》这部威廉斯本人的小说作品，从主人公的性别身份、阶级身份和民族身份的建构，彰显了威廉斯文化分析立足于日常生活生产的物质条件背景之中的意义。徐蕾的《走向"文化唯物主义"之路——雷蒙德·威廉斯与马克思主义文论的"关键时刻"》一文，探究了威廉斯文化唯物主义思想形成经历的三个阶段，并促进马克思主义文学理论向文化唯物主义的发展。王庆卫的《文化唯物主义、共同文化与情感结构——论雷蒙德·威廉斯"三条进路"对马克思主义

文化观的继承与发展》一文，认为"文化唯物主义"是威廉斯文化批评理论的关键进路，它极大地丰富了马克思主义文化理论，并为该研究提供了独特而有效的研究视野、概念范畴和理论方法。刘晓慧的《托尼·本尼特的体裁社会学：马克思主义文论研究的新视野》一文认为，托尼·本尼特的体裁社会学思想强化了文学批评的社会历史意蕴，它区别于传统文学社会学批评的地方在于将文学批评纳入文化和社会发展的公共空间，强调文学与批评是现代生活的一部分，具有文化的治理功能。本尼特的体裁社会学思想代表了马克思主义美学与文化研究的新视野。强东红的《论托尼·本尼特的非文学的文学理论》一文指明，本尼特在后现代语境下，通过与各种模式的马克思主义进行批判性的对话，努力发展一种更加彻底的社会化和历史化的马克思主义文论，倡导对文学/社会关系领域进行非审美的理论分析，并指出与审美决裂的一系列概念、方法和程序。

六、从现代传媒技术对"文化唯物主义"的诠释

乔瑞金、许继红的《威廉斯传播技术的哲学解释范式研究》一文指出，威廉斯以文化唯物主义为方法论支撑，开启了媒介研究从认识论向本体论的转向，并形成了哲学解释的本体论范式。张亮的《雷蒙德·威廉斯"文化唯物主义"视域中的电视》一文，认为威廉斯运用"文化唯物主义"范式对作为技术的电视、作为文化形式的电视、作为传播方式的电视进行了深入考察。山小琪就认为，对大众文化的传播注重从经济、技术、社会政治等视角出发去系统考察。马援的《技术理性对文化生成的遮蔽——论霍加特的文化实践思想》一文认为，霍加特对技术化的文化痛心疾首，但不同于法兰克福学派的代表人物，他并没有一味地为了批判而批判，而是试图寻找文化困境的解决途径，这一突破在于强调文化实践的功能，回归现实生活的文化。

七、"文化唯物主义"对其他学术流派的启发

段吉方认为，"文化唯物主义"理论不但对"伯明翰学派"文化主义理论范式的生成与发展有重要的理论奠基意义，而且影响了英国文化研究与文化分析的具体过程和理论精神，使"伯明翰学派"的文化研究与马克思主义文学批评理论有了深入的理论联系。何萍的《美国"文化的唯物主义"及其理论走向》一文，从文化人类学和文化哲学两种不同思路分析了美国马克思主义的"文化的唯

物主义",揭示了美国马克思主义文化哲学的多元理论走向。文化唯物主义可以分为以威廉斯、霍加特、汤普森等为代表的文化唯物主义和以哈里斯为代表的人类学的文化唯物主义,虽然他们都从事着"文化唯物主义"的研究,但是两者之间却有着一定的差异,哈里斯所指的"文化唯物主义"更加强调文化与个体之间的关系,而文化唯物主义着眼于文化与社会、文化与人们整体生活方式之间的关联。威廉斯的"文化即生活"、霍加特的"文化实践"、汤普森的"文化是一种斗争方式",从不同侧面证实了文化的物质性、社会性和实践性的特征,奠定了文化唯物主义思想的基石。自20世纪70年代后期以来,"文化唯物主义"对美国人类学和文化研究产生了重要影响。

八、从理论外延式对"文化唯物主义"的分析

乔瑞金的《英国新左派的社会主义政治至善思想》一文,从英国新左派社会主义思想,彰显了他们对马克思实践唯物主义的秉承,以及对《文化唯物主义》的发展。乔瑞金、马援的《试论霍加特文化生成的辩证法思想》一文,系统分析了霍加特以文化唯物主义为基础,探究了作为社会实践基本形式的文化的内涵以及文化生成的内在特质。张亮的《E. P. 汤普森"文化唯物主义"视野中的文化概念》一文指出,汤普森提出了自己的文化概念,并试图回到马克思的实践唯物主义立场,从人的实践活动出发来理解文化。刘梅的《文化分析范式和研究策略——威廉斯与哈里斯文化唯物主义之异同》一文,分析对比了威廉斯与哈里斯在学术视野、分析方法、理论基石和政治立场的分野,但文章认为,随着文化研究的全球化,两者又呈现出融合、吸收和终归合流的趋势。这些成果都显现了"文化唯物主义"在当代马克思主义研究中的学术价值。

九、对"文化唯物主义"现实意义的分析

乔瑞金的《我们为什么需要研究英国的新马克思主义?》一文指出,倡导新文化生存方式的英国新马克思主义,对于推进马克思主义的发展,提示出诸多认识论和方法论的启示,对于我国的马克思主义理论建设和改革开放的现代化实践,也具有积极的借鉴意义和参考价值。欧阳谦的《历史唯物主义与当代文化问题》一文,认为文化问题是摆在历史唯物主义面前的现实问题,需要深化并扩展经济基础与上层建筑的理论内涵,以此回应当代社会急剧变革中的文化作用

问题。

　　文化唯物主义语言哲学思想对于现代性社会的文化发展具有重要的借鉴意义，对于我国正在进行的文化建设具有一定的启示作用。

　　党的十九大以来，文化领域的立法问题备受关注，如何公平有效地推动文化的发展、建立健康有序的文化体制成为近年来我国社会发展的热点问题。文化唯物主义语言哲学思想阐释语言的内涵及价值，关注语言文化的公正问题，试图建立更加合理、公平、民主的社会主义社会，这对我国正在发展的文化治理具有一定的借鉴意义。

　　文化唯物主义语言哲学思想，特别是文本阅读的思想对于我国建设书香社会、倡导全面阅读有一定的借鉴意义。文化唯物主义语言哲学注重文本阅读，将阅读看做是微观文化实践者实现文化实践的重要过程，把阅读作为提升广大人民群众文化实践能力的有效途径。文化唯物主义语言哲学建构了话语实践的模型，搭建了文本阅读的方法，以根植于生活的文化，具有实践精神的文化，救赎碎片化、同质化的文化，救赎文化的本真内涵，救赎文化的真正价值。与此同时，文化唯物主义语言哲学强调阅读的品位和质感，关注生活经验、个人经历与阅读之间的联系，从而达到有效"诊断"和建立人类生活的肌质感。在我国努力建设21世纪的中国书香社会，倡导"全民阅读"，创造全社会读书氛围的发展中，霍加特文本阅读的方法，对于我国强调阅读的重要性，不断推进广大人民群众的阅读能力，力图满足广大人民群众精神文化的需求而言具有一定的启示性作用。

　　文化唯物主义语言哲学推行的话语实践所面向的文本不仅包含了经典文本、优秀文学文本，还包含了日常生活文本、大众文本、媒体文本等广义的文本。这种有效的阅读方法对于甄别形式各异文化文本的价值和意义大有裨益。网络空间的治理问题成为全球发展中的一个关键性问题，对于中国而言，这同样是摆在我们面前的首当其冲需要解决的问题之一。如何净化网络空间，如何有效治理网络空间秩序，文化唯物主义语言哲学有关大众媒体的解读与建构对回答这些问题同样有很多有意义的启示。

　　在文化唯物主义者看来，话语实践是一个复杂的过程，包含着文本生成、文本阐释、文本价值、文本判断、读者建构的过程，是一个充满张力结构、循环往复的动态系统。话语实践对于提升文化主体的实践能力，开启文化实践的用途至关重要。文化唯物主义语言哲学将文化多样性的发展与文化的价值标示作用兼容并举、协同发展,一方面,发挥文化创造性、开放性、多元化的发展理念;另一方面,强调文化的内在精神,倡导微观文化实践者肩负文化价值追求的责任意识。文化唯物主义语言哲学以深入普通文化实践者丰富鲜活的生活为基础,以提升普通人民文化实践能力为核心,发挥一种心灵罗盘掌舵的作用,可为我国力图构建"深入生活、扎根人民"文艺界的新常态,从"送文化"真正发展为"种文化"提供一定的帮助。

结　语

目前，学界对文化唯物主义语言哲学思想的缺乏系统梳理和整体性思考。就当代马克思语言哲学研究而言，聚集在早期西方马克思主义、法兰克福学派、结构主义、后结构主义的马克思主义语言哲学分析，文化马克思主义语言哲学专著和论文比较匮乏；与此同时，就文化唯物主义语言哲学研究而言，围绕在政治、文化、历史主题下作为从属知识出现，语言哲学层面没有进行系统分析和挖掘。

文化唯物主义语言哲学包孕了当代语言哲学嬗变的重要特征和马克思主义哲学当代发展的新趋向。它作为当代马克思主义语言哲学不可或缺的重要组成部分，建立在语言哲学理论与马克思主义哲学互动问题的基础上，体现了语言哲学对马克思主义哲学的当代发展所具有的重要意义和价值。文化唯物主义在立足于马克思主义语言观的基础上，反思现代性社会的语言符码生产，并结合当代语言哲学的核心问题，形成了关于语言范式转换、语言变体、语言符码、语言生成和话语实践的系列语言哲学思想。它借助社会文化语境分析，通过语言模式提供的契机，揭示被符号化现实对真实语义世界的遮蔽和扭曲，提倡语言实践的话语革新，彰显了当代马克思主义语言哲学的新形式。

文化唯物主义语言哲学体现了"结构主义—文化主义"两种语言范式的连续统、以现实历史文化语境寻绎语言的具体实体和基于实践唯物主义的语言生成理论。在对霍加特的语言实践生成理论、威廉斯的感觉结构、汤普森的历史文化语义学、霍尔的编码—解码理论、伊格尔顿的意识形态批判和本尼特的形式主义与马克思主义理论的探究中，以文化唯物主义自身内部的发展演进为线索，并结合当代语言哲学发展的新取向，从中挖掘出当代文化唯物主义语言哲学的新形式。由此，体现出文化唯物主义所承载的当代马克思主义语言哲学的丰富思想，彰显其富有特质的马克思主义语言哲学理论。

文化唯物主义力图破解这种被隐蔽的语言拜物教，恢复人们在社区活动和家

结 语

庭生活中源于生活语言生成的作用。在现代性社会实际运用的过程中，语言的起源在资本运行制度的操控下，失去了原本的意义，形成了市场、商品、货币、流水线、贸易之类各种形式的资本隐喻关系，这种隐喻关系通常用抽象的词语或者概念隐喻进行表达，语言此时具有了恋物癖的特征，成为当下提供商品拜物教的陈列场。在对语言生成进行了一种逆溯式思考的过程中，文化唯物主义从现代性社会产生的文化现象和视觉图景中，深入地思考这些语言符号派生物，如商业性影像、大众传播的形成过程，垂直性地对"无阶级"社会、工人阶级文化、精英文化、社会主义社会进行历史文化语义学的纵向思考。他们倡导实践活动的语言用途，其意义在于恢复作为实践语言的原生性和特殊性，体现人的实践本质，突出语言作为人类典型实践活动的意义。

文化唯物主义寻绎话语实践的具体途径，挑战了精英主义和相对主义的话语体系，为微观实践者获得主体资格，具有变革社会和建构理想社会的意义和价值。文化唯物主义从话语建构与社会关系的角度，通过审视话语的表征系统，理解当代社会发展状况，搭建文本生产与读者双向互动的阅读模型，使之话语表征与话语实践得到统一，实现微观治理主体的优化，推动社会体制的变革，达至符合人类本性和良性的社会发展秩序。

文化唯物主义语言哲学具有一定的当代意义：其一，对马克思主义语言哲学思想的丰富。全面系统地研究这一思想，有助于破解语言哲学语义逻辑的发展脉络与马克思主义社会性、历史性的理论发展相分离的关系格局，充实并丰富当代马克思主义语言哲学的思想理论。其二，对新时代中国社会主义文化建设的启示。这一理论结构既有马克思主义原理部分，又有当代语言哲学思想的最新成果，还有面向现实的维度，其语言生成和话语实践思想，对于我国建构中国特色话语体系和加强社会主义意识形态凝聚力具有一定的启示意义。

总之，文化唯物主义语言哲学的思考并入了当代现实社会的具体问题，对语言哲学进行了实质性的运用与发展。这不是传统意义上的语言学转向，即拒斥经验主义的认识论，将语言本身作为哲学自我理解的方法，而是将经验主义的知识谱系与语言交互、实践功能交织在一起，从自我封闭语义逻辑的语言哲学分析，迈向了历史、文化、政治和社会的语言哲学研究范式。

参考文献

(一) 英文

[1] A. Huyssen. Mapping the postmodern. New German Critique [M]. New York: Andreas Huyssen, 1984.

[2] Berlin. Liberty [M]. Oxford: Oxford University Press, 2002.

[3] David Lodge. Richard Hoggart: A Personal appreciation. International Journal of cultural studies, volum 10, 2007 (10).

[4] E. P. Thompson. Socialist Humanism: An Epistle to the Philistines [J]. The New Reasoner, Vol. 1, No. 1, 1957, 1 (1).

[5] E. P. Thompson. The Poverty of Theory and Other Essays [M]. London: Merlin Press, 1978.

[6] Edward W. Said. Representations of the Intellectual [M]. New York: Vintage Books, 1994.

[7] F. Mulhern. Culture/Metaculture, The New Critical Idiom [M]. London: Routledge, 2000.

[8] F. Mulhern. The Moment of "Scrutiny" [M]. London: Verso, 1981.

[9] Frances Murphy Zauhar. The Intimate Critique: Autobiographical Literary Criticism [M]. Durham: Duck University Press, 1993.

[10] Fred Inglis. Culture [M]. Cambridge: Polity Press Ltd., 2004.

[11] Fred Inglis. Popular Culture and Political Power [M]. London: Harvester · Wheatsheaf, 1998.

[12] Fred Inglis. Richard Hoggart: Virtue and Reward [M]. Cambridge: Polity Press, 2014.

[13] Greil Marcus. A Secret History of the Twentieth Century [M]. Cambridge:

Mass Press, 1990.

［14］Helen Davis. Understanding Stuart Hall［M］. London: SAGE publications, 2004.

［15］Jean – Jacques Lecercle. A Marxist Philosophy of Language［M］. Boston: Bill, 2006.

［16］Jessica Munns. A Cultural Studies Reader: History, Theory, Practice［M］. New York: Longman, 1995.

［17］John Storey. Cultural Studies and the Study of Popular Cultural［M］. Edinburgh: Edinburgh University Press, 2003.

［18］Jonathan Culler. Literary Theory: A Very short Introduction［M］. New York: Oxford University Press, 1997.

［19］Lawrence Grossberg. Cultural Studies［M］. New York: Routledge, 1992.

［20］F. R. Leavis, and D. Thompson. Mass Civilization and Minority Culture［M］. New York: Minority Press, 1933.

［21］F. R. Leavis. Fiction and the Reading Public［M］. London: Pilmlico, 2000.

［22］Leavis, F. R. Cultural and Environment［M］. New York: Greenwood Press, 1977.

［23］Lesley Johnson. The Cultural Critics: from Matthew Arnold to Raymond Williams［M］. London: Routledge & Kegan Paul, 1979.

［24］Lev Vygotsky. Thought and Language［M］. Cambridge: MIT Press, 1962.

［25］Lin Chun. The British New Left［M］. Edinburgh : Edinburgh University Press, 1993.

［26］M. McLuhan. Understanding Media［M］. London: Routledge and Kegan Paul, 1964.

［27］Mattew Arnold. Culture and Anarchy［M］. London: Cambridge University Press, 1932.

［28］Michael Bailey and Mary Eagleton. Richard Hoggart: Culture and Critique

[M]. London: Critical, Cultural and Communications Press, 2011.

[29] Michael Bailey, Ben Clarke, John K. Walton [M]. Understanding Richard Hoggart: A Pedagogy of Hope. Oxford: Miley-Blackwell, 2012.

[30] Michael Kenny. The First New Left [M]. London: Lawrence & Wishart, 1995.

[31] Raymond Williams. Keywords [M]. London: Fontana, 1983.

[32] Raymond Williams. Problems in Materialism and Culture: Selected Essays [M]. London: Verso, 1980.

[33] Raymond Williams. The Long Revolution [M]. London: Pelican Books, 1961.

[34] Richard Hoggart. The Uses of Literacy: Aspects of Working-class Life [M]. London: Chatto & Windus, 1967.

[35] Richard Hoggart. Speaking to Each Other: Volume One: About Society [M]. London: Penguin Book, 1973.

[36] Richard Hoggart. Speaking to Each Other: Volume Two: About Literature [M]. London: Penguin Book, 1973.

[37] Richard Hoggart. Only Connect: On Culture and Communication [M]. London: Chatto & Windus, 1972.

[38] Richard Hoggart. An Idea and Its Servants: UNESCO from Within [M]. London: Chatto & Windus (London), 1978, New York: Oxford University Press, 1978.

[39] Richard Hoggart. An English Temper [M]. New York: Oxford University, 1982.

[40] Richard Hoggart. A Local Habitation: 1918-1940, in A Measured Life: The Time and Place of an Orphaned Intellectual [M]. London: Lawrence & Wishart Ltd., 1988.

[41] Richard Hoggart. Townscape with Figures: Famham-Portrait of an English Town [M]. London: Chatto and Windus, 1994.

[42] Richard Hoggart. The Tyranny of Relativism [M]. London: Transaction Publishers, 1997.

[43] Richard Hoggart. First and Last Things [M]. New Brunswick: Transaction Books, 2002.

[44] Richard Hoggart. Between Two Worlds: Politics, Anti – Politics, and the Unpolitical [M]. New Brunswick: Transaction, 2002.

[45] Richard Hoggart. Everyday Language & Everyday Life [M]. London: Transaction Publishers, 2003.

[46] Richard Hoggart. Mass Media in a Mass Society [M]. London: Continuum, 2006.

[47] Richard Hoggart. The Future of Broadcasting [M]. London: The Macmillan Press, 1982.

[48] Richard Hoggart. High Arts and General Culture [J]. Society, 2004, 42 (1).

[49] Richard Hoggart. A Healthy Society Needs Maggots in the Cheese [J]. Times Higher Education Supplementy, 2004 (1664).

[50] Richard Hoggart. Are Museums Political [J]. Society, 2004, 41 (5).

[51] Richard Hoggart. Culture and the State [J]. Society, 1999, 37 (1).

[52] Richard Hoggart. We Have to Study the Media if we Want to Understand the World [J]. The Independent, 1995, 7 (2).

[53] Stefan Collini. Critical Minds: Raymond Williams and Richard Hoggart. Essays in History and Culture. Oxford: Oxford University Press, 1999.

[54] Stuart Hall. Cultural Studies and Its Theoretical Legacies. in David Morley and Kuan – Hsing Chen (eds) [M]. Stuart Hall: Critical Dialogues in Cultural Studies, London & New York: Routledge, 2005.

[55] Stuart Hall. Cultural Studies and the Center: Some Problematics and Problems. in Cultural, Media, Language [M]. Stuart Hall, Dorothy Hobson, Andrew Lowe, Paul Wills. London: Hutchinson, 1980.

[56] Sue Owen. Richard Hoggart and Cultural Studies [M]. Sheffield: Palgrave Macmillan, 2008.

[57] T. S. Eliot. The Cambridge history of literacy criticism. Volume Ⅶ [M]. Cambridge: Cambridge University Press, 2000.

[58] Terry Eagleton. Why Marx Was Right [M]. London: Yale University Press, 2011.

[59] Terry Eagleton. The Idea of Culture [M]. Oxford: Blackwell, 2000.

[60] Tom Steele. The Emergence of Cultural Studies: Adult Education, Cultural Studies: Adult Education, Cultural Politics and the "English" Question [M]. London: Lawerence & Wishart Limited, 1997.

[61] Raymond Williams. Marxism and Literature [M]. Oxford: Oxford University Press, 1977.

[62] Raymond Williams. May Day Manifesto 1968 [M]. London: Penguin Books, 1968.

[63] Sue Owen. Re-reading Richard Hoggart: Life, Literature, Language, Education [M]. Newcastle: Cambridge Scholars, 2008.

(二) 中文

[1] 阿多诺. 否定的辩证法 [M]. 张峰译. 重庆: 重庆出版社, 1993.

[2] 阿尔贝特·施韦泽. 文化哲学 [M]. 陈泽环译. 上海: 上海人民出版社, 2008.

[3] 阿尔都塞. 列宁与哲学 [M]. 杜章智译. 台北: 远流出版公司, 1990.

[4] 阿格妮丝·赫勒. 日常生活 [M]. 衣俊卿译. 哈尔滨: 黑龙江大学出版社, 2010.

[5] 阿兰·斯威伍德. 文化理论与现代性问题 [M]. 黄世权译. 北京: 中国人民大学出版社, 2013.

[6] 艾伦·梅克森斯·伍德. 民主反对资本主义——重建实践唯物主义 [M]. 吕薇洲等译. 重庆: 重庆出版社, 2007.

[7] 爱德华·泰勒. 原始文化 [M]. 连树生译. 桂林: 广西师范大学出版社, 2005.

[8] 爱德华·汤普森. 共有的习惯 [M]. 沈汉, 王加丰译. 上海: 上海人民出版社, 2002.

[9] 安东尼·吉登斯. 社会的构成 [M]. 李康等译. 北京: 生活·读书·新知三联书店, 1998.

[10] 安东尼奥·葛兰西. 狱中札记[M]. 曹雷雨,姜丽,张跣译. 北京:中国社会科学出版社,2000.

[11] 安吉拉·默克罗比. 后现代主义与大众文化[M]. 田晓菲译. 北京:中央编译出版社,2006.

[12] 本·海默尔. 日常生活与文化理论导论[M]. 周宪主编. 北京:商务印书馆,2008.

[13] 布莱恩·劳森. 空间的语言[M]. 杨青娟译. 北京:中国建筑工业出版社,2013.

[14] 陈学明. 时代的困境与不屈的探索[M]. 哈尔滨:黑龙江大学出版社,2007.

[15] 戴维·麦克莱伦. 马克思思想导论[M]. 郑一明,陈喜贵译. 北京:中国人民大学出版社,2008.

[16] 戴维·麦克莱伦. 马克思以后的马克思主义[M]. 李智译. 北京:中国人民大学出版社,2004.

[17] 丹尼·卡瓦拉罗. 文化理论关键词[M]. 张卫东译. 南京:江苏人民出版社,2006.

[18] 丹尼斯·德沃金. 文化唯物主义在战后英国——历史学、新左派和文化研究的起源[M]. 李凤丹译. 北京:人民出版社,2008.

[19] 段忠桥. 理性的反思与正义的追求[M]. 哈尔滨:黑龙江大学出版社,2007.

[20] E.P.汤普森. 英国工人阶级的形成[M]. 钱乘旦等译. 南京:译林出版社,2001.

[21] 伽达默尔. 真理与方法[M]. 洪汉鼎译. 北京:商务印书馆,1999.

[22] 郭宏安. 波德莱尔美学文选[M]. 北京:人民文学出版社,1987.

[23] 哈贝马斯. 文化现代性精粹读本[M]. 周宪译. 北京:中国人民大学出版社,2006.

[24] 黑格尔. 哲学史讲演录[M]. 北京:商务印书馆,1978.

[25] 黑格尔. 逻辑学(上卷)[M]. 杨一之译. 北京:商务印书馆,2001.

[26] 亨利·列斐伏尔. 空间与政治[M]. 李春译. 上海:上海人民出版社,2008.

[27] 杰克·古迪. 神话、仪式与口述［M］. 李源译. 北京：中国人民大学出版社，2014.

[28] 克里斯·巴克. 文化研究：理论与实践［M］. 孔敏译. 北京：北京大学出版社，2013.

[29] 雷蒙德·威廉斯. 漫长的革命［M］. 倪伟译. 上海：上海人民出版社，2013.

[30] 雷蒙德·威廉斯. 现代主义的政治［M］. 阎嘉译. 北京：商务印书馆，2004.

[31] 雷蒙德·威廉斯. 文化与社会［M］. 高晓玲译. 长春：吉林出版集团有限责任公司，2011.

[32] 李宝文. 具体辩证法与现代性批判——科西克哲学思想研究［M］. 哈尔滨：黑龙江大学出版社，2011.

[33] 李凯尔特. 文化科学和自然科学［M］. 涂纪亮译. 北京：商务印书馆，1986.

[34] 理查德·比尔纳其. 超越文化转向［M］. 方杰译. 南京：南京大学出版社，2008.

[35] 利奥塔. 后现代性与公正游戏——利奥塔访谈［M］. 谈瀛洲译. 上海：上海人民出版社，1997.

[36] 陆扬. 文化研究概论［M］. 上海：复旦大学出版社，2008.

[37] 罗刚，刘象愚. 文化研究读本［M］. 北京：中国社会科学出版社，2000.

[38] 马驰. 理论、文化与实践［M］. 北京：中国社会科学出版社，2002.

[39] 马尔库塞. 单向度的人［M］. 刘继译. 上海：上海译文出版社，2006.

[40] 马海良. 文化政治美学——伊格尔顿批评理论研究［M］. 北京：中国社会科学出版社，2004.

[41] 马克·J. 史密斯. 文化——再造社会科学［M］. 张美川译. 长春：吉林人民出版社，2005.

[42] 马克思恩格斯全集（第1卷）［M］. 北京：人民出版社，1995.

[43] 马克思恩格斯全集（第3卷）［M］. 北京：人民出版社，1995.

[44] 马克思恩格斯全集（第4卷）[M]．北京：人民出版社，1995.

[45] 马克思恩格斯文集（第1卷）[M]．北京：人民出版社，2009.

[46] 马克思恩格斯文集（第3卷）[M]．北京：人民出版社，2009.

[47] 马克思恩格斯选集[M]．北京：人民出版社，1995.

[48] 马歇尔·萨林斯．文化与实践理性[M]．上海：上海人民出版社，2002.

[49] 马修·阿诺德．文化与无政府状态[M]．韩敏中译．上海：生活·读书·新知三联书店，2008.

[50] 马丁·海德格尔．在通向语言的途中[M]．孙周兴译．北京：商务印书馆，1997.

[51] 马援．技术理性对文化生成的遮蔽——论霍加特的文化实践思想[J]．科学技术哲学研究，2015（4）.

[52] 马援．文化内涵的辩证解读——论霍加特的文化实践思想[J]．系统科学学报，2015（11）.

[53] 马援．语言哲学的社会功能——以英国新左派语言哲学四重奏为例[J]．当代国外马克思主义评论，2017（15）.

[54] 马援．英国新左派现代性文化批判的政治诉求[J]．哲学动态，2017（4）.

[55] 马援．马克思主义哲学意识理论与心灵哲学学术研讨会综述[J]．哲学动态，2017（9）.

[56] 迈克尔·肯尼．第一代英国新左派[M]．李永新，陈剑译．南京：江苏人民出版社，2010.

[57] 莫里斯·梅劳-庞蒂．哲学赞词[M]．杨大春译．北京：商务印书馆，2000.

[58] 莫里斯·梅劳-庞蒂．知觉现象学[M]．姜志辉译．北京：商务印书馆，1995.

[59] 佩里·安德森．当代西方马克思主义[M]．余文烈译．北京：东方出版社，1989.

[60] 齐格蒙德·鲍曼．作为实践的文化[M]．郑莉译．北京：北京大学出版社，2009.

[61] 乔瑞金，李华荣．从历史发展动力看柯亨对马克思所做的辩护［J］．自然辩证法研究，2009（4）．

[62] 乔瑞金，马援．试论霍加特文化生成的辩证法思想［J］．哲学研究，2016（6）．

[63] 乔瑞金，马援．霍加特生活世界的文化生成与变革思想探析［J］．学习与探索，2016（4）．

[64] 萨义德．知识分子论［M］．单德兴译．上海：生活·读书·新知三联书店，2007．

[65] 斯拉沃热·齐泽克，泰奥德·阿多尔诺．图绘意识形态［M］．方杰译．南京：南京大学出版社，2002．

[66] 斯图亚特·霍尔，保罗·杜盖伊．文化身份问题研究［M］．庞璃译．郑州：河南大学出版社，2010．

[67] 托尼·本尼特．形式主义和马克思主义［M］．曾军译．郑州：河南大学出版社，2011．

[68] 托尼·本尼特．文学之外［M］．强东红译．北京：人民出版社，2016．

[69] 特瑞·伊格尔顿．文化的观念［M］．方杰译．南京：南京大学出版社，2006．

[70] 王寅．认知语言学［M］．上海：上海外语教育出版社，2007．

[71] 王雨辰．哲学批判与解放的乌托邦［M］．哈尔滨：黑龙江大学出版社，2007．

[72] 乌尔里希·贝克，安东尼·吉登斯，斯科特·拉什．自反性现代化——现代社会秩序中的政治、传统和美学［M］．赵文书译．北京：商务印书馆，2014．

[73] 邢媛．贝尔社会发展思想的内在张力及修辞学倾向［J］．哲学研究，2006（7）．

[74] 许苏民．文化哲学［M］．上海：上海人民出版社，1990．

[75] 尤尔根·哈贝马斯．交往与社会进化［M］．张博树译．重庆：重庆出版社，1989．

[76] 杨东篱．伯明翰学派的文化观念与通俗文化理论研究［M］．济南：

山东大学出版社，2001.

[77] 杨魁森. 生活世界哲学［M］. 长春：吉林人民出版社，2013.

[78] 衣俊卿，胡长栓等. 马克思主义文化理论研究［M］. 北京：北京师范大学出版社，2012.

[79] 衣俊卿. 现代性焦虑与文化批判［M］. 哈尔滨：黑龙江大学出版社，2007.

[80] 衣俊卿. 20世纪的文化批判——西方马克思主义的深层解读［M］. 北京：中央编译出版社，2003.

[81] 尹树广. 语言哲学——国外马克思主义、现代西方哲学［M］. 北京：人民出版社，2016.

[82] 俞吾金，陈学明. 国外马克思主义哲学流派新编（西方马克思主义卷）［M］. 上海：复旦大学出版社，2002.

[83] 俞吾金. 意识形态论［M］. 北京：人民出版社，2009.

[84] 俞吾金. 传统重估与思想移位［M］. 哈尔滨：黑龙江大学出版社，2007.

[85] 约翰·斯道雷. 文化理论与大众文化导论［M］. 常江译. 北京：北京大学出版社，2013.

[86] 张华. 伯明翰文化学派领军人物［M］. 济南：山东大学出版社，2008.

[87] 张亮. 英国新左派思想家［M］. 南京：江苏人民出版社，2010.

[88] 张亮，李媛媛编. 理解斯图亚特·霍尔［M］. 北京：北京师范大学出版社，2016.

[89] 张一兵. 当代国外马克思主义哲学思潮（中卷）［M］. 南京：江苏人民出版社，2011.

[90] 张一兵. 启蒙的自反与幽灵式的在场［M］. 哈尔滨：黑龙江大学出版社，2007.

[91] 周宪. 当代西方艺术文化学［M］. 北京：北京大学出版社，1988.

[92] 邹赞. 文化的显影——英国文化主义研究［M］. 广州：暨南大学出版社，2014.